国家骨干院校重点建设专业校企合作教材

Luji Gongcheng Shiyan Jiance Jishu

# 路基工程试验检测技术

侯铁军　袁　捷　衡秀云　主编
井　浩　吴玲珍　李令喜　主审

人民交通出版社

## 内 容 提 要

本书为国家骨干院校重点建设专业校企合作教材。全书包括:路用土、砂石材料、水泥及水泥混合物、路基土石方工程质量检测、排水及防护工程检测五个学习情境。

本书为高职高专院校公路工程试验检测技术专业教学用书,也可作为相关专业工程技术人员的参考用书,或作为有关专业继续教育及职业培训教材。

**图书在版编目(CIP)数据**

路基工程试验检测技术 / 侯铁军,袁捷,衡秀云主编.
—北京:人民交通出版社, 2014.8
国家骨干院校重点建设专业校企合作教材
ISBN 978-7-114-11324-6

Ⅰ.①路… Ⅱ.①侯… ②袁… ③衡… Ⅲ.①路基工程-道路试验-检测 Ⅳ.①U416.1

中国版本图书馆 CIP 数据核字(2014)第 060383 号

国家骨干院校重点建设专业校企合作教材

**书　　名:** 路基工程试验检测技术
**著 作 者:** 侯铁军　袁　捷　衡秀云
**责任编辑:** 尤晓玮
**出版发行:** 人民交通出版社
**地　　址:** (100011)北京市朝阳区安定门外外馆斜街 3 号
**网　　址:** http://www.ccpress.com.cn
**销售电话:** (010)59757973
**总 经 销:** 人民交通出版社发行部
**经　　销:** 各地新华书店
**印　　刷:** 北京市密东印刷有限公司
**开　　本:** 787×1092　1/16
**印　　张:** 10.75
**字　　数:** 275 千
**版　　次:** 2014 年 8 月　第 1 版
**印　　次:** 2014 年 8 月　第 1 次印刷
**书　　号:** ISBN 978-7-114-11324-6
**定　　价:** 32.00 元

# 序

作为工程建设质量控制和评定的基础,试验检测在工程质量保证体系中起着重要作用。根据高等职业教育的人才培养目标定位和公路工程试验检测行业的特点,在对人才市场进行充分调研和论证的基础上,校企共同构建了以行业标准为基础,以公路桥梁检测为任务,以项目目标为导向,以学生为主体,有青藏高原特色的人才培养模式和课程体系。

本套教材基于公路工程检测技术专业"校企同频、分段递进、项目引领"的工学结合人才培养模式,在企业调研的基础上,吸收其他高职高专院校专业建设与课程体系开发的先进经验,结合现代教育技术,按照"专业与产业和职业岗位对接、专业课程内容与职业标准对接、教学过程与生产过程对接、学历证书与职业资格证书对接、职业教育与终身学习对接"的五对接原则,组织企业技术人员和学院教师共同编写,实现了学校教学和企业实践的有机结合。教材在编写过程中贯彻最新的技术标准和行业规范,突出高原特色,注重教学对象的认识能力和认知规律,采用图文结合的形式,力求直观明了,提高学生职业素养和职业能力,做到理论够用、重在实践。

本套教材的主要特点:

1. 从企业需求出发,重塑教学目标

本套教材是从企业的需要和学生的职业发展出发,让学生通过专业学习,能够切实找到自己的职业发展方向或能更好地适应未来企业的用人需要。

2. 从人才培养的目标出发,重整教学内容

根据公路工程检测技术专业人才的培养目标,与企业合作进行职业岗位分析,确定公路工程检测技术专业岗位和岗位群,根据行动体系重新构建学习领域,以工作过程为导向培养学生的能力。

**青海交通职业技术学院**

**公路工程检测技术专业校企合作教材编审委员会**

**2012 年 12 月**

# 前　　言

2010 年 11 月 30 日，教育部、财政部确定青海交通职业技术学院为 2011 年启动建设的国家骨干高职院校建设单位，建设期为三年。这标志着该学院站在了新的历史起点，赢得了更高、更为广阔的发展平台。2011 年 12 月，教育部、财政部启动支持高等职业学校提升专业服务产业发展能力专业建设项目，重点支持高等职业学校专业建设，提升高等职业教育服务经济社会能力。学院公路工程检测技术专业作为中央财政重点支持的建设专业，并成立了专业建设项目组。

专业建设项目组通过充分的调研和论证提出了公路工程检测技术专业新的人才培养模式，即基于职业导向的“校企同频、多段递进、项目引领”人才培养模式。根据岗位技能需求，精心设置课程，优化课程结构，突出实践能力，构建基于工作过程的课程体系，进行项目化训练，将专业技能、职业核心能力和职业道德培养，分解到各个任务和项目中，确保人才培养目标的实现。基于此，专业建设项目组组织本专业骨干教师及行业专家、企业技术骨干共同编写工学结合系列教材。

本课程是“公路工程检测技术”专业课程体系中的一门核心技术课。本书以公路工程现行技术规范、标准、试验规程为依据，主要介绍路基路面试验检测的基本理论和方法。内容包括试验检测工作细则；工程质量评定；路基用材料（主要有土、基层材料、砂石材料、水泥与水泥混凝土等）试验方法；路基工程质量现场试验检测方法；试验检测新技术以及试验数据处理等，具有一定的针对性和实用性。在设计过程中本着以“项目导向、任务驱动”的教学组织形式，注重通过工作任务来锻炼学生的实际操作能力，以提高学生的综合能力为目的，突出学生主体，培养学生良好专业能力。

编　　者

**2013 年 6 月**

# 前　言

# 目　录

# 项目一　路　用　土

知识目标：

1. 掌握土的概念、土的三相组成。
2. 掌握土的粒度成分分析方法及表示方法。
3. 掌握土的物理性质指标、黏性土的稠度与稠度指标。
4. 掌握黏性土的击实性与击实规律。
5. 掌握土工合成材料的组成、性质及应用。

能力目标：

1. 能够进行土的界限含水率测定，并能对试验结果进行计算与结果分析。
2. 能进行土的三相组成及物理性质指标换算、土的粒组划分及工程分类。
3. 能判别各类路用土的适用性。

## 任务1　土的三相组成

### 一、相关知识

1. 土在道路建筑材料中的用途

土可作为道路建筑材料，如作为路基、路面的构筑物；可作为建筑物地基；土也可作为建筑物周围的介质或环境，如隧道、涵洞及地下建筑等。土和建筑是密不可分的。

2. 土的组成

土是由固体颗粒、液体水和气体三部分组成，这三部分称为土的三相组成。土中的固体矿物构成骨架，骨架之间贯穿着孔隙，孔隙中充填着水和空气，三相比例不同，土的状态和工程性质也不相同，如图1-1所示。

固体+气体（液体=0）为干土，干黏土较硬，干砂松散。

固体+液体+气体为湿土，湿黏土多为可塑状态。

固体+液体（气体=0）为饱和土，饱和粉细砂受振动可能产生液化；饱和黏土地基沉降需很长时间才能稳定。

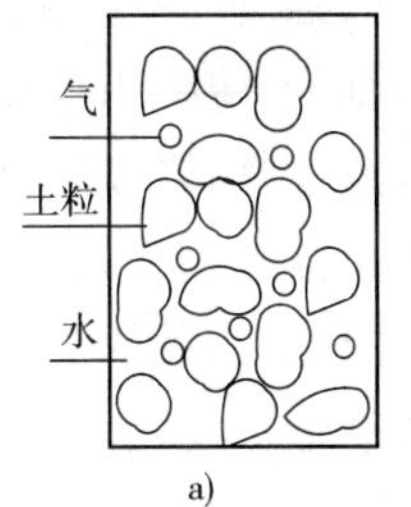

a)

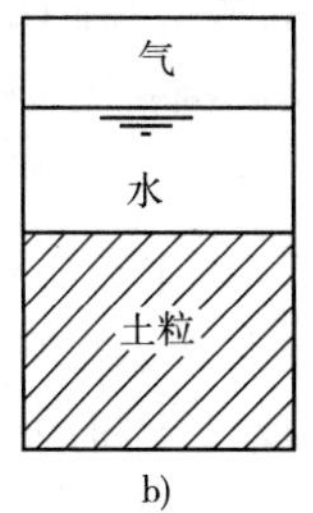

b)

图1-1　土的三相组成

a）实际土体；b）土三相图

由此可见，研究土的工程性质，首先从最基本的组成土的三相，即固相（土颗粒）、液相（水）和气相（气体）本身开始研究。

1）固相

土的固体颗粒是土的三相组成中的主体，其粒度分布、矿物成分决定着土的工程性质。研究固体颗粒就要分析粒径的大小及其在土中所占的百分比，即土的粒径级配（粒度成分）；此外，还要研究固体颗粒的矿物成分以及颗粒的形状。

（1）粒径级配（粒度成分）

随着颗粒大小不同，土具有不相同的性质。颗粒的大小通常以粒径表示。工程上按粒径大小分组，称为粒组，即某一级粒径的变化范围。

划分粒组的两个原则是：

①首先考虑到在一定的粒径变化范围内，其工程地质性质是相似的，若超越了这个变化幅度就要引起质的变化。

②要考虑与目前粒度成分的测定技术相适应。

国家标准《土的工程分类标准》（GB/T 50145—2007）和行业标准《公路土工试验规程》（JTG E40—2007）中的粒组划分方案见表 1-1。

**粒组划分**　　表 1-1

| 粒组统称 | 《土的工程分类标准》（GB/T50145—2007） | | 《公路土工试验规程》（JTG E40—2007） | |
|---|---|---|---|---|
| | 粒组名称 | 粒组范围（mm） | 粒组名称 | 粒组范围（mm） |
| 巨粒 | 漂石（块石）<br>卵石（碎石） | >200<br>200~60 | 漂石（块石）<br>卵石（小块石） | >200<br>200~60 |
| 粗粒 | 砾粒：粗粒<br>细粒<br>砂砾 | 60~20<br>20~2<br>2~0.075 | 砾（角砾）：粗砾<br>中砾<br>细砾<br>砂：粗砂<br>中砂<br>细砂 | 60~20<br>20~5<br>5~2<br>2~0.5<br>0.5~0.25<br>0.25~0.075 |
| 细粒 | 粉粒<br>黏粒 | 0.075~0.005<br><0.005 | 粉粒<br>黏粒 | 0.075~0.002<br><0.002 |

实际上，土是各种大小不同颗粒的混合体。较笼统地说，以砾石和砂砾为主组成的土为粗粒土，也称无黏性土。其特征为：孔隙大、透水性强，毛细上升高度很小，既无可塑造性，也无胀缩性，压缩性极弱，强度较高。以粉粒、黏粒（或胶粒 $\phi<0.002$mm）为主的土称为细粒土，也称为黏性土。其特征为：主要由原生矿物、次生矿物组成，孔隙很小，透水性极弱，毛细上升高度较大，有可塑性、胀缩性，强度较低。

土粒形状对土体的密度及稳定性有显著影响。大部分粉砂粒及砂粒是浑圆的或棱角状的，而云母颗粒往往是片状的，黏土颗粒则往往是薄片状的。土粒的形状取决于矿物成分，它反映土料的来源和形成历史。

（2）粒度成分及粒度成分分析方法

土的粒度成分是指土中各种不同粒组的相对含量（以干土质量的百分比表示）。或者说，土是由不同粒组以不同数量的配合，又称为“颗粒级配”。如某砂黏土，经分析，其中含黏粒 25%，粉粒 35%，砂粒 40%，即为该土中各粒组干重占该土总干重的百分比含量。粒度成分用来描述土的各种不同粒径土粒的分布特征。

为准确测定土的粒度成分，所采用的各种手段统称为粒度成分分析或颗粒分析。其目的在于确定土中各粒组颗粒的相对含量。目前，我国常用的粒度成分分析方法有：①对于粗粒土，即粒径大于0.075mm的土，用筛分法直接测定；②对粒径小于0.075mm的土，用密度计法或移液管法。当土中粗细粒兼有时，可联合使用上述三种方法。具体的试验操作详见本书试验部分。

(3)粒度成分的表示方法

常用的粒度成分的表示方法有表格法、累计曲线法、三角坐标法(略)。

①表格法。是以列表形式直接表达各粒组的相对含量。它用于粒度成分的分类是十分方便的。《公路土工试验规程》(JTG E40—2007)中的成果表中均以该方法表示，即直接由试验求得，以累计含量百分比表示，见表1-2。

**粒度成分的累计百分含量表示法** 表1-2

| 粒径 $d_i$ (mm) | 粒径小于等于 $d_i$ 的累计百分含量(%) | | | 粒径 $d_i$ (mm) | 粒径小于等于 $d_i$ 的累计百分含量(%) | | |
|---|---|---|---|---|---|---|---|
| | 土样A | 土样B | 土样C | | 土样A | 土样B | 土样C |
| 10 | — | 100.0 | — | 0.10 | 9.0 | 23.6 | 92.0 |
| 5 | 100.0 | 75.0 | — | 0.075 | — | 19.0 | 77.6 |
| 2 | 98.9 | 55.0 | — | 0.01 | — | 10.9 | 40.0 |
| 1 | 92.9 | 42.7 | — | 0.005 | — | 6.7 | 28.9 |
| 0.5 | 76.5 | 34.7 | — | 0.001 | — | 1.5 | 10.0 |
| 0.25 | 35.0 | 28.5 | 100.0 | | | | |

②累计曲线法。是一种图示的方法，通常用半对数坐标纸绘制，横坐标(按对数比例尺)表示粒径 $d_i$；纵坐标表示小于某一粒径的土粒的累计百分数 $P_i$(注意：不是某一粒径的百分含量)。采用半对数坐标，可以把细粒的数量更好地表达清楚，若采用普通坐标，则不可能做到这一点。

累计曲线的用途主要有以下两个方面：

a. 由累计曲线可以直观地判断土中各粒组的分布情况。以表1-2的数据为例，画出粒度成分累计曲线如图1-2所示。曲线 $a$ 表示该土绝大部分是由比较均匀的砂粒组成的；曲线 $b$ 表示该土是由各种粒组的土粒组成，土粒极不均匀；曲线 $c$ 表示该土中砂粒极少，主要是由细颗粒组成的黏性土。

b. 由累计曲线可确定土粒的级配指标。

不均匀系数 $C_u$：

$$C_u = \frac{d_{60}}{d_{10}} \tag{1-1}$$

曲率系数(或称级配系数) $C_c$：

$$C_c = \frac{d_{30}^2}{d_{10} \cdot d_{60}} \tag{1-2}$$

以上两式中：$d_{10}$、$d_{30}$ 和 $d_{60}$ 分别为相当于累计百分含量为10%、30%和60%的粒径；$d_{10}$ 称为有效粒径；$d_{60}$ 称为限制粒径。

以表1-2中的数据为例，绘制级配曲线，如图1-2所示。

不均匀系数 $C_u$，反映不同大小粒组的分布情况。$C_u$ 值愈大，表明土粒大小分布范围大，土的级配良好；$C_u$ 值愈小，表明土粒大小相近似，土的级配不良。一般认为，不均匀系数 $C_u<5$ 时，称为均粒土，其级配不良；$C_u \geq 5$ 的土为非均粒土，其级配良好。实际上，单靠不均匀系数 $C_u$ 值一个指标来判定土的级配情况是不够的，还必须同时考察曲率系数 $C_c$ 值。曲率系数 $C_c$ 描

述累计曲线的分布范围，反映累计曲线的整体形状。一般认为 $C_c=1\sim3$ 时，土的级配较好；$C_c<1$ 或 $C_c>3$ 时，累计曲线呈明显弯曲。当累计曲线呈阶梯状时，说明粒度不连续，即主要由大颗粒和小颗粒组成，缺少中间颗粒，表明土的级配不好，其工程地质性质也较差。

在工程上，常利用累计曲线确定土粒的两个级配指标值来判定土的级配情况。当同时满足不均匀系数 $C_u\geq5$ 和曲率系数 $C_c=1\sim3$ 这两个条件时，土为级配良好的土；若不能同时满足，土为级配不良的土。

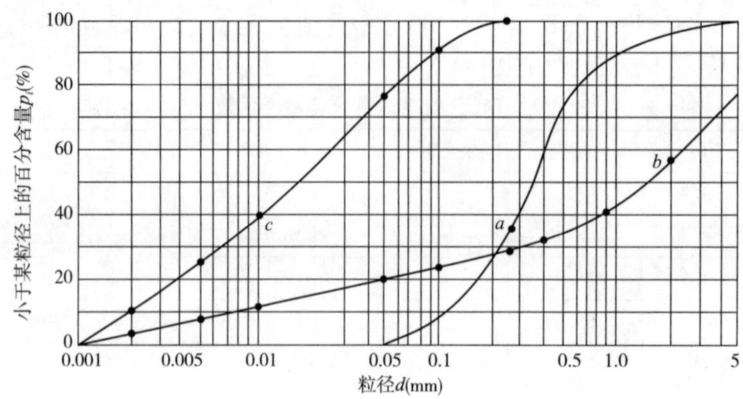


图 1-2　粒度成分累计曲线

2）液相

土的液相是指土孔隙中存在的水。水在土中以三种状态存在：气态、液态、固态。

（1）气态水

土孔隙中的空气在任何时候都存在有水汽，它与空气形成气态混合物。此种水是以水汽状态存在于土孔隙中，它能从气压高的空间向气压低的空间运移，并可在土粒表面凝聚转化为其他各种类型的水。气态水的迁移和聚集使土中水和气体的分布状态发生变化，可使土的性质发生改变。

（2）液态水

可分为存在于矿物颗粒内部的水——化学结构水和化学结晶水，以及存在矿物颗粒表面的水——结合水和自由水，见表 1-3。

**矿物颗粒表面的水**　　表 1-3

| 水的类型 | | 主要作用力 |
|---|---|---|
| 吸着水（结合水） | 强结合水 | 物理化学力 |
| | 弱结合水 | |
| 自由水 | 毛细水 | 表面张力及重力 |
| | 重力水 | 重力 |

（3）固态水

此种水是当气温降至0℃以下时，由液态的自由水冻结而成。由于水的密度在4℃时为最大，低于0℃的冰，不是冷缩，反而膨胀，使基础发生冻胀。

土中水以冰的形态呈季节性出现，称为季节性冻结，在我国北方地区冬季可见。除此之外，在我国东北及西北的部分地区，还存在多年冻土层及永久性冻土层。

3）气相

土中气体指土的固体矿物之间的孔隙中，没有被水充填的部分。土的含气量与含水率有密切关系。土孔隙中占优势的是气体还是水，土的性质有很大的不同。

土中气体的成分与大气成分比较，主要区别在于 $CO_2$、$O_2$ 及 $N_2$ 的含量不同。一般土中气体含有更多的 $CO_2$，较少的 $O_2$，较多的 $N_2$。土中气体与大气的交换愈困难，两者的差别就愈大。

3. 土的物理性质指标

1）三相内部组成关系

土是由固相（土粒）、液相（水）和气相（气体）组成的三相分散体系。前述已说明土中三相之间相互比例不同，土的工程性质也不同。现在需要定量研究三相之间的比例关系，即土的物理性质指标的物理意义和数值大小。利用物理性质指标可间接地评定土的工程性质。

为了导得三相比例指标，把土体中实际上是分散的三个相抽象地分别集合在一起：固相集中于下部，液相居中部，气相集中于上部，构成理想的三相图。在三相图的右边注明各相的体积，左边注明各相的质量，如图 1-3 所示。

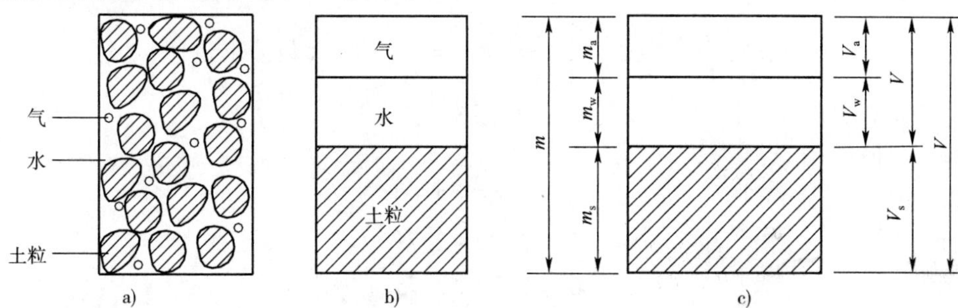


图 1-3　土的三相图

土样的体积 $V$ 可由下式表示：

$$V = V_s + V_w + V_a \tag{1-3}$$

式中：$V_s$、$V_w$、$V_a$——土粒、水、空气的体积。

土样的质量 $m$ 可由式(1-4)、式(1-5)表示：

$$m = m_s + m_w + m_a \tag{1-4}$$

或

$$m \approx m_s + m_w \quad m_a \approx 0 \tag{1-5}$$

式中：$m_s$、$m_w$、$m_a$——土粒、水、空气的质量。

2）土的密度 $\rho$ 和土的重度 $\gamma$

（1）物理意义

$\rho$ 为单位体积土的质量。$\gamma$ 为单位体积土的重力，即 $\gamma = \rho g \approx 10\rho$（$kN/m^3$）。

土的密度与土的结构、所含水分多少以及矿物成分有关。在测定土的天然密度时，必须用原状土样（即其结构未受扰动破坏，并且保持其天然结构状态下的天然含水率）。如果土的结构破坏了或水分变化了，则土的密度也就改变了，这样就不能正确测得真实的天然密度，用这种指标进行工程计算就会得出错误的结果。

（2）表达式

$$\rho = \frac{\text{土的总质量}}{\text{土的总体积}} = \frac{m}{V} \quad (g/m^3) \tag{1-6}$$

（3）常见值

$\rho = 1.6 \sim 2.2 g/cm^3$，$\gamma = 16 \sim 22 kN/m^3$。

（4）常用测定方法

①环刀法。此法适用于细粒土。

用内径6～8cm、高2～3cm、壁厚1～2mm的不锈钢环刀切土样，用天平称其质量，按密度表达式计算而得。

②灌水法。此法适用于粗粒土和巨粒土。

现场挖试坑，将挖出的试样装入容器，称其质量，再用塑料薄膜平铺于试坑内，然后将水缓慢注入塑料薄膜中，直至薄膜袋内水面与坑口齐平，注入的水量的体积即为试坑的体积。

3）土粒相对密度 $G_s$

（1）物理意义

土在105～110℃下烘至恒量时的质量与同体积4℃蒸馏水质量的比值。土粒相对密度只与组成土粒的矿物成分有关，而与土的孔隙大小及其中所含水分多少无关。

（2）表达式

$$G_s = \frac{\text{固体颗粒的质量}}{\text{同体积4℃纯水质量}} = \frac{m_s}{V_s \rho_w} = \frac{m_s}{V_s} = \rho_s \quad \text{（数值上近似）} \tag{1-7}$$

$\rho_s$称为土粒密度，是干土粒的质量 $m_s$ 与其体积 $V_s$ 之比。

（3）常见值

砂土： $G_s = 2.65 \sim 2.69$

粉土： $G_s = 2.70 \sim 2.71$

黏性土： $G_s = 2.72 \sim 2.75$

（4）常用测定方法

①比重瓶法。适用于粒径小于5mm的土。

用容积为100mL的比重瓶，将烘干土样15g装入比重瓶，用感量为0.001g的天平称瓶加干土质量。注入半瓶纯水后煮沸1h左右以排除土中气体，冷却后将纯水注满比重瓶，再称总质量并测定瓶内水温后经计算而得。

②浮称法。适用于粒径大于等于5mm的土，且其中粒径为20mm的土质量应小于总土质量的10%。

③虹吸筒法。适用于粒径大于等于5mm的土，且其中粒径为20mm的土质量应大于等于总土质量的10%。

④经验法。因各种土的相对密度值相差不大，仅小数点后第二位不同。若当地已进行大量土粒相对密度试验，则常采用经验值；但新到一地区则必须通过试验测定。

4）土的含水率 $w$

（1）物理意义

土的含水率表示土中含水的数量，为土体中水的质量与固体矿物质量的比值，用百分数表示。土的含水率只能表明土中固相与液相之间的数量关系，不能描述有关土中水的性质；只能反映孔隙中水的绝对值，不能说明其充满程度。

（2）表达式

$$w = \frac{\text{水的质量}}{\text{固体颗粒质量}} = \frac{m_w}{m_s} \times 100\% \tag{1-8}$$

（3）常见值

砂土： $w = 0 \sim 40\%$

黏性土： $w = 20\% \sim 60\%$

当 $w \approx 0$ 时，砂土呈松散状态，黏土呈坚硬状态。黏性土的含水率很大时，其压缩性高，强度低。

(4)常用测定方法

①烘干法。适用于黏质土、粉质土、砂类土和有机质土类，是含水率测定的标准方法。

取代表性试样，细粒土15~30g，砂类土、有机土50g，装入称量盒内称其质量后，放入烘箱内，在105~110℃的恒温下烘干（细粒土不少于8h，砂类土不少于6h），取出烘干后土样冷却后再称量，计算而得。

②酒精燃烧法。适用于快速简易测定细粒土（含有机质的除外）的含水率。

将称完质量的试样盒放在耐热桌面上，倒入工业酒精至与试样表面齐平，点燃酒精，熄灭后用针仔细搅拌试样，重复倒入酒精燃烧3次，冷却后称质量，计算而得。

5)反映土松密程度的指标

(1)土的孔隙比 $e$

①物理意义

土的孔隙比为土中孔隙体积与固体颗粒的体积之比值。

土的孔隙比可直接反映土的密实程度，孔隙比愈大，土愈疏松；孔隙比愈小，土愈密实。它是确定地基承载力的指标。

②表达式

$$e = \frac{\text{孔隙体积}}{\text{固体颗粒体积}} = \frac{V_V}{V_s} \tag{1-9}$$

③常见值

砂土：$e = 0.5 \sim 1.0$。当砂土 $e < 0.6$ 时，呈密实状态，为良好地基。

黏性土：$e = 0.5 \sim 1.2$。当黏性土 $e > 1.0$ 时，为软弱地基。

④确定方法

根据 $\rho$、$G_s$ 和 $w$ 实测值计算而得。

(2)土的孔隙度（孔隙率）$n$

①物理意义

土的孔隙度表示土中孔隙大小的程度，为土中孔隙体积占总体积的百分比。

②表达式

$$n = \frac{\text{孔隙体积}}{\text{土体总体积}} = \frac{V_V}{V} \tag{1-10}$$

③常见值

$$n = 30\% \sim 50\%$$

④确定方法

根据 $\rho$、$G_s$ 和 $w$ 实测值计算而得。孔隙度 $n$ 与孔隙比 $e$ 相比，工程应用很少。

6)土的干密度 $\rho_d$ 和土的干重度 $\gamma_d$

(1)物理意义

土的干密度指干燥状态下单位体积土的质量。土的干重度指干燥状态下单位体积土的重量（重力），即 $\gamma_d = \rho_d g \approx 10\rho_d (kN/m^3)$。土的干密度值的大小，主要取决于土的结构。因为它在这一状态下与含水率无关，加之土粒部分的矿物成分又是固定的，因此，土的结构即孔隙度的大小，影响着干密度值。一般规律是：土的孔隙度愈小，土愈密实，其干密度值愈大。

(2)表达式

$$\rho_d = \frac{固体颗粒质量}{土的总体积} = \frac{m_s}{V} \quad (g/m^3) \tag{1-11}$$

(3)常见值

$$\rho_d = 1.3 \sim 2.0 g/m^3$$

$$\gamma_d = 13 \sim 20 kN/m^3$$

(4)确定方法

根据 $\rho$ 和 $w$ 实测值计算而得。

(5)工程应用

土的干密度通常用作人工填土压实质量控制的指标。土的干密度 $\rho_d$(或干重度 $\gamma_d$)越大,表明土体压得越密实,亦即工程质量越好,但花费的压实费用也越高。一般认为 $\rho_d = 1.6 g/m^3$ 以上,土就比较密实了。

7)黏性土的稠度

黏性土的颗粒很细,黏粒粒径 $d < 0.002$mm,细土粒周围形成电场,电分子吸引水分子定向排列,形成黏结水膜。土粒与土中水相互作用很显著,关系极密切。如同一种黏性土,当它的含水率小时,土呈半固体坚硬状态;当含水率适当增加,土粒间距离加大,土呈现可塑状态。如含水率再增加,土中出现较多的自由水时,黏性土变成液体流动状态。界限含水率与土状态的关系如图 1-4 所示。

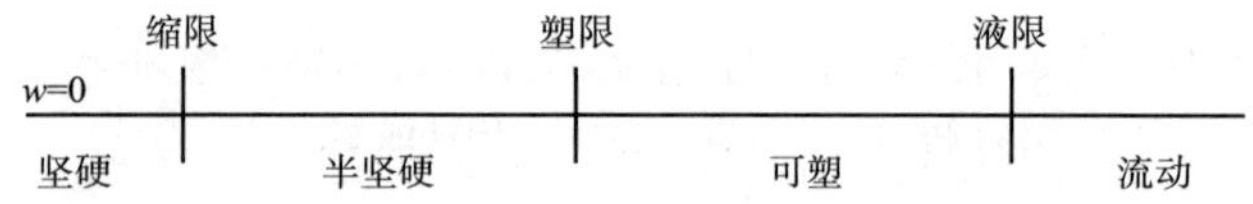


图 1-4　界限含水率与土状态的关系

黏性土随着含水率不断增加,土的状态变化为固态—半固态—塑性—液态,相应的地基土的承载力基本值 $f_0 > 450$kPa,逐渐下降为 $f_0 < 45$kPa,亦即承载力基本值相差 10 倍以上。由此可见,黏性土最主要的物理特性是土粒与土中水相互作用产生的稠度,即土的软硬程度或土对外力引起变形或破坏的抵抗能力。

黏性土的稠度,反映土粒之间的连接强度随着含水率高低而变化的性质。其中,各不同状态之间的界限含水率具有重要的意义。

(1)液限 $w_L$(%)

①定义:土从液体状态向塑性状态过渡的界限含水率。

②测定方法:液塑限联合测定,具体内容见《公路土工试验规程》(JTG E40—2007)中 T 0118—2007 有关内容。

(2)塑限 $w_P$(%)

①定义:土从塑性状态向脆性固体状态过渡的界限含水率。

②测定方法:液塑限联合测定,具体内容见《公路土工试验规程》(JTG E40—2007)中 T 0118—2007 有关内容。

液限和塑限,在国际上称为阿太堡界限(Atterberg Limit),是黏性土的重要物理性质指标。

(3)缩限 $w_S$(%)

①定义:黏性土呈半固态与固态之间的界限含水率。这是因为土样含水率减少至缩限后,土体体积发生收缩而得名。

②测定方法:用收缩皿法。

(4)塑性指数 $I_P$

①定义:黏性土的液限与塑限的差值,记为 $I_P$:

$$I_P = (w_L - w_P) \times 100 \tag{1-12}$$

如某一土样,$w_L = 32.6\%$,$w_P = 15.4\%$,则 $I_P = 17.2$,非 17.2%。

②物理意义:细颗粒土体处于可塑状态下,含水率变化的最大区间。一种土的 $w_L$ 与 $w_P$ 之间的范围大,即 $I_P$ 大,表明该土能吸附结合水多,但仍处于可塑状态,即该土黏粒含量高或矿物成分吸水能力强。

③工程应用:用塑性指数 $I_P$ 对细粒土进行分类和命名,现行的《公路桥涵地基与基础设计规范》(JTG D63—2007)以此指标对黏性土分类。见表 1-4。

**黏性土的分类** 表 1-4

| 塑性指数 $I_P$ | $I_P > 17$,黏土 | $10 < I_P \leq 17$,粉质黏土 |
|---|---|---|

(5)液性指数 $I_L$

①定义:黏性土的液性指数为天然含水率与塑限的差值和液限与塑限差值之比。

$$I_L = \frac{w - w_P}{w_L - w_P} \tag{1-13}$$

②物理意义:液性指数又称相对稠度,是将土的天然含水率 $w$ 与 $w_L$ 及 $w_P$ 相比较,以表明 $w$ 是靠近 $w_L$ 还是 $w_P$,反映土的软硬不同。

③工程应用:用液性指数 $I_L$ 来划分黏性土的稠度状态,见表 1-5。

**液性指数 $I_L$ 划分黏性土的稠度状态** 表 1-5

| 《公路桥涵地基与基础设计规范》(JTG D63—2007)、《岩土工程勘察规范》(GB 50021—2001)中黏性土状态的规定 |
|---|
| $I_L \leq 0$,坚硬;$0 < I_L \leq 0.25$,硬塑;$0.25 < I_L \leq 0.75$,可塑;$0.75 < I_L \leq 1$,软塑;$I_L > 1$,流塑 |

另外,液性指数在公路工程中是确定黏性土承载力的重要指标。应当指出,根据液性指数所判定的稠度状态的标准值,是以室内扰动土样测定的,未考虑其土的结构影响,故只能做参考。

## 二、任务实施

### 实训项目一:烘干法(土的含水率试验)

1. 目的和适用范围

本试验方法适用于测定黏质土、粉质土、砂类土、砂砾石、有机质土和冻土土类的含水率。

2. 仪器设备

(1)烘箱:可采用电热烘箱或温度能保持 105 ~110℃的其他能源烘箱。

(2)天平:称量 200g,感量 0.01g;称量 1 000g,感量 0.1g。

(3)其他:干燥器、称量盒[为简化计算手续,可将盒质量定期(3 ~6 个月)调整为恒质量值]等。

3. 试验步骤

(1)取具有代表性试样,细粒土 15 ~30g,砂类土、有机质土为 50g,砂砾石为 1 ~2kg,放入称量盒内,立即盖好盒盖,称质量。称量时,可在天平一端放上与该称量盒等质量的砝码,移动天平游码,平衡后称量结果减去称量盒质量即为湿土质量。

(2)揭开盒盖,将试样和盒放入烘箱内,在温度105~110℃恒温下烘干①。烘干时间对细粒土不得少于8h,对砂类土不得少于6h。对含有机质超过5%的土或含石膏的土,应将温度控制在60~70℃的恒温下,干燥12~15h为好。

(3)将烘干后的试样和盒取出,放入干燥器内冷却(一般只需0.5~1h即可)②。冷却后盖好盒盖,称质量,准确至0.01g。

4. 结果整理

(1)按下式计算含水率:

$$w = \frac{m - m_s}{m_s} \times 100 \tag{1-14}$$

式中:$w$——含水率(%),计算至0.1;

$m$——湿土质量(g);

$m_s$——干土质量(g)。

(2)本试验记录格式见表1-6。

含水率试验记录(烘干法) 表1-6

工程编号________ 试验者________

土样说明________ 计算者________

试验日期________ 校核者________

| 盒号 | | 1 | 2 | 3 | 4 |
|---|---|---|---|---|---|
| 盒质量(g) | (1) | 20 | 20 | 20 | 20 |
| 盒+湿土质量(g) | (2) | 38.87 | 40.54 | 40.65 | 40.45 |
| 盒+干土质量(g) | (3) | 35.45 | 36.76 | 36.16 | 35.94 |
| 水分质量(g) | (4)=(2)-(3) | 3.42 | 3.78 | 4.49 | 4.51 |
| 干土质量(g) | (5)=(3)-(1) | 15.45 | 16.76 | 16.16 | 15.94 |
| 含水率(%) | (6)=(4)/(5) | 22.1 | 22.6 | 27.8 | 28.3 |
| 平均含水率(%) | (7) | 22.4 | | 28.1 | |

(3)精密度和允许差。

本试验须进行两次平行测定,取其算术平均值,允许平行差值应符合表1-7的规定。

含水率测定的允许平行差值 表1-7

| 含水率(%) | 允许平行差值(%) | 含水率(%) | 允许平行差值(%) |
|---|---|---|---|
| 5以下 | 0.3 | 40以上 | ≤2 |
| 40以下 | ≤1 | 对层状和网状构造的冻土 | <3 |

5. 报告

(1)土的鉴别分类和代号。

(2)土的含水率$w$值。

**实训项目二:酒精燃烧法**(土的含水率试验)

1. 目的和适用范围

本试验方法适用于快速简易测定细粒土(含有机质的土除外)的含水率。

---

① 对于大多数土,通常烘干16~24h就足够。但是,某些土或试样数量过多或试样很潮湿,可能需要烘更长的时间。烘干的时间也与烘箱内试样的总质量、烘箱的尺寸及其通风系统的效率有关。

② 如铝盒的盖密闭,而且试样在称量前放置时间较短,可以不需要放在干燥器中冷却。

2. 仪器设备

(1)称量盒(定期调整为恒质量)。

(2)天平:感量0.01g。

(3)酒精:纯度95%。

(4)滴管、火柴、调土刀等。

3. 试验步骤

(1)取代表性试样(黏质土5~10g,砂类土20~30g),放入称量盒内,称湿土质量$m$,准确至0.01g。

(2)用滴管将酒精注入放有试样的称量盒中,直至盒中出现自由液面为止。为使酒精在试样中充分混合均匀,可将盒底在桌面上轻轻敲击。

(3)点燃盒中酒精,燃至火焰熄灭。

(4)将试样冷却数分钟,按本试验前述方法再重新燃烧两次。

(5)待第三次火焰熄灭后,盖好盒盖,立即称干土质量$m_s$,准确至0.01g。

4. 结果整理

(1)按下式计算含水率:

$$w=\frac{m-m_s}{m_s}\times 100 \tag{1-15}$$

式中:$w$——含水率(%),计算至0.1;

$m$——湿土质量(g);

$m_s$——干土质量(g)。

(2)本试验记录格式见表1-8。

**含水率试验记录(酒精燃烧法)** 表1-8

工程编号＿＿＿＿＿＿ 试验者＿＿＿＿＿＿

土样说明＿＿＿＿＿＿ 计算者＿＿＿＿＿＿

试验日期＿＿＿＿＿＿ 校核者＿＿＿＿＿＿

| 盒号 | | 1 | 2 | 3 | 4 |
|---|---|---|---|---|---|
| 盒质量(g) | (1) | 20 | 20 | 20 | 20 |
| 盒+湿土质量(g) | (2) | 38.87 | 40.54 | 40.65 | 40.45 |
| 盒+干土质量(g) | (3) | 35.45 | 36.76 | 36.16 | 35.94 |
| 水分质量(g) | (4)=(2)-(3) | 3.42 | 3.78 | 4.49 | 4.51 |
| 干土质量(g) | (5)=(3)-(1) | 15.45 | 16.76 | 16.16 | 15.94 |
| 含水率(%) | (6)=(4)/(5) | 22.1 | 22.6 | 27.8 | 28.3 |
| 平均含水率(%) | (7) | 22.4 | | 28.1 | |

(3)精密度和允许差。

本试验须进行两次平行测定,取其算术平均值,允许平行差值应符合表1-9的规定。

**含水率测定的允许平行差值** 表1-9

| 含水率(%) | 允许平行差值(%) | 含水率(%) | 允许平行差值(%) |
|---|---|---|---|
| 5以下 | 0.3 | 40以上 | ≤2 |
| 40以下 | ≤1 | 对层状和网状构造的冻土 | <3 |

5. 报告

(1)土的鉴别分类和代号。

(2)土的含水率 $w$ 值。

**实训项目三:液限和塑限联合测定法**(界限含水率试验)

1. 目的和适用范围

(1)本试验的目的是联合测定土的液限和塑限,用于划分土类、计算天然稠度和塑性指数,供公路工程设计和施工使用。

(2)本试验适用于粒径不大于0.5mm、有机质含量不大于试样总质量5%的土。

2. 仪器设备

(1)圆锥仪:锥质量为100g或76g,锥角为30°,读数显示形式宜采用光电式、数码式、游标式、百分表式。

(2)盛土杯:直径50mm,深度40~50mm。

(3)天平:称量200g,感量0.01g。

(4)其他:筛(孔径0.5mm)、调土刀、调土皿、称量盒、研钵(附带橡皮头的研杵或橡皮板、木棒)、干燥器、吸管、凡士林等。

3. 试验步骤

(1)取有代表性的天然含水率或风干土样进行试验。如土中含大于0.5mm的土粒或杂物时,应将风干土样用带橡皮头的研杵研碎或用木棒在橡皮板上压碎,过0.5mm的筛。

取0.5mm筛下的代表性土样200g,分开放入3个盛土皿中,加不同数量的蒸馏水,土样的含水率分别控制在液限($a$ 点)、略大于塑限($c$ 点)和两者的中间状态($b$ 点)。用调土刀调匀,盖上湿布,放置18h以上。测定 $a$ 点的锥入深度,对于100g锥应为(20±0.2)mm。对于76g锥应为17mm。测定 $c$ 点的锥入深度,对于100g锥应控制在5mm以下,对于76g锥应控制在2mm以下。对于砂类土,用100g锥测定 $c$ 点的锥入深度可大于5mm,用76g锥测定 $c$ 点的锥入深度可大于2mm。

(2)将制备的土样充分搅拌均匀,分层装入盛土杯,用力压密,使空气溢出。对于较干的土样,应先充分搓揉,用调土刀反复压实。试杯装满后,刮成与杯边齐平。

(3)当用游标式或百分表式液限塑限联合测定仪试验时,调平仪器,提起锥杆(此时游标或百分表读数为零),锥头上涂少许凡士林。

(4)将装好土样的试杯放在联合测定仪的升降座上,转动升降旋钮,待锥尖与土样表面刚好接触时停止升降,扭动锥下降旋钮,同时开动秒表,经5s时,松开旋钮,锥体停止下落,此时游标读数即为锥入深度 $h_1$。

(5)改变锥尖与土接触位置(锥尖两次锥入位置距离不小于1cm),重复本试验(3)和(4)步骤,得锥入深度 $h_2$。$h_1$、$h_2$ 允许平行误差为0.5mm,否则应重做。取 $h_1$、$h_2$ 平均值作为该点的锥入深度 $h$。

(6)去掉锥尖入土处的凡士林,取10g以上的土样两个,分别装入称量盒内,称质量(准确至0.01g),测定其含水率 $w_1$、$w_2$(计算到0.1%)。计算含水率平均值 $w$。

(7)重复本试验(2)~(6)步骤,对其他两个含水率土样进行试验,测其锥入深度和含水率。

(8)用光电式或数码式液限塑限联合测定仪测定时,接通电源,调平机身,打开开关,提上锥体(此时刻度或数码显示应为零)。将装好土样的试杯放在升降座上,转动升降旋钮,试杯徐徐上升,土样表面和锥尖刚好接触,指示灯亮,停止转动旋钮,锥体立刻自行下沉,5s时,自动停止下落,读数窗上或数码管上显示键入深度。试验完毕,按动复位按钮,锥体复位,读数显示为零。

4. 结果整理

(1)在双对数坐标上,以含水率 $w$ 为横坐标,锥入深度 $h$ 为纵坐标,点绘 $a$、$b$、$c$ 三点含水率的 $h-w$ 图(图1-5)。连此三点,应呈一条直线。

如三点不在同一直线上,要通过 $a$ 点与 $b$、$c$ 两点连成两条直线,根据液限($a$ 点含水率)在 $h_P-w_L$ 图上查得 $h_P$,以此 $h_P$ 再在 $h-w$ 的 $ab$ 及 $ac$ 两直线上求出相应的两个含水率。当两个含水率的差值小于2%时,以该两点含水率的平均值与 $a$ 点连成一直线。当两个含水率的差值不小于2%时,应重做试验。

(2)液限的确定方法

①若采用76g锥做液限试验,则在 $h-w$ 图上,查得纵坐标入土深度 $h=17$mm 所对应的横坐标的含水率 $w$,即为该土样的液限 $w_L$。

②若采用100g锥做液限试验,则在 $h-w$ 图上,查得纵坐标入土深度 $h=20$mm 所对应的横坐标的含水率 $w$,即为该土样的液限 $w_L$。

(3)塑限的确定方法

①根据上述试验求出的液限,通过76g锥入土深度 $h$ 与含水率 $w$ 的关系曲线(图1-5),查得锥入土深度为2mm所对应的含水率即为该土样的塑限 $w_p$。

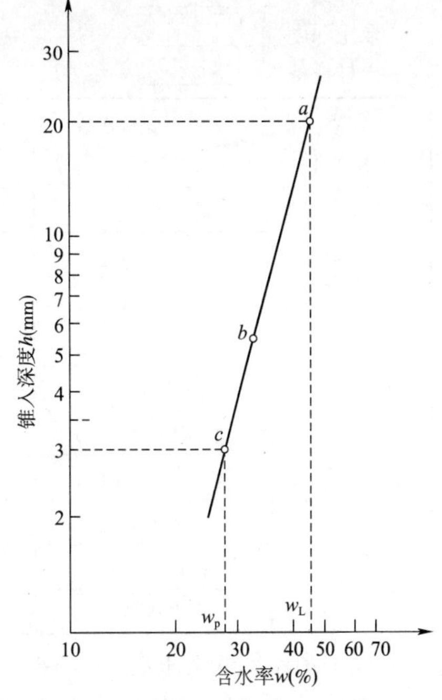


图1-5 锥入深度与含水率($h-w$)关系

②根据上述试验求出的液限,通过液限 $w_L$ 与塑限时入土深度 $h_P$ 的关系曲线(图1-6),查得 $h_P$,再由图1-5求出入土深度为 $h_P$ 时所对应的含水率,即为该土样的塑限 $w_p$。查 $h_P-w_L$ 关系图时,须先通过简易鉴别法及筛分法把砂类土与细粒土区别开来,再按这两种土分别采用相应的 $h_P-w_L$ 关系曲线;对于细粒土,用双曲线确定 $h_P$ 值;对于砂类土,则用多项式曲线确定 $h_P$ 值。

若根据上述试验求出的液限,当 $a$ 点的锥入深度在20mm ± 0.2mm范围内时,应在 $ad$ 线上查得入土深度为20mm处相对应的含水率,此为液限 $w_L$。再用此液限在图1-6上找出与之相对应的塑限入土深度 $h_P$,然后到 $h-w$ 图 $ad$ 直线上查得 $h_P$ 相对应的含水率,此为塑限 $w_P$。

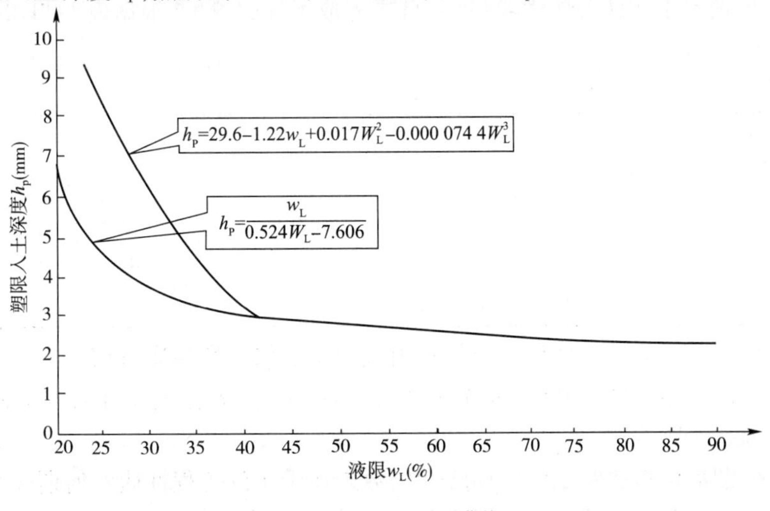


图1-6 $h_p-w_L$ 关系曲线

(4)本试验记录格式见表1-10。

**液限塑限联合试验记录** 表1-10

工程名称__________ 试 验 者__________

土样编号__________ 计 算 者__________

取土深度__________ 校 核 者__________

土样设备__________ 试验日期__________

<table>
<tr><td colspan="2">试验次数<br>试验项目</td><td>1</td><td>2</td><td>3</td><td>备 注</td></tr>
<tr><td rowspan="3">入土深度</td><td>$h_1$</td><td>4.68</td><td>9.81</td><td>19.88</td><td rowspan="10">$w_P$ $I_P$<br>双曲线法 27.2 14.0<br>搓条法 26.2 15.0<br><br>液限 $w_L=41.2$</td></tr>
<tr><td>$h_2$</td><td>4.73</td><td>9.79</td><td>20.12</td></tr>
<tr><td>$(h_1+h_2)/2$</td><td>4.71</td><td>9.80</td><td>20</td></tr>
<tr><td rowspan="7">含水率</td><td>盒号</td><td></td><td></td><td></td></tr>
<tr><td>盒质量(g)</td><td>20</td><td></td><td></td></tr>
<tr><td>盒+湿土质量(g)</td><td>25.86</td><td>27.49</td><td>30.62</td></tr>
<tr><td>盒+干土质量(g)</td><td>24.51</td><td>25.52</td><td>27.53</td></tr>
<tr><td>水分质量(g)</td><td>1.35</td><td>1.97</td><td>3.09</td></tr>
<tr><td>干土质量(g)</td><td>4.51</td><td>5.52</td><td>7.53</td></tr>
<tr><td>含水率(%)</td><td>29.9</td><td>35.7</td><td>41.04</td></tr>
</table>

(5)精密度和允许差。

本试验须进行两次平行测定,取其算术平均值,以整数(%)表示。其允许差值为:高液限土小于或等于2%,低液限土小于或等于1%。

5.报告

(1)土的鉴别分类和代号。

(2)土的液限$w_L$、塑限$w_P$和塑性指数$I_P$。

## 三、学习效果评价反馈

1.学生自评

每位学生根据本工作任务的学习目标,自主完成下述自测,并根据表1-11的要求,完成自我检验。

**学 生 自 评 表** 表1-11

<table>
<tr><td colspan="6">任务名称:土的三相组成</td></tr>
<tr><td colspan="6">组号 | | 姓名 | | 学号 | | 自评成绩 |</td></tr>
<tr><td>题号</td><td>自测1</td><td>自测2</td><td>自测3</td><td>自测4</td><td>合计</td></tr>
<tr><td>分数</td><td>20</td><td>20</td><td>20</td><td>40</td><td>100</td></tr>
<tr><td>得分</td><td></td><td></td><td></td><td></td><td></td></tr>
</table>

[自测1]什么是土的三相体系?土的相组成对土的状态和性质有何影响?

[自测2]取得某湿土样1 955g,测知其含水率为15%。若在土样再加入85g水后,试问此时该土样的含水率为多少?

[自测3]何谓液性指数?如何应用液性指数来评价土的工程性质?何谓硬塑、软塑状态?

[自测4]黏性土最主要的物理特征是什么?何谓塑限?如何测定?何谓液限?如何测定?

2. 任课教师评价

主讲教师根据学生的学习态度，可按表 1-12 的要求对学生知识的掌握情况做出综合评价。

教师对学生的学习效果评价　　表 1-12

| 组号 | | 姓名 | | 学号 | | 成绩 | |
|---|---|---|---|---|---|---|---|
| 任务名称：土的三相组成 | | | | | | | |
| 评价内容 | | 评价依据 | | | | 分数 | 得分 |
| 学习态度情况 | | 上课纪律、学习主动性等评价 | | | | 20 | |
| 任务自测情况 | | 自测成果的正确性与准确性 | | | | 30 | |
| 作业质量 | | 准确、清晰 | | | | 20 | |
| 学生独立解决问题能力 | | 主要对学生的创新思维能力、组织能力，学生在遇到问题时的判断能力等评价 | | | | 30 | |
| 教师签名 | | 日期 | | | | 合计 | |

# 任务 2　土的动力特性与击实试验

## 一、相关知识

1. 击实的工程意义

在工程建设中，经常遇到填土或松软地基，为了改善这些土的工程性质，常采用压实的方法使土变得密实，这往往是一种经济合理的改善土的工程性质的方法。这里所说的使土变密实是指采用人工或机械的手段对土体施加机械能量，使土颗粒重新排列变密实，使土在短时间内得到新的结构强度，包括增强粗粒土之间的摩擦和咬合，以及增加细粒土之间的分子引力。

实践表明，由于土的基本性质复杂多变，同一压实功能对于不同种类、不同状态的土的压实效果可以完全不同。因此为了技术上可靠和经济上的合理，需要了解土的压实特性与变化规律，以利工程实践。

在工程建设中，经常会遇到需要将土按一定要求进行堆填和密实的情况，如路堤、土坝、桥台、挡土墙、管道埋设、基础垫层以及基坑回填等。填土不同于天然土层，因为经过挖掘、搬运之后，其原状结构已被破坏，含水率也已发生变化，堆填时必然在土团之间留下许多空隙。未经压实的填土强度低，压缩性大而且不均匀，遇到水易发生塌陷、崩解等。为使其满足稳定性和变形方面的工程要求，必须按一定标准加以压实。特别是像道路路堤这样的构筑物，在车辆频繁运行引起的反复荷载作用下，可能出现不均匀的或过大的沉陷、塌落甚至失稳滑动，从而恶化运营条件并增加维修工作量。所以路堤填土必须具有足够的压实度，以确保行车平顺和安全。

土的压实也用在地基处理方面，如用重锤夯实处理松软土地基使之提高承载力。早先的重锤夯实多用于地基表层松软工地基的设计荷载较小时，目前对于松软土层较厚或设计荷载较大的情况，也可以用高功能的夯压法即所谓强夯法进行处理。

2. 击实试验原理

击实是指采用人工或机械对土施加夯压能量（如打夯、碾压、振动碾压等方式），使土颗粒重新排列紧密。对于粗粒土的紧密排列,增强颗粒表面摩擦力和颗粒之间嵌挤形成的咬合力。对于细粒土则因为颗粒间的靠紧而增强粒间的分子引力,从而使土在短时间内达到新的结构强度。

3. 土的击实特性

1)压实曲线性状

击实试验所得到的击实曲线是研究土的压实特性的基本关系图。从图 1-7 中可见,击实曲线 $\rho_d \sim w$ 上有一峰值,此处的干密度为最大,称为最大干密度 $\rho_{dmax}$,与之对应的制备土样含水率则称为最佳含水率 $w_{OP}$(或称最优含水率)。峰点表明,在一定的击实功作用下,只有当压实土粒为最佳含水率时,土才能被击实至最大干密度,才能达到最大压实效果。

最佳含水率 $w_{OP}$ 和最大干密度 $\rho_{dmax}$,这两个指标十分重要,对于路基设计、施工都很有用处。最佳含水率与塑限含水率 $w_P$ 相接近,在击实试验时可取 $w_{OP} = w_P$ 或 $w_{OP} = w_P + 2$、$w_{OP} = (0.65 \sim 0.75) w_L$,其中 $w_L$ 为土的液限含水率,作为选择合适的制备土样含水率范围的参考。表 1-13 给出了塑性指数小于 22 的土的最佳含水率和最大干密度的经验数值。

**最佳含水率和最大干密度的经验数值** 表 1-13

| 塑性指数 $I_P$ | 最大干密度($g/cm^3$) | 最佳含水率 $w_{OP}$(%) |
|---|---|---|
| <10 | >1.85 | <13 |
| 10 ~ 14 | 1.75 ~ 1.85 | 13 ~ 15 |
| 14 ~ 17 | 1.70 ~ 1.75 | 15 ~ 17 |
| 17 ~ 20 | 1.65 ~ 1.70 | 17 ~ 19 |
| 20 ~ 22 | 1.60 ~ 1.65 | 19 ~ 21 |

从图 1-7 的曲线形态还可以看到,曲线左段比右段的坡度陡。这表明含水率变化对于干密度影响在偏干(指含水率低于最佳含水率)时比偏湿(指含水率高于最佳含水率)时更为明显。

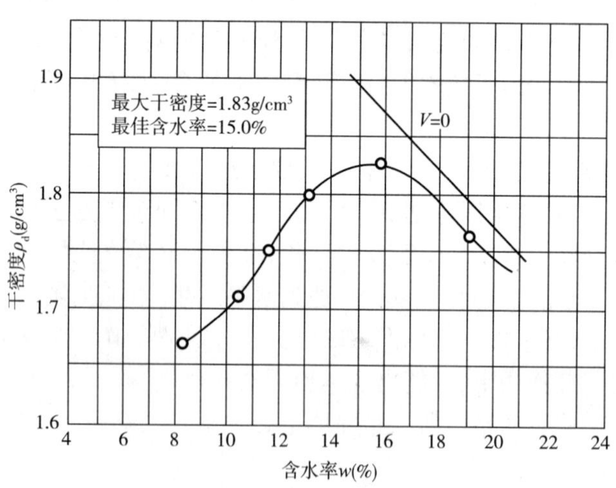


图 1-7 含水率与干密度的关系曲线

在 $\rho_d$-$w$ 曲线中还给出了饱和曲线(图中 $V_a = 0$ 的线),它表示当土处于饱和状态时的 $\rho_d$-$w$ 关系。饱和曲线与击实曲线的位置说明,土是不可能被击实到完全饱和状态的。试验证明,黏性土在最佳击实情况下(即击实曲线峰点),其饱和度通常为 80% 左右,整个击实曲线始终在饱和曲线左下侧。这一点可以这样理解:当土的含水率接近和大于最佳值时,土孔隙中的气体处于与大气不连通的状态，击实作用已不能将其排出土外。

2）土的压实特性的机理解释

一般认为土的压实特性与土的组成与结构、土粒表面现象、毛细管压力、孔隙水和孔隙气压力等均有关系。但可以这样简单地理解：压实的作用是使土块变形和结构调整以致密实，在松散湿土的含水率处于偏干状态时，由于粒间引力使土保持比较疏松的凝聚结构，土中孔隙大都相互连通，水少而气多，在一定的外部压实功能作用下，虽然土孔隙气体易被排出，密度可以增大，但由于较薄的强结合水水膜润滑作用不明显以及外部功能不足以克服粒间引力，土粒相对移动不显著，因此压实效果比较差。含水率逐渐加大时，水膜变厚，土块变软，粒间引力减弱，施以外部压实功能则土粒移动，加上水膜的润滑作用，压实效果渐佳。

在最佳含水率附近时，土中所含的水量最有利于土粒受击时发生相对移动，以致能达到最大干密度。当含水率再增加到偏湿状态时，孔隙中出现了自由水，击实时不可能使土中多余的水和气体排出，从而孔隙压力升高更为显著，抵消了部分击实功，击实功效反而下降，这便出现了图1-7中击实段曲线右段所示的干密度下降的趋势。在排水不畅的情况下，过多次数的反复击实，甚至会导致土体密度不加大而土体结构被破坏的后果，出现工程上所谓的“橡皮土”现象，应注意避免。

4. 影响压实的因素

（1）含水率对整个压实过程的影响。由击实曲线可知，严格的控制最佳含水率是关键。但是，不同的土类其最佳含水率和最大干密度是不同的。一般粉粒和黏粒含率多，土的塑性指数越大，土的最佳含水率也越大，同时其最大干密度越小。因此，一般砂性土的最佳含水率小于黏性土，而砂性土的最大干密度也大于黏性土。

（2）击实功对最佳含水率和最大干密度的影响。对同一种土用不同的击实功进行击实试验后表明：击实功越大，土的最大干密度越大，而土的最佳含水率则越小。但是这种增大击实功是有一定限制的。超过这一限度，即使增加击实功，土的干密度增加也不明显。

（3）不同压实机械对压实的影响。如光面压路机、羊足碾和振动压路机等，它们的压实效果各不相同，作用于不同土类时，其效果也不同。

（4）土粒级配的影响。在路基、路面基层材料等的施工中表明，粒料的级配对所能达到的密实度有明显的影响。均匀颗粒的砂、单一尺寸的砾石和碎石，都很难碾压密实；只有在良好级配的条件下才能达到要求的密实度，也才能满足强度和稳定性的要求。

以上仅仅讨论了影响压实的主要因素，针对施工现场的不同条件，还会有其他影响因素，应结合具体工程状况和试验结果综合分析。

## 二、任务实施

**实训项目一：击实试验**（土的击实试验）

1. 目的和适用范围

（1）本试验方法适用于细粒土。

（2）本试验分轻型击实和重型击实。内径100mm试筒适用于粒径不大于20mm的土。内径152mm试筒适用于粒径不大于40mm的土。

（3）当土中最大颗粒粒径大于或等于40mm，并且大于或等于40mm颗粒粒径的质量含量大于5%时，则应使用大尺寸试筒进行击实试验，或进行最大干密度校正。大尺寸试筒要求其最小尺寸大于土样中最大颗粒粒径的5倍以上，并且击实试验的分层厚度应大于土样中最大颗粒粒径的 3 倍以上。单位体积击实功能控制在 2677.2～2687.0kJ/m$^3$范围内。

(4)当细粒土中的粗粒土总含量大于 40% 或粒径大于 0.005mm 颗粒的含量大于土总质量的 70%(即 $d_{30} \leqslant 0.005$mm)时,还应做粗粒土最大干密度试验,其结果与重型击实试验结果比较,最大干密度取两种试验结果的最大值。

2. 仪器设备

(1)标准击实仪(图 1-8 和图 1-9)。击实试验方法和相应设备的主要参数应符合表 1-14 的规定。

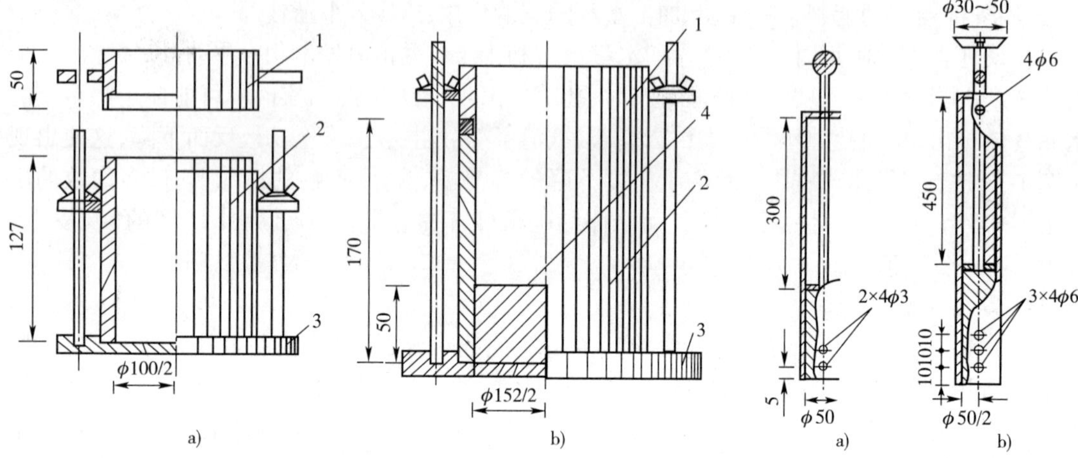


图 1-8　击实筒(尺寸单位:mm)
a)小击实筒;b)大击实筒
1-套筒;2-击实筒;3-底板;4-垫板

图 1-9　击实仪(尺寸单位:mm)

**击实试验方法种类**　　表 1-14

| 试验方法 | 类别 | 锤底直径(cm) | 锤质量(kg) | 落高(cm) | 试筒尺寸 | | 试样尺寸 | | 层数 | 每层击数 | 击实功(kJ/m$^3$) | 最大粒径(mm) |
|---|---|---|---|---|---|---|---|---|---|---|---|---|
| | | | | | 内径(cm) | 高(cm) | 高度(cm) | 体积(cm$^3$) | | | | |
| 轻型 | Ⅰ-1 | 5 | 2.5 | 30 | 10 | 12.7 | 12.7 | 997 | 3 | 27 | 598.2 | 20 |
| | Ⅰ-2 | 5 | 2.5 | 30 | 15.2 | 17 | 12 | 2177 | 3 | 59 | 598.2 | 40 |
| 重型 | Ⅱ-1 | 5 | 4.5 | 45 | 10 | 12.7 | 12.7 | 997 | 5 | 27 | 2687.0 | 20 |
| | Ⅱ-2 | 5 | 4.5 | 45 | 15.2 | 17 | 12 | 2177 | 3 | 98 | 2677.2 | 40 |

(2)烘箱及干燥器。

(3)天平:感量 0.01g。

(4)台秤:称量 10kg,感量 5g。

(5)圆孔筛:孔径 40mm、20mm 和 5mm 各 1 个。

(6)拌和工具:400mm×600mm、深 70mm 的金属盘,土铲。

(7)其他:喷水设备、碾土器、盛土盘、量筒、推土器、铝盒、修土刀、平直尺等。

3. 试样

(1)本试验可分别采用不同的方法准备试样。各方法可按表 1-15 准备试料。

**试 料 用 量** 表1-15

| 使用方法 | 类别 | 试筒内径(cm) | 最大粒径(mm) | 试料用量(kg) |
|---|---|---|---|---|
| 干土法,试样不重复使用 | b | 10<br>15.2 | 20<br>40 | 至少5个试样,每个3<br>至少5个试样,每个6 |
| 湿土法,试样不重复使用 | c | 10<br>15.2 | 20<br>40 | 至少5个试样,每个3<br>至少5个试样,每个6 |

(2)干土法(土不重复使用)。按四分法至少准备5个试样,分别加入不同水分(按2%~3%含水率递增),拌匀后闷料一夜备用。

(3)湿土法(土不重复使用)。对于高含水率土,可省略过筛步骤,用手拣除大于40mm的粗石子即可。保持天然含水率的第一个土样,可立即用于击实试验。其余几个试样,将土分成小土块,分别风干,使含水率按2%~3%递减。

4. 试验步骤

(1)根据工程要求,按表1-14规定选择轻型或重型试验方法。根据土的性质(含易击碎风化石数量多少、含水率高低),按表1-15规定选用干土法(土不重复使用)或湿土法。

(2)将击实筒放在坚硬的地面上,在筒壁上抹一薄层凡士林,并在筒底(小试筒)或垫块(大试筒)上放置蜡纸或塑料薄膜。取制备好的土样分3~5次倒入筒内。小筒按三层法时,每次800~900g(其量应使击实后的试样等于或略高于筒高的1/3);按五层法时,每次400~500g(其量应使击实后的土样等于或略高于筒高的1/5)。对于大试筒,先将垫块放入筒内底板上,按三层法,每层需试样1700g左右。整平表面,并稍加压紧,然后按规定的击数进行第一层土的击实。击实时击锤应自由垂直落下,锤迹必须均匀分布于土样面,第一层击实完后,将试样层面“拉毛”然后再装入套筒,重复上述方法进行其余各层土的击实。小试筒击实后,试样不应高出筒顶面5mm;大试筒击实后,试样不应高出筒顶面6mm。

(3)用修土刀沿套筒内壁削刮,使试样与套筒脱离后,扭动并取下套筒,齐筒顶细心削平试样,拆除底板,擦净筒外壁,称量,准确至1g。

(4)用推土器推出筒内试样,从试样中心处取样测其含水率,计算至0.1%。测定含水率用试样的数量按表1-16规定取样(取出有代表性的土样)。两个试样含水率的精度应符合试验的规定。

**测定含水率用试样的数量** 表1-16

| 最大粒径(mm) | 试样质量(g) | 个数 |
|---|---|---|
| <5 | 15~20 | 2 |
| 约5 | 约50 | 1 |
| 约20 | 约250 | 1 |
| 约40 | 约500 | 1 |

(5)对于干土法(土不重复使用)和湿土法(土不重复使用),将试样搓散,然后按上述方法进行洒水、拌和,每次增加2~3个百分点的含水率,其中有两个大于和两个小于最佳含水率,所需加水量按下式计算:

$$m_w = \frac{m_i}{1 + 0.01w_i} \times 0.01(w - w_i) \qquad (1\text{-}16)$$

式中:$m_w$——所需的加水量(g);

$m_i$——含水率 $w_i$ 时土样的质量(g);

$w_i$——土样原有含水率(%);

$w$——要求达到的含水率(%)。

按上述步骤进行其他含水率试样的击实试验。

5. 结果整理

(1)按下式计算击实后各点的干密度：

$$\rho_d = \frac{\rho}{1 + 0.01w} \tag{1-17}$$

式中：$\rho_d$——干密度($g/cm^3$)，计算至0.01；

$\rho$——湿密度($g/cm^3$)；

$w$——含水率(%)。

(2)以干密度为纵坐标，含水率为横坐标，绘制干密度与含水率的关系曲线(图1-10)，曲线上峰值点的纵、横坐标分别为最大干密度和最佳含水率。如曲线不能绘出明显的峰值点，应进行补点或重做。

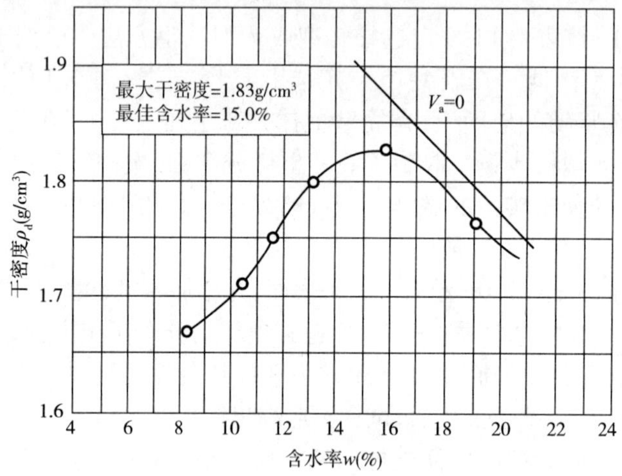


图1-10 含水率与干密度的关系曲线

(3)按下式计算饱和曲线的饱和含水率 $w_{max}$，并绘制饱和含水率与干密度的关系曲线图。

$$w_{max} = \left[\frac{G_S\rho_w(1 + w) - \rho}{G_S\rho}\right] \times 100 \tag{1-18}$$

或

$$w_{max} = \left(\frac{\rho_w}{\rho_d} - \frac{1}{G_S}\right) \times 100 \tag{1-19}$$

式中：$w_{max}$——饱和含水率(%)，计算至0.01；

$\rho$——试样的湿密度($g/cm^3$)；

$\rho_w$——水在4℃时的密度($g/cm^3$)；

$\rho_d$——试样的干密度($g/cm^3$)；

$G_S$——试样土粒比重，对于粗粒土，则为土中粗细颗粒的混合比重；

$w$——试样的含水率(%)。

(4)当试样中有大于40mm的颗粒时，应先取出大于40mm的颗粒，并求得其百分率 $p$，把小于40mm部分做击实试验，按下面公式分别对试验所得的最大干密度和最佳含水率进行校正(适用于大于40mm颗粒的含量小于30%时)。

最大干密度按下式校正：

$$\rho'_{dm}=\frac{1}{\frac{1-0.01p}{\rho_{dm}}+\frac{0.01p}{\rho_w G'_S}} \tag{1-20}$$

式中：$\rho'_{dm}$——校正后的最大干密度（g/cm³），计算至0.01；

$\rho_{dm}$——用粒径小于40mm的土样试验所得的最大干密度（g/cm³）；

$p$——试料中粒径大于40mm颗粒的百分率（%）；

$G'_S$——粒径大于40mm颗粒的毛体积比重，计算至0.01。

最佳含水率按下式校正：

$$w'_0=w_0(1-0.01p)+0.01pw_2 \tag{1-21}$$

式中：$w'_0$——校正后的最佳含水率（%），计算至0.01；

$w_0$——用粒径小于40mm的土样试验所得的最佳含水率（%）；

$p$——试料中粒径大于40mm颗粒的百分率（%）；

$w_2$——粒径大于40mm颗粒的吸水量（%）。

（5）本试验记录格式见表1-17。

**击实试验记录**　　表1-17

校核者＿＿＿＿＿＿　计算者＿＿＿＿＿＿　试验者＿＿＿＿＿＿

<table>
<tr><td>土样编号</td><td></td><td colspan="2">筒号</td><td colspan="2"></td><td colspan="2">落距</td><td colspan="4">45cm</td></tr>
<tr><td>土样来源</td><td></td><td colspan="2">筒容积</td><td colspan="2">997cm³</td><td colspan="2">每层击数</td><td colspan="4">27</td></tr>
<tr><td>试验日期</td><td></td><td colspan="2">击锤质量</td><td colspan="2">4.5kg</td><td colspan="4">大于5mm颗粒含量</td><td colspan="2"></td></tr>
<tr><td rowspan="6">干密度</td><td>试验次数</td><td colspan="2">1</td><td colspan="2">2</td><td colspan="2">3</td><td colspan="2">4</td><td colspan="2">5</td></tr>
<tr><td>筒质量＋土质量（g）</td><td colspan="2">2981.8</td><td colspan="2">3057.1</td><td colspan="2">3130.9</td><td colspan="2">3215.8</td><td colspan="2">3191.1</td></tr>
<tr><td>筒质量（g）</td><td colspan="2">1103</td><td colspan="2">1103</td><td colspan="2">1103</td><td colspan="2">1103</td><td colspan="2">1103</td></tr>
<tr><td>湿土质量（g）</td><td colspan="2">1878.8</td><td colspan="2">1954.1</td><td colspan="2">2027.9</td><td colspan="2">2112.8</td><td colspan="2">2088.1</td></tr>
<tr><td>湿密度（g/cm³）</td><td colspan="2">1.88</td><td colspan="2">1.96</td><td colspan="2">2.03</td><td colspan="2">2.12</td><td colspan="2">2.09</td></tr>
<tr><td>干密度（g/cm³）</td><td colspan="2">1.71</td><td colspan="2">1.75</td><td colspan="2">1.80</td><td colspan="2">1.83</td><td colspan="2">1.76</td></tr>
<tr><td rowspan="9">含水率</td><td>盒号</td><td colspan="2"></td><td colspan="2"></td><td colspan="2"></td><td colspan="2"></td><td colspan="2"></td></tr>
<tr><td>盒质量＋湿土质量（g）</td><td>35.60</td><td>35.44</td><td>33.93</td><td>33.69</td><td>32.88</td><td>33.16</td><td>33.13</td><td>34.09</td><td>36.96</td><td>38.31</td></tr>
<tr><td>盒质量＋干土质量（g）</td><td>34.16</td><td>34.02</td><td>32.45</td><td>32.26</td><td>31.40</td><td>31.64</td><td>31.36</td><td>32.15</td><td>34.28</td><td>35.36</td></tr>
<tr><td>盒质量（g）</td><td>20</td><td>20</td><td>20</td><td>20</td><td>20</td><td>20</td><td>20</td><td>20</td><td>20</td><td>20</td></tr>
<tr><td>水质量（g）</td><td>1.44</td><td>1.42</td><td>1.48</td><td>1.43</td><td>1.48</td><td>1.52</td><td>1.77</td><td>1.94</td><td>2.68</td><td>2.95</td></tr>
<tr><td>干土质量（g）</td><td>14.16</td><td>14.02</td><td>12.45</td><td>12.26</td><td>11.40</td><td>11.64</td><td>11.36</td><td>12.15</td><td>14.28</td><td>15.36</td></tr>
<tr><td>含水率（%）</td><td>10.3</td><td>10.1</td><td>11.9</td><td>11.7</td><td>13.0</td><td>13.0</td><td>15.6</td><td>16.0</td><td>18.8</td><td>19.2</td></tr>
<tr><td>平均含水率（%）</td><td colspan="2">10.2</td><td colspan="2">11.8</td><td colspan="2">13.0</td><td colspan="2">15.8</td><td colspan="2">19.0</td></tr>
<tr><td colspan="3">最佳含水率＝15.0%</td><td colspan="8">最大干密度＝1.83g/cm³</td></tr>
</table>

（6）精密度和允许差。

本试验含水率须进行两次平行测定，取其算术平均值，允许平行差值应符合表1-18规定。

**含水率测定的允许平行差值**　　表1-18

| 含水率（%） | 允许平行差值（%） | 含水率（%） | 允许平行差值（%） | 含水率（%） | 允许平行差值（%） |
|---|---|---|---|---|---|
| 5以下 | 0.3 | 40以下 | ≤1 | 40以上 | ≤2 |

6. 报告

(1)土的鉴别分类和代号。

(2)土的最佳含水率 $w_0$(%)。

(3)土的最大干密度 $\rho_{dm}$($g/m^3$)。

## 三、学习效果评价反馈

1. 学生自评

每位学生根据本工作任务的学习目标,自主完成下述自测,并根据表 1-19 的要求,完成自我检验。

**学生自评表** 表 1-19

| 任务名称:土的动力特性与击实试验 | | | | | | | |
|---|---|---|---|---|---|---|---|
| 组号 | | 姓名 | | 学号 | | 自评成绩 | |
| 题号 | 自测 1 | | 自测 2 | 自测 3 | 自测 4 | 合计 | |
| 分数 | 20 | | 20 | 20 | 40 | 100 | |
| 得分 | | | | | | | |

[自测 1]击实试验原理是什么?

[自测 2]影响压实的因素主要有哪些?

[自测 3]击实的工程意义是什么?

[自测 4]击实的实验步骤及注意事项是什么?

2. 任课教师评价

主讲教师根据学生的学习态度,按表 1-20 的要求,对学生知识的掌握情况做出综合评价。

**教师对学生的学习效果评价表** 表 1-20

| 组号 | | 姓名 | | 学号 | | 成绩 | |
|---|---|---|---|---|---|---|---|
| 任务名称:土的动力特性与击实试验 | | | | | | | |
| 评价内容 | | 评价依据 | | | | 分数 | 得分 |
| 学习态度情况 | | 上课纪律、学习主动性等评价 | | | | 20 | |
| 任务自测情况 | | 自测成果的正确性与准确性 | | | | 30 | |
| 作业质量 | | 准确、清晰 | | | | 20 | |
| 学生独立解决问题能力 | | 主要对学生的创新思维能力、组织能力,学生在遇到问题时的判断能力等评价 | | | | 30 | |
| 教师签名 | | 日期 | | | | 合计 | |

# 任务 3　土的工程分类及野外鉴别

## 一、相关知识

1. 土分类的基本知识

土是自然地质历史的产物,它的成分、结构和性质千变万化,其工程性质也千差万别。为了能大致地判断土的基本性质,合理地选择研究内容及方法,以及在科学技术交流中有共同的语言,有必要对土进行科学的分类。

土的工程分类的依据应是极简单的一些特征指标,这些指标的测定应是简便的。假如所依据的指标比直接测定土的有关工程性质复杂,这个分类就失去其价值。在土的工程分类中,最常用的指标是粒度成分和反映塑性的指标。

根据工程用途不同,工程人员已提出了许多土的工程分类体系。例如,为了解决渗流问题,则按土的透水性进行分类,在考虑粒度成分界限值时,就注意到使粒组的划分能反映透水性的变化。再例如,在道路工程中,为了路基土压实和水稳性问题,则要按土的不同粒组的级配进行土的分类。

对于土质分类法,世界各国、各地区、各部门根据自己的传统与经验,都有自己的分类标准。但总体看来,国内外对分类的依据,在总的体系上也在趋近于一致,各分类法的标准也都大同小异。一般原则是:①粗粒土接粒度成分及级配特征;②细粒土按塑性指数和液限,即塑性图法(将在后面作专题介绍);③有机土和特殊土则分别单独并列为一类;④对定出的土名给以明确含义的文字符号,既可一目了然,又可为运用电子计算机检索土质试验资料提供条件。因此,在介绍土的工程分类方法之前,应先认识和熟悉一下国内外已基本上在通用的、表示土类名称的文字代号。以下介绍《公路土工试验规程》(JTG E40—2007)(以下简称《2007规程》)中有关内容。

按《2007 规程》规定:土的成分、级配、液限和特殊土等基本代号应按下列规定构成:

(1)土的成分代号

漂石:B　块石:$B_a$　卵石:$C_b$　小块石:$Cb_a$　砾:G　角砾:$G_a$

砂:S　粉土:M　黏土:C　细粒土(C 和 M 合称):F

(混合)土(粗细粒土合称):Sl　有机质土:O

(2)土的级配代号

级配良好:W　级配不良:P

(3)土液限高低代号

高液限:H　低液限:L

(4)特殊土代号

黄土:Y　膨胀土:E　红黏土:R　盐渍土:St　冻土:Ft

土类名称可用一个基本代号表示。当由两个基本代号构成时,第一个代号表示土的主成分,第二个代号表示副成分(土的液限或土的级配)。当由三个基本代号构成时,第一个代号表示土的主成分,第二个代号表示液限的高低(或级配的好坏),第三个代号表示土中所含次要成分。土的名称和代号见表 1-21。

**土类的名称和代号**　表 1-21

| 名　称 | 代　号 | 名　称 | 代　号 | 名　称 | 代　号 |
|---|---|---|---|---|---|
| 漂石 | B | 级配良好砂 | SW | 含砾低液限黏土 | CLG |
| 块石 | $B_a$ | 级配不良砂 | SP | 含沙高液限黏土 | CHS |
| 卵石 | $C_b$ | 粉土质砂 | SM | 含沙低液限黏土 | CLS |
| 小块石 | $Cb_a$ | 黏土质砂 | SC | 有机质高液限黏土 | CHO |
| 漂石夹土 | BSl | 高液限粉土 | MH | 有机质低液限黏土 | CLO |
| 卵石夹土 | CbSl | 低液限粉土 | ML | 有机质高液限粉土 | MHO |
| 漂石质土 | SlB | 含砾高液限粉土 | MHG | 有机质低液限粉土 | MLO |

续上表

| 名称 | 代号 | 名称 | 代号 | 名称 | 代号 |
|---|---|---|---|---|---|
| 卵石质土 | SlCb | 含砾低液限粉土 | MLG | 黄土(低液限黏土) | CLY |
| 级配良好砾 | GW | 含砂高液限粉土 | MHS | 膨胀土(高液限黏土) | CHE |
| 级配不良砾 | GP | 含砂低液限粉土 | MLS | 红土(高液限粉土) | MHR |
| 细粒质砾 | GF | 高液限黏土 | CH | 红黏土 | R |
| 粉土质砾 | GM | 低液限黏土 | CL | 盐渍土 | St |
| 黏土质砾 | GC | 含砾高液限黏土 | CHG | 冻土 | Ft |

2.《公路土工试验规程》(JTG E40—2007)中土的分类

《公路土工试验规程》(JTJ 051—1993)自1993年实施以来,在我国公路工程建设中发挥了积极的作用。20世纪90年代后期,随着我国高等级公路建设的迅速发展,以及国家科技水平的提高和基本建设条件的完善,原规程已无法满足建设需要。为此,原交通部下达93规程的修订任务。主编单位交通运输部科学研究院以两个现行国家标准《土工试验方法标准》(GB/T 50123—1999)和《土的分类标准》(GBJ 145—1990)为基础,参照水利部、铁道部等相关专业的试验规程进行了修订。修订后的新规程为《公路土工试验规程》(JTG E40—2007)。该规程中提出了土质统一分类的体系,适用于公路工程用土的鉴别、定名和描述,以便对土的性状作定性评价。

《2007规程》规定:应以土的下列3个特征作为土的分类依据:①土颗粒的组成特征;②土的塑性指标:液限 $w_L$、塑限 $w_P$、塑性指数 $I_P$;③土中有机质存在情况。其中应按筛分法(T 0115—1993)确定各粒组的含量;按液限塑限联合测定法(T 0118—2007)确定液限和塑限;按有机质土塑性图位置判别有机质存在情况。新规程将土分为巨粒土、粗粒土、细粒土和特殊土,分类总体系如图1-11所示。

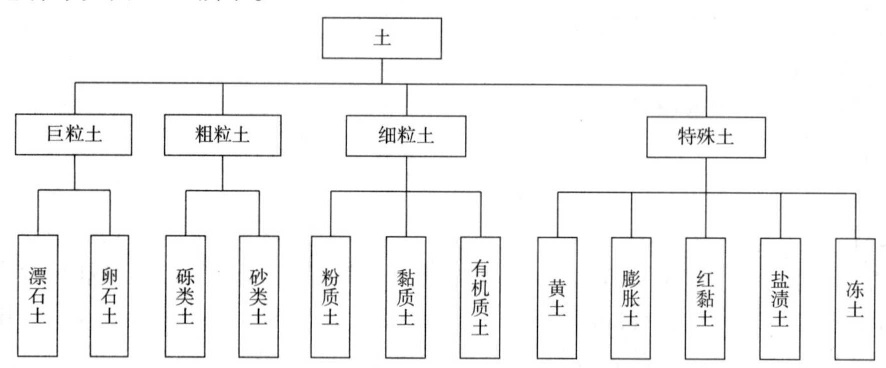


图1-11　土分类总体系

粒组的概念对土的分类影响极大,现介绍《2007规程》中粒组的分类,如图1-12所示。

| 200 | 60 | 20 | 5 | 2 | 0.5 | 0.25 | 0.075 | 0.002(mm) |
|---|---|---|---|---|---|---|---|---|

| 巨粒组 | | 粗粒组 | | | | | | 细粒组 | |
|---|---|---|---|---|---|---|---|---|---|
| 漂石(块石) | 卵石(小块石) | 砾(角砾) | | | 砂 | | | 粉粒 | 黏粒 |
| | | 粗 | 中 | 细 | 粗 | 中 | 细 | | |

图1-12　粒组划分图

现将《2007规程》中巨粒土、粗粒土、细粒土等的具体分类标准简介如下:

1)巨粒土分类

按《2007 规程》,巨粒土应按图 1-13 定名分类。

①巨粒组质量多于总质量 75% 的土称为漂(卵)石。

②巨粒组质量为总质量 50% ~75%(含 75%)的土称为漂(卵)石夹土。

③巨粒组质量为总质量 15% ~50%(含 50%)的土称为漂(卵)石质土。

④巨粒组质量少于或等于总质量 15% 的土,可扣除巨粒,按粗粒土或细粒土的相应规定分类定名。

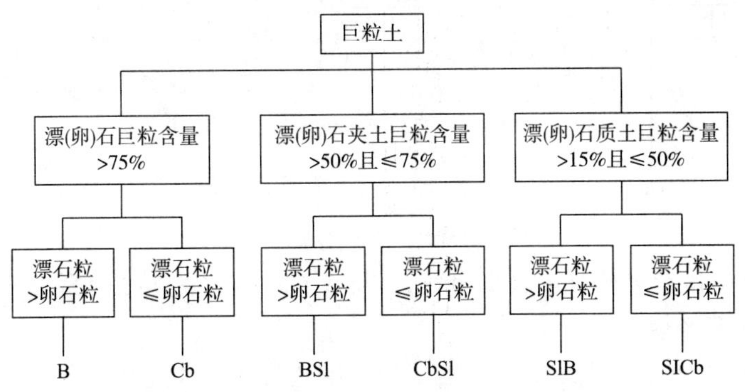


图 1-13　巨粒土分类体系

注:巨粒土分类体系中的漂石换成块石,B 换成 Ba,即构成相应的块石分类体系。巨粒土分类体系中的卵石换成小块石,Cb 换成 $Cb_a$,即构成相应的小块石分类体系。

各种巨粒土分别按下列规定定名:

①漂(卵)石按下列规定定名:

a. 漂石粒组质量多于卵石粒组质量的土称为漂石,记为 B。

b. 漂石粒组质量少于或等于卵石粒组质量的土称为卵石,记为 Cb。

②漂(卵)石夹土按下列规定定名:

a. 漂石粒组质量多于卵石粒组质量的土称为漂石夹土,记为 BSl。

b. 漂石粒组质量少于或等于卵石粒组质量的土称为卵石夹土,记为 CbSl。

③漂(卵)石质土应按下列规定定名:

a. 漂石粒组质量多于卵石粒组质量的土称为漂石质土,记为 SlB。

b. 漂石粒组质量少于或等于卵石粒组质量的土称为卵石质土,记为 SlCb。

c. 如有必要,可按漂(卵)石质土中的砾、砂、细粒土含量定名。

2)粗粒土分类

试样中巨粒组土粒质量少于或等于总质量 15%,且巨粒组土粒与粗粒组土粒质量之和多于总土质量 50% 的土称为粗粒土。粗粒土中砾粒组质量多于砂粒组质量的土称为砾类土。砾类土应根据其中细粒含量和类别以及粗粒组的级配进行分类。分类体系如图 1-14 所示。

(1)砾类土的定名规则

①砾类土中细粒组质量少于或等于总质量 5% 的土称为砾,按下列级配指标定名:

a. 当 $C_u \geq 5$,且 $C_u = 1 \sim 3$ 时,称为级配良好砾,记为 GW。

b. 不同时满足上述条件时,称为级配不良砾,记为 GP。

②砾类土中细粒组质量为总质量 5% ~15%(含 15%)的土称为含细粒土砾,记为 GF。

③砾类土中细粒组质量大于总质量的 15%,并小于或等于总质量的 50% 的土称为细粒土

质砾,按细粒土在塑性图中的位置定名:

a. 当细粒土位于塑性图 $A$ 线以下时,称为粉土质砾,记为 GM。

b. 当细粒土位于塑性图 $A$ 线或 $A$ 线以上时,称为黏土质砾,记为 GC。

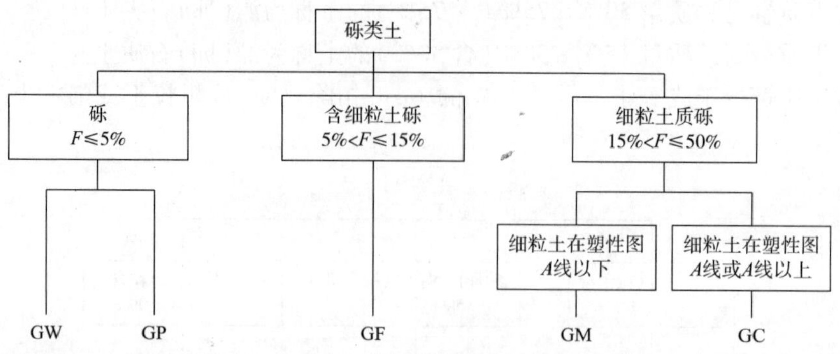


图 1-14 砾类土分类体系

注:砾类土分类体系中的砾石换成角砾,G 换成 Ga,即构成相应的角砾土分类体系。

(2)砂类土的定名规则

粗粒土中砾粒组质量少于或等于砂粒组质量的土称为砂类土。砂类土应根据其中细粒含量和类别以及粗粒组的级配进行分类。分类体系如图 1-15 所示。

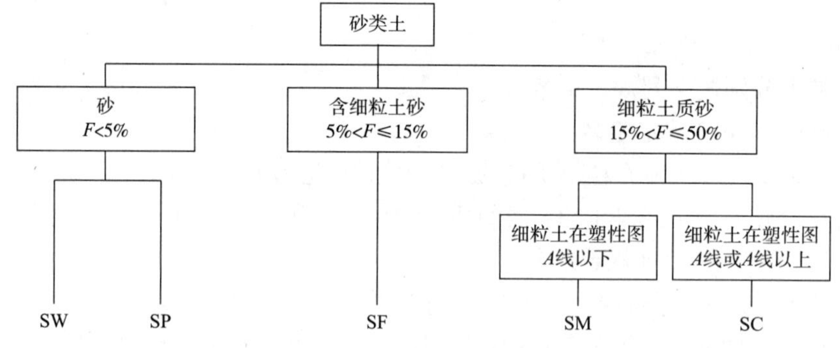


图 1-15 砂类土分类体系

注:需要时,砂可进一步细分为粗砂、中砂和细砂。其中:

粗砂——粒径大于 0.5mm 的颗粒多于总质量的 50%;

中砂——粒径大于 0.25mm 颗粒多于总质量的 50%;

细砂——粒径大于 0.075mm 的颗粒多于总质量的 75%。

根据粒径分组由大到小,以首先符合者命名。

①砂类土中细粒组质量少于或等于总质量 5% 的土称砂,按下列级配指标定名:

a. 当 $C_u \geqslant 5$,且 $C_u = 1 \sim 3$ 时,称为级配良好砂,记为 SW。

b. 不同时满足上述条件时,称为级配不良砂,记为 SP。

②砂类土中细粒组质量为总质量 5% ~15%(含 15%)的土称为含细粒土砂,记为 SF。

③砂类土中细粒组质量大于总质量的 15%,并小于总质量的 50% 的土称为细粒土质砂,按细粒土在塑性图中的位置定名:

a. 当细粒土位于塑性图 $A$ 线以下时,称为粉土质砂,记为 SM。

b. 当细粒土位于塑性图 $A$ 线或 $A$ 线以上时,称为黏土质砂,记为 SC。

3)细粒土分类

试样中细粒组土粒质量多于或等于总质量50%的土称为细粒土，分类体系如图1-16所示。

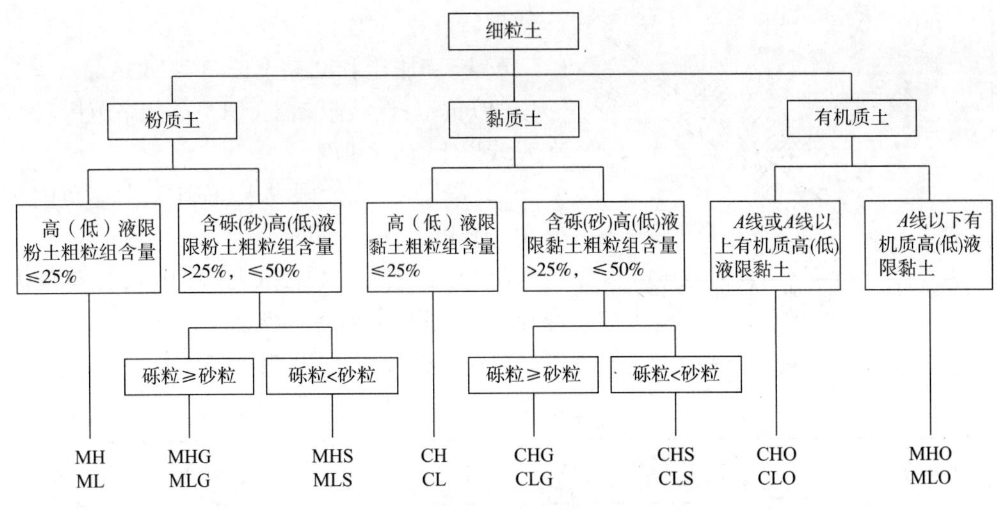


图1-16　细粒土分类体系

细粒土应按下列规定划分：①细粒土中粗粒组质量少于或等于总质量25%的土称为粉质土或黏质土；②细粒土中粗粒组质量为总质量25%～50%（含50%）的土称为含粗粒的粉质土或含粗粒的黏质土；③试样中有机质含量多于或等于总质量的5%，且少于总质量的10%的土称为有机质土。试样中有机质含量多于或等于10%的土称为有机土。

细粒土应按塑性图分类。图1-17采用下列液限分区：低液限 $w_L<50\%$，高液限 $w_L\geqslant50\%$。

细粒土应按其在右图中的位置确定土名称：

①当细粒土位于塑性图 $A$ 线或 $A$ 线以上时，按下列规定定名：

在 $B$ 线或 $B$ 线以右，称高液限黏土，记为CH；在 $B$ 线以左，$I_P=7$ 线以上，称低液限黏土，记为CL。

②当细粒土位于 $A$ 线以下时，按下列规定定名：

在 $B$ 线或 $B$ 线以右，称高液限粉土，记为MH；在 $B$ 线以左，$I_P=4$ 线以上，称低液限黏土，记为ML。

③黏土～粉土过渡区（CL～ML）的土可以按相邻土层的类别考虑细分。

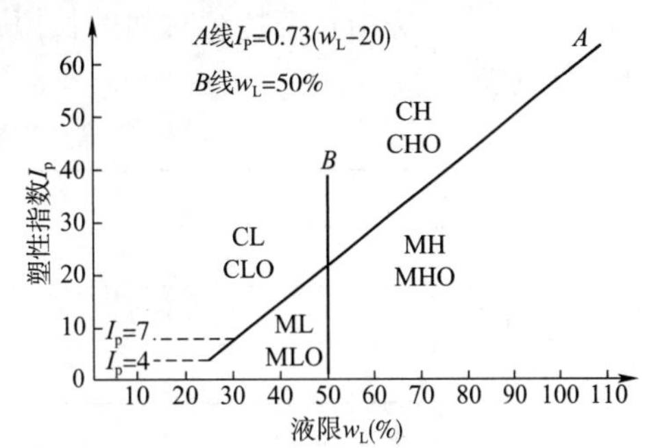


图1-17　塑性图

土中有机质包括未完全分解的动植物残骸和完全分解的无定形物质。后者多呈黑色、青黑色或暗色；有臭味；有弹性和海绵感，借目测、手摸及嗅感判别。当不能判定时，可采用下列方法：将试样在105～110℃的烘箱中烘烤。若烘烤24h后试样的液限小于烘烤前的3/4，则该试样为有机质土。当需要测有机质含量时，按《2007规程》进行。

有机质土应根据上面塑性图按下列规定定名：

①位于塑性图 $A$ 线或 $A$ 线以上时：

在 $B$ 线或 $B$ 线以右，称为有机质高液限黏土，记为CHO；

在 $B$ 线以左，$I_P=7$ 线以上，称为有机质低液限黏土，记为CLO。

②位于塑性图 $A$ 线以下：

在 $B$ 线或 $B$ 线以右，称为有机质高液限粉土，记为MHO；

在 $B$ 线以左，$I_P=4$ 线以下，称为有机质低液限粉土，记为 MLO。

③黏土～粉土过渡区(CL～ML)的土可以按相邻土层的类别考虑细分。

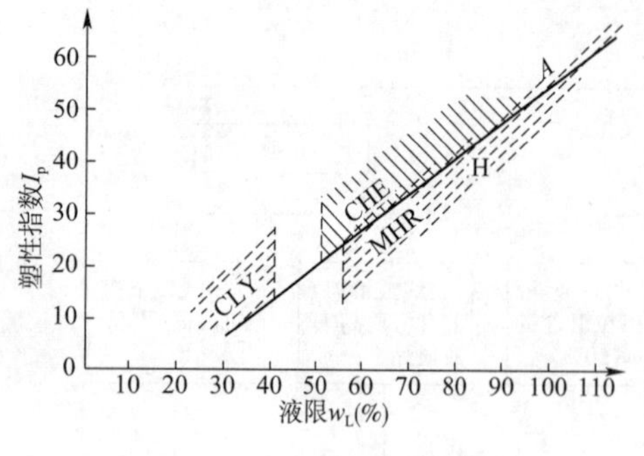


图 1-18 特殊土塑性图

4)特殊土分类

黄土、膨胀土和红黏土按图 1-18 定名。

(1)黄土：低液限黏土(CLY)，分布范围：大部分在 $A$ 线以上，$w_L<40\%$。

(2)膨胀土：高液限黏土(CHE)，分布范围：大部分在 $A$ 线以上，$w_L>50\%$。

(3)红黏土：高液限粉土(MHR)，分布范围：大部分在 $A$ 线以下，$w_L>55\%$。

盐渍土按照表 1-22 规定进行分类。

**盐渍土工程分类** 表 1-22

| 土层中平均总盐量(质量%) \ $Cl^-/SO_4^{2-}$ 比值 \ 名称 | 氯盐渍土 | 亚氯盐渍土 | 亚硫酸盐渍土 | 硫酸盐渍土 |
|---|---|---|---|---|
| | >2.0 | 1.0～2.0 | 0.3～1.0 | <0.3 |
| 弱盐渍土 | 0.3～1.5 | 0.3～1.0 | 0.3～0.8 | 0.3～0.5 |
| 中盐渍土 | 1.5～5.0 | 1.0～4.0 | 0.8～2.0 | 0.5～1.5 |
| 强盐渍土 | 5.0～8.0 | 4.0～7.0 | 2.0～5.0 | 1.5～4.0 |
| 过盐渍土 | >8.0 | >7.0 | >5.0 | >4.0 |

根据冻土冻结状态持续时间的长短，我国冻土可分为多年冻土、隔年冻土和季节冻土三种类型，见表 1-23。

**冻土按冻结状态持续时间分类** 表 1-23

| 类　型 | 持续时间 $t$(年) | 地面温度(℃)特征 | 冻 融 特 征 |
|---|---|---|---|
| 多年冻土 | $t\geq2$ | 年平均地面温度≤0 | 季节融化 |
| 隔年冻土 | $2>t\geq1$ | 最低月平均地面温度≤0 | 季节冻结 |
| 季节冻土 | $t<1$ | 最低月平均地面温度≤0 | 季节冻结 |

3. 土的野外鉴别

在路桥勘测过程中，常在现场用目测、手触、借助简易工具等方式对土的性质和状态作出初步鉴定，该鉴定结果对路桥设计方案有一定的影响。根据《公路土工试验规程》(JTG E40—2007)和《公路桥涵地基与基础设计规范》(JTG D63—2007)的相关规定，以下主要介绍土的简易鉴别方法。

根据《2007 规程》的规定，在现场采样和试验开启试样时，应按下列内容描述土的状态。

(1)巨粒土和粗粒土：通俗名称及当地名称，土颗粒最大粒径，漂石粒、卵石粒、砾粒、砂粒组的含量，土颗粒形状(圆、次圆、棱角或次棱角)，土颗粒的矿物成分，土的颜色和有机质，细粒土(黏土或粉土)，土的代号和名称。

(2)细粒土：通俗名称及当地名称，土颗粒最大粒径，漂石粒、卵石粒、砾粒、砂粒组的含量，潮湿时土的颜色及有机质，土的湿度(干、湿、很湿或饱和)，土的状态(流动、软塑、可塑或硬塑)，土的塑性(高、中或低)，土的代号和名称。

根据《2007 规程》的规定，土的简易鉴别方法是指用目测法代替筛分法确定土粒组成及其特征的方法;用干强度、手捻、韧性和摇振反应等定性方法代替用液限仪测定细粒土塑性的方法。

巨粒土和粗粒土在确定土粒组含量时,可将研散的风干试样摊成一薄层,凭目测估计土中巨、粗、细粒组所占的比例,确定其为巨粒土、粗粒土。

细粒土初步目估判定大致粒组后,按以下项目进行检测,检测结果按表1-24进行分类定名。

细粒土简易分类　　表1-24

| 半固态时的干强度 | 硬塑~可塑状态时的手捻感和光滑度 | 土在可塑状态时 | | 软塑~流塑态时的插振反应 | 土类代号 |
|---|---|---|---|---|---|
| | | 可搓成最小直径(mm) | 韧性 | | |
| 低~中 | 灰黑色,粉粒为主,稍黏,捻面粗糙 | 3 | 低 | 快~中 | MLO |
| 中 | 砂粒稍多,有黏性,捻面较粗糙,无光泽 | 2~3 | 低~中 | 快~中 | ML |
| 中~高 | 有砂粒,稍有滑腻感,捻面稍有光泽,灰黑色者为CLO | 1~2 | 中 | 无~很慢 | CL<br>CLO |
| 中 | 粉粒较多,有滑腻感,捻面较光滑 | 1~2 | 中 | 无~慢 | MH |
| 中~高 | 灰黑色,无砂,滑腻感强,捻面光滑 | <1 | 中~高 | 无~慢 | MHO |
| 高~很高 | 无砂感,滑腻感强,捻面有光泽,灰黑色者为CHO | <1 | 高 | 无 | CH<br>CHO |

①干强度试验:将一小块土捏成土团,风干后用手指捏碎、掰断及捻碎,根据用力大小区分为:a.很难或用力才能捏碎或掰断者为干强度高;b.稍用力即可捏碎或掰断者为干强度中等;c.易于捏碎和捻成粉末者为干强度低。

②手捻试验:将稍湿或硬塑的小土块在手中揉捏,然后用拇指和食指将土捻成片状,根据手感和土片光滑度可分为:a.手感滑腻,无砂,捻面光滑者为塑性高;b.稍有滑腻感,有砂粒,捻面稍有光泽者为塑性中等;c.稍有黏性,砂感强,捻面粗糙者为塑性低。

③搓条试验:将含水率略大于塑限的湿土块在手中揉捏均匀,再在手掌上搓成土条,根据土条不断裂而能达到的最小直径可区分为:a.能搓成小于1mm土条者为塑性高;b.能搓成1~3mm土条而不断者为塑性中等;c.能搓成直径大于3mm的土条即断裂者为塑性低。

④韧性试验:将含水率略大于塑限的土块在手中揉捏均匀,然后在手掌中搓成直径为3mm的土条,再揉成土团,根据再次搓条的可能性可区分为:a.能揉成土团,再成条,捏而不碎者为韧性高;b.可再成团,捏而不易碎者为韧性中等;c.勉强或不能揉成团,稍捏或不捏即碎者为韧性低。

⑤摇振反应试验:将软塑至流动的小土块,捏成土球,放在手掌上反复摇晃,并以另一手掌击此手掌,土中自由水渗出,球面呈现光泽;用两手指捏土球,放松后水又被吸入,光泽消失。根据上述渗水和吸水反应快慢可区分为:a.立即渗水和吸水者为反应快;b.渗水和吸水中等者为反应中等;c.渗水吸水慢及不渗不吸者为无反应。

## 二、任务实施

### 实训项目一:土的分类

1.基本资料

某砂土试样,经筛分后各颗粒粒组含量见表1-25。

**砂土试样筛分后各颗粒粒组含量** 表 1-25

| 粒组(mm) | <0.075 | 0.075～0.1 | 0.1～0.25 | 0.25～0.5 | 0.5～1.0 | >1.0 |
|---|---|---|---|---|---|---|
| 含量(%) | 8.0 | 15.0 | 42.0 | 24.0 | 9.0 | 2.0 |

2. 任务

试确定砂土的名称。

3. 要求

按《公路土工试验规程》(JTG E40—2007)中土的分类确定名称。

## 三、学习效果评价反馈

1. 学生自评

每位学生根据本工作任务的学习目标,自主完成下述自测,并根据表 1-26 的要求,完成自我检验。

**学 生 自 评 表** 表 1-26

| 任务名称:土的工程分类及野外鉴别 | | | | | | |
|---|---|---|---|---|---|---|
| 组号 | | 姓名 | | 学号 | | 自评成绩 |
| 题号 | 自测 1 | 自测 2 | 自测 3 | 自测 4 | 合计 | |
| 分数 | 20 | 20 | 20 | 40 | 100 | |
| 得分 | | | | | | |

[自测 1]为什么要对土进行工程分类?工程分类的原则是什么?有哪些分类方案?

[自测 2]说出下面分类符号的具体名称:GM、ML、MHO、CLO。

[自测 3]土如何进行野外鉴别?

[自测 4]简述塑性图的基本原理。它有何功能?根据“液、塑限联合测定试验”中,对某土样所得的 $w_L$ 和 $w_P$ 值,在塑性图中定出该土样的土类名称。

2. 任课教师评价

主讲教师根据学生的学习态度,按表 1-27 的要求,对学生知识的掌握情况做出综合评价。

**教师对学生的学习效果评价表** 表 1-27

| 组号 | | 姓名 | | 学号 | | 成绩 | |
|---|---|---|---|---|---|---|---|
| 任务名称:土的工程分类及野外鉴别 | | | | | | | |
| 评价内容 | | 评价依据 | | | | 分数 | 得分 |
| 学习态度情况 | | 上课纪律、学习主动性等评价 | | | | 20 | |
| 任务自测情况 | | 自测成果的正确性与准确性 | | | | 30 | |
| 作业质量 | | 准确、清晰 | | | | 20 | |
| 学生独立解决问题能力 | | 主要对学生的创新思维能力、组织能力,学生在遇到问题时的判断能力等评价 | | | | 30 | |
| 教师签名 | | 日期 | | | | 合计 | |

# 项目二 砂石材料

知识目标：

1. 掌握石料与集料的技术性质和技术要求，以及在工程中的应用。
2. 掌握级配理论和组成设计方法。

能力目标：

1. 掌握岩石的定义，了解岩石的分类及矿物组成。
2. 熟练操作石料抗压强度试验。
3. 掌握合理选择工程中砌体材料的方法。

## 任务1 天然石料

### 一、相关知识

砂石材料是道路与桥梁建筑中用量最大的一种建筑材料，它可以直接用于道路或桥梁的圬工结构，亦可以作为水泥混凝土、沥青混合料的集料。用作道路与桥梁的砂石材料都应具备一定的技术性质，以适应不同工程的技术要求。

砂石材料包括天然石料、人工轧制的集料以及工业冶金矿渣等，下面将对天然石料和集料的技术性质进行介绍。

1. 天然石料分类

天然石料是采自地壳，经加工或未经加工的岩石。天然石料是最古老的路桥材料之一。河北的赵州桥、福建泉州的洛阳桥以及万里长城等，均为我国古代著名的砖石结构物。天然石料具有较高的抗压强度，良好的耐久性和耐磨性，部分岩石品种经加工后还可以获得独特的装饰效果，且资源分布广，便于就地取材，因而得到广泛应用。但石料脆性大、抗拉强度低、自重大，石结构的抗震性差，加之岩石开采加工较困难、价格高等因素，石料作为路用材料已逐渐被混凝土所取代。

1）岩石的定义

岩石是由各种不同地质作用所形成的天然固态矿物组成的集合体。组成岩石的矿物称为造岩矿物，目前发现的造岩矿物有 3300 多种。由一种矿物构成的岩石称为单矿岩（如石灰岩），这种岩石的性质由其矿物成分及结构构造决定。由两种或更多种矿物构成的岩石称为多矿岩（如花岗岩）。

不同造岩矿物和成岩条件使得各类天然岩石具有不同的结构和构造特征。石料的物理力学性质在很大程度上取决于天然岩石的矿物成分，以及这些矿物在岩石中的结构与构造。几种具有代表性的矿物见表 2-1。

几种具有代表性的矿物 表2-1

| 矿物名称 | 化学组成 | 外观特征 | 特性 | 常见岩石代表 |
| --- | --- | --- | --- | --- |
| 石英 | 结晶二氧化硅 | 白色、乳白色或灰色 | 质地非常坚硬 | 花岗岩、砂岩 |
| 长石 | 结晶碳酸岩 | 白、浅灰、红色、青、暗灰 | 质地较石英偏低，易风化成高岭土 | 花岗岩 |
| 云母 | 结晶片状含水铝硅酸盐 | 无色透明、黑色 | 易解离成片状，降低岩石的耐久性、强度 | 花岗岩 |
| 方解石 | 结晶碳酸钙 | 白色 | 易溶于含二氧化碳的水中，被酸分解 | 石灰岩 |

2）岩石分类

岩石的性质除了与构成岩石的矿物有关之外，还取决于不同的成岩条件。根据成岩条件，按地质分类法，天然岩石可分为岩浆岩、沉积岩、变质岩三类：

（1）岩浆岩

岩浆岩又称火成岩。它是地壳深处熔融的岩浆在地下或喷出地面后，经冷凝而成的岩石。岩浆岩是组成地壳的主要岩石，占地壳总量的89%。根据岩浆冷却情况的不同，岩浆岩可分为深成岩、喷出岩和火山岩三种。

深成岩是岩浆在地壳深处受到很大的上部覆盖压力作用，缓慢且较均匀地冷却而成的岩石。其特点是体积密度大、孔隙率及吸水率小、抗压强度高、抗冻性及耐磨性好。路桥常用的深成岩有花岗岩、正长岩、闪长岩等。

喷出岩是岩浆喷出地表时，在压力降低和迅速冷却的条件下而形成的岩石。路桥常用的喷出岩有玄武岩、辉绿岩、安山岩等。玄武岩和辉绿岩十分坚硬，难以加工，常用作耐酸或耐热材料，也是制造铸石和岩棉的原料。

火山岩是火山爆发时，岩浆被喷射到空中，经急速冷却后落下而形成的岩石。路桥工程中常用的火山岩有火山灰、浮石、火山凝灰岩等。火山灰可作为生产水泥的混合材料及混凝土的掺合料；浮石可作为配制轻骨料混凝土的轻骨料。

（2）沉积岩

沉积岩又称水成岩。它是由露出地表的各种岩石（母岩）经自然风化、风力搬迁、流水冲移等作用后，再沉积堆积在地表及离地表不太深处形成的岩石。沉积岩的体积密度小，密实度较差，吸水率较大，强度较低，耐久性也较差；但由于分布广，加工较容易，因此应用也比较广。

根据生成条件，沉积岩可分为机械沉积岩、化学沉积岩和生物沉积岩三种。

机械沉积岩是由自然风化而逐渐破碎松散的岩石及砂等，经风、雨、冰川、沉积等机械作用而重新压实或胶结而成的岩石。路桥工程中常用沉积岩为砂岩，硅质砂岩的性能接近于花岗岩，可用作纪念性建筑及耐酸工程；钙质砂岩的性质类似于石灰岩，较易加工，应用较广，可作基础、踏步、人行道等；而黏土质砂岩浸水易软化，工程中很少使用。

化学沉积岩是由溶解于水中的矿物质经聚积、反应、重结晶等形成的岩石，如石膏岩、白云岩等。

生物沉积岩是由各种有机体的残骸沉积而成的岩石。

石灰岩是建筑工程中用途最广、用量最大的化学生物沉积岩，它不仅是制造石灰和水泥的主要原料，而且也是普通混凝土常用的集料；石灰岩还可以砌筑基础、勒脚、拱、柱、路面、挡土墙等。

（3）变质岩

变质岩是由原有岩石在地壳运动过程中，受到地壳内部高温、高压的作用，使岩石原有的结构发生变化，产生熔融再结晶作用而形成的岩石。根据原有岩石的不同，变质岩可分为正变质岩和副变质岩两种。

正变质岩是由岩浆岩变质而成的岩石，如片麻岩等，工程中常用作碎石、块石及人行道石板等。副变质岩是由沉积岩变质而成的岩石，工程中常用的有大理岩、石英岩等。

岩浆岩、沉积岩、变质岩的特征见表2-2。

**三类岩石的特征** 表2-2

| 类型 | | 成因 | 矿物结构与构造 | 常见代表岩石 |
|---|---|---|---|---|
| 岩浆岩 | 深成岩 | 由地壳深处的岩浆冷凝而成 | 结晶体和块状构造、结构致密 | 花岗岩、正长岩 |
| | 喷出岩 | 由岩浆喷出地面后凝结而成 | 呈隐晶质或玻璃质结构 | 玄武岩、安山岩 |
| 沉积岩 | | 母岩风化后的物质经水流搬运、沉积、硬结而成 | 颗粒物质和胶结物质组成，大多呈现层理构造 | 石灰岩、砂岩、石膏 |
| 变质岩 | | 经地壳内部高温、高压等多种过程综合作用，岩石矿物重新再结晶变质后而形成 | 结构与变质经历有关。如受到高压作用再结晶后的变质岩质地紧密；相反则变质后形成片状结构 | 大理岩、石英岩、片麻岩 |

3）常见岩石种类

花岗岩是岩浆岩中分布较广的一种岩石，主要由长石、石英和少量云母（或角闪石等）组成，具有致密的结晶结构和块状构造。其颜色一般为灰白、微黄、淡红等；由于结构致密，其孔隙率和吸水率很小，表观密度大于2 700kg/m$^3$；抗压强度达120～250MPa；抗冻性达100～200次冻融循环；耐风化，使用期为75～200年；对硫酸和硝酸的腐蚀具有较强的抵抗性。其表面经琢磨加工后光泽美观，是优良的装饰材料。在土木工程中，花岗岩常用作基础、闸坝、桥墩、台阶、路面、墙石和勒脚及纪念性土建结构物等。但在高温作用下，由于花岗岩内的石英膨胀，引起石材破坏，其耐火性不好。

玄武岩是喷出岩中最普通的一种，颜色较深，常呈玻璃质或隐晶质结构，有时也呈多孔状或斑形构造。硬度高，脆性大，抗风化能力强，表观密度为2 900～3 500kg/m$^3$，抗压强度为100～500MPa，常用作高强混凝土的集料、道路路面的抗滑表层等。

石灰岩是沉积岩中最普通的一种，通常为灰白色、浅白色，常因含有杂质而呈现深灰、灰黑、浅黄、浅红，表观密度为2 600～2 800kg/m$^3$，抗压强度为20～160MPa，吸水率为2%～10%。其主要化学成分为$CaCO_3$，主要矿物成分是方解石。但石灰岩中常含有白云石、菱镁硬矿、石英、蛋白石、铁矿物及黏土等。因此，石灰石的化学成分、矿物组成、致密程度以及物理性质等差别甚大。石灰岩来源广、硬度低、易劈裂、便于开采，具有一定的强度和耐久性，因而广泛用于土木工程中。块石可作基础、墙身、阶石及路面等，碎石是常用的水泥混凝土和沥青混凝土的集料。此外，它也是生产水泥和石灰的主要原料。

砂岩主要是由石英砂或石灰岩等细小碎屑经沉积并重新胶结而成的岩石。它的性质取决于胶结物的种类及胶结的致密程度，以氧化硅胶结而成为硅质砂岩；以碳酸钙胶结而成为石灰质砂岩；还有铁质砂岩和黏土质砂岩。砂岩的主要矿物为石英，次要矿物有长石、云母及黏土等，致密的硅质砂岩其性能接近于花岗岩，密度大、强度高、硬度大、加工较困难，可用于纪念性土木工程及耐酸工程等；钙质砂岩的性质类似于石灰岩，抗压强度为60～80MPa，加工较易，应用较广，可作基础、踏步、人行道等，但不耐酸的侵蚀；铁质砂岩的性能比钙质砂岩差，其密实者可用于一般土木工程；黏土质砂岩浸水易软化，土木工程中一般不用。

石英岩是由硅质砂岩变质而成，晶体结构、岩体均匀致密，抗压强度大，约250～400MPa，耐久性好；但硬度大、加工困难，常用作耐磨耐酸的装饰材料。

大理岩又称大理石，是由石灰岩或白云岩经高温高压作用，重新结晶变质而成，表观密度为2 500～2 700kg/m$^3$，抗压强度为50～140MPa，耐用年限为30～100年。

大理石构造致密，密度大，但硬度不大，易于分割。纯大理石常呈雪白色，含有杂质时，呈现黑、红、黄、绿等各种色彩。其锯切、雕刻性能好，磨光后非常美观，可用于高级土木工程物的装饰工程。我国的汉白玉、丹东绿切花白、红奶油、墨玉等大理石均为世界著名的高级土木工程装饰材料。

路桥工程中常用岩石类型见表2-3。

**路桥工程中常用岩石类型**　　表2-3

| 类　型 | 矿物组成 | 外观色泽 | 性　能 | 用　途 |
|---|---|---|---|---|
| 花岗岩 | 石英、长石、云母 | 多种色泽，如深青、浅灰、黄、红等 | 结构密实、密度大、抗压强高、耐久性好 | 基础、桥墩、堤坝、阶石、路面、海港结构、基座、勒脚、窗台、装饰石材等 |
| 玄武岩 | 辉石、斜长石、橄榄石 | 暗色矿物 | 硬度高、脆性大、耐久性好 | 作为承重和饰面材料 |
| 石灰岩 | 方解石，少量白云石、黏土 | 大多呈浅灰色 | 质地细密、坚硬、抗风化 | 墙身、桥墩、基础、阶石、路面及石灰、粉刷材料原料等 |
| 砂岩 | 石英，少量长石、方解石、云母等 | 灰色、白色或红色 | 硅质砂岩密实、坚硬、耐久性好；其他砂岩性能较差 | 基础、墙身、衬面、阶石、人行道、纪念碑及其他装饰石材等 |
| 石英岩 | 结晶氧化硅 | 色泽较浅 | 质地坚硬、强度高 | 砌筑工程 |

4）岩石的酸碱性

根据石料组成中二氧化硅成分含量，岩石可分成不同酸碱性石料。

表2-4中的亲水系数表明石料对水亲和力的大小。亲水系数越大，说明石料与水的结合程度越高，相对应与沥青的结合力就越弱，所以石料的酸碱性直接影响到石料和沥青构成的混合料的性质。

**岩石的酸碱性**　　表2-4

| 类　型 | 二氧化硅含量（%） | 代表岩石 | 亲水系数 |
|---|---|---|---|
| 酸性石料 | >65 | 石英岩 | 1.06 |
| 中性石料 | 52～65 | 闪长岩 | — |
| 碱性石料 | <52 | 石灰岩 | 0.79 |

2. 石料的技术性质

石料的技术性质，主要从物理性质、力学性质和化学性质三方面进行评价。

（1）物理性质

石料的物理性质包括：物理常数（如真实密度、毛体积密度和孔隙率等）、吸水性（如吸水率、饱水率）和抗冻性。

①物理常数

石料的物理常数是石料矿物组成结构状态的反映，它与石料的技术性质有着密切的关系。石料的内部组成结构主要是由矿质实体和孔隙（包括与外界连通的开口孔隙和不与外界连通的闭口孔隙）所组成，如图 2-1a）所示。各部分质量与体积的关系如图 2-1b）所示。

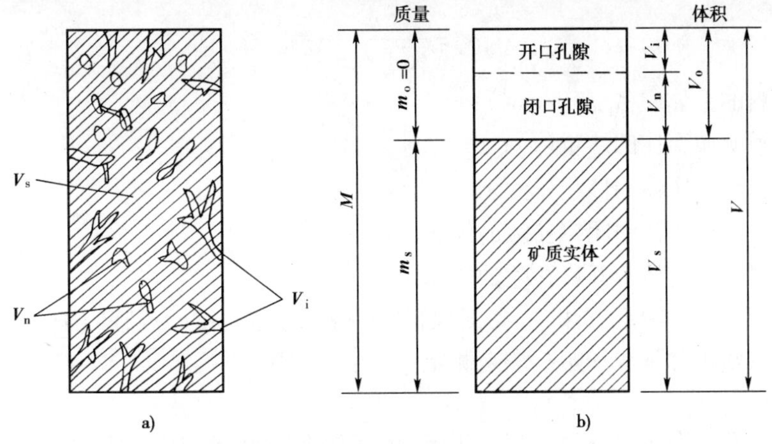


图 2-1　石料组成部分的质量与体积关系示意图

a）石料结构剖面图；b）石料的体积与质量的关系

物理常数主要指石料的密度和孔隙率，此类常数能够直接影响到石料的力学性质，也是将石料用于混合料配合比设计的参数之一。

a. 密度

密度定义为在规定条件下（大多指规定的温度），石料矿质实体单位体积的质量。由于石料在组成结构上或多或少存在着孔隙，而孔隙又分为与外界连通的开口孔隙和与外界不连通的闭口孔隙，所以石料（包括集料）的密度就有数种不同形式。

Ⅰ. 真实密度。它是指在规定条件下，烘干石料矿质实体单位真实体积（不包括孔隙体积）的质量，按式（2-1）计算。

$$\rho_t = \frac{m_s}{V_s} \tag{2-1}$$

式中：$t$——石料的真实密度（$g/cm^3$）；

$m_s$——石料矿质实体的质量（g）；

$V_s$——石料矿质实体的体积（$cm^3$）。

石料真实密度的测定方法，按我国现行《公路工程岩石试验规程》（JTG E41—2005）规定，采用“密度瓶法”。要获得矿质实体的体积，必须将石料粉碎磨细，通过试验测定出来。

Ⅱ. 表观密度。它是指在规定条件下，烘干石料矿质实体包括闭口孔隙在内的单位表观体积的质量，由式（2-2）计算。

$$\rho_a = \frac{m_s}{V_s + V_n} \tag{2-2}$$

式中：$\rho_a$——石料的表观密度（$g/cm^3$）；

$m_s$——石料矿质实体的质量（g）；

$V_s$——石料矿质实体的体积（$cm^3$）；

$V_n$——石料矿质实体中闭口孔隙的体积($cm^3$)。

石料表观密度的测定方法,按我国现行《公路工程岩石试验规程》(JTG E41—2005)规定,利用容量瓶法来测定。

Ⅲ.毛体积密度。它是指在规定条件下,烘干石料矿质实体,包括孔隙(闭口、开口孔隙)体积在内的单位毛体积的质量,由式(2-3)计算。

$$\rho_b = \frac{m_s}{V_s + V_n + V_i} \tag{2-3}$$

式中:$b$——石料的毛体积密度($g/cm^3$);

$m_s$——石料矿质实体的质量(g);

$V_s$——石料矿质实体的体积($cm^3$);

$V_n$——石料矿质实体中闭口孔隙的体积($cm^3$);

$V_i$——石料矿质实体中开口孔隙的体积($cm^3$)。

石料毛体积密度的测定方法,按我国现行《公路工程岩石试验规程》(JTG E41—2005)规定,利用量积法、水中称量法和蜡封法来测定。

b.孔隙率

它是指石料孔隙体积占石料总体积(包括开口孔隙和闭口孔隙体积)的百分率,由式(2-4)计算。

$$n = \frac{V_0}{V} \times 100 \tag{2-4}$$

式中:$n$——石料的孔隙率(%);

$V_0$——石料的孔隙(含开口孔隙和闭口孔隙)的体积($cm^3$);

$V$——石料的总体积($cm^3$)。

将式(2-1)和式(2-3)代入式(2-4)可得式(2-5),即采用石料的真实密度和毛体积密度计算其孔隙率。

$$n = \left(1 - \frac{\rho_b}{\rho_t}\right) \times 100 \tag{2-5}$$

式中:$n$——石料的孔隙率(%);

$\rho_t$——石料的真实密度($g/cm^3$);

$\rho_b$——石料的毛体积密度($g/cm^3$)。

②吸水性

石料的吸水性是石料在规定条件下吸水的能力,采用吸水率和饱和吸水率两项指标来表征。

a.吸水率。它是指在规定条件下,石料试样最大的吸水质量与烘干石料试件质量之比,以百分率表示。我国现行《公路工程岩石试验规程》(JTG E41—2005)规定采用自由吸水法测定。

b.饱和吸水率。它是指在强制条件下,石料试样最大的吸水质量与烘干石料试件质量之比,以百分率表示。我国现行《公路工程岩石试验规程》(JTG E41—2005)规定,采用煮沸法或真空抽气法测定。两者均可按式(2-6)计算:

$$w_a = \frac{m_1 - m}{m} \times 100 \tag{2-6}$$

式中：$a$——石料试样的吸水率或饱水率（%）；

$m$——烘至恒重时的试样质量（g）；

$m_1$——吸水或饱水至恒重时试样质量（g）。

显然后者往往要大于前者。吸水率、饱和吸水率能有效地反映石料微裂隙的发育程度，可用来判断石料的抗冻性和抗风化等性能。

③抗冻性

它是指石料在饱水状态下，能够经受反复冻结和融化而不破坏，并不严重降低强度的能力，这一性质优劣的判定采用直接冻融法和硫酸钠法两种方式。分别利用低温时结冰产生的冻胀和硫酸钠从液态离子状态转变为固体结晶状态产生的晶胀来考验石料的抗冻性，而后者的考验程度要比前者更为显著一些，两者试验检测结果都可用式（2-7）和式（2-8）来计算：

$$Q_{冻} = \frac{m_1 - m_2}{m_1} \times 100\% \tag{2-7}$$

$$K = \frac{R_2}{R_1} \times 100\% \tag{2-8}$$

式中：$Q_{冻}$——经历冻融循环作用后，石料的质量损失率（%）；

$K$——经历冻融循环作用后，石料的耐冻系数（%）；

$m_1$——试验前烘干石料试件的质量（g）；

$m_2$——经历冻融循环作用后，烘干石料试件的质量（g）；

$R_1$——试验前石料试件的饱水抗压强度（MPa）；

$R_2$——经历冻融循环作用后，石料试件的饱水抗压强度（MPa）。

石料经多次冻融交替作用后，表面将出现剥落、裂纹，产生质量损失，强度降低。因此，要求在寒冷地区，冬季月平均气温低于 -15℃的重要工程，石料吸水率大于 0.5% 时，都需要对石料进行抗冻性试验。

上述物理性质具体表现，在一定程度上都与石料的孔隙率有相应的关系。当孔隙率高，特别是与外界相通且较粗大的开口孔隙发达时，使石料的表观密度和毛体积密度减小，相应的吸水性加大，抗冻性能变差。因此，通过石料物理指标的了解，可以在一定程度上预测石料的一些工程性质的好坏，认知石料的力学性质。

石料抗冻性试验通常采用直接冻融法。如无条件进行冻融试验，也可采用坚固性简易快速测定法，这种方法通过饱和硫酸钠溶液进行多次浸泡与烘干循环后来测定。

（2）石料的力学性质

公路与桥梁工程结构物中用石料，应具备一定的力学性质，如抗压、抗拉、抗剪、抗折强度，还应具备如抗磨光、抗冲击和抗磨耗的力学性能。

石料的力学性质是指石料在工程应用中，所表现出的抗压、抗剪、抗弯拉强度的能力，以及抵抗荷载冲击、剪切和摩擦作用的能力。实践中石料的这一性质常用抗压强度和磨耗率两项指标来表示。

①石料的抗压强度

以单轴加荷的方法对规定形状的石料试样以标准方式进行抗压试验所得出的结果即为石料的抗压强度。

石料的单轴抗压强度，按我国现行《公路工程岩石试验规程》（JTG E41—2005）规定，将石料制备成标准试件[建筑地基用石料制备成直径为(50 ±2)mm,高径比为2:1 的圆柱体试件;桥梁工程用石料制备成边长为(70 ±2)mm 的立方体试件;路面工程用石料制备成边长为(50 ±2)mm的立方体试件或直径和高均为(50 ±2)mm 的圆柱体试件],经吸水饱和后,单轴受压并在规定的加载条件下,达到破坏时单位承压面积的荷载,用式(2-9)来计算:

$$R = \frac{P}{A} \tag{2-9}$$

式中:$R$——石料的抗压强度(MPa);

$P$——试验时石料试件破坏时的极限荷载(N);

$A$——石料试件的受力截面积($mm^2$)。

石料的抗压强度受多种因素的影响,其中包括矿物组成、结构及其孔隙构造,以及石料试件的尺寸和吸水率等。如石料结构疏松及孔隙率较大,其质点间的联系较弱,有效面积较小,故强度值较低;试件尺寸较小时,由于高度小,承压板与试件端面之间的摩擦力较大,使得试件内应力分布极不均匀,试验结果的真实性受到影响;当岩石的孔隙裂隙较大、含较多亲水矿物或较多可溶矿物时,饱水时的抗压强度会有明显的降低。

石料的抗压强度是石料力学性质中最重要的一项指标,它是石料强度分级和性质描述的主要依据。

②耐磨耗率

石料磨耗率是指其抵抗撞击、边缘剪力和摩擦等联合作用的能力。石料的磨耗率常采用洛杉矶磨耗试验进行测定。我国现行标准《公路工程岩石试验规程》(JTG E41—2005)规定,石料磨耗试验方法与粗集料的磨耗试验方法相同,按《公路工程集料试验规程》(JTG E42—2005)采用洛杉矶式磨耗试验。

经过规定的搁板式磨耗机试验后,石料的磨耗率按式(2-10)来计算:

$$Q = \frac{m_1 - m_2}{m_1} \times 100 \tag{2-10}$$

式中:$Q$——石料的磨耗率(%);

$m_1$——装入试验机圆筒中的石料试样质量(g);

$m_2$——试验后洗净烘干的筛上试样质量(g)。

粗集料的洛杉矶磨耗损失是集料的使用性能的重要指标,尤其是沥青混合料和基层集料,它与沥青路面的抗车辙能力、耐磨性、耐久性密切相关。一般磨耗损失小的集料,集料坚硬,耐磨、耐久性好。软弱颗粒含量多、风化严重的岩石经过磨耗试验,粉碎严重,这个指标很难通过。所以世界各国的沥青路面规范都对粗集料的洛杉矶磨耗损失提出了要求。对要求粗集料嵌挤能力强的SMA(沥青玛蹄脂碎石混合料)等,磨耗损失的要求更有所提高。洛杉矶磨耗试验也是优选岩石的一个重要手段。

实践中还存在另一种磨耗试验——狄法尔磨耗试验,由于该试验耗时较长,且对石料的考验程度不如搁板式磨耗机试验,目前已采用不多。

(3)化学性质

早年的研究认为矿质石料是一种惰性材料,它在混合料(各种矿质石料与水泥或沥青组成)中起着物理作用。随着科学发展,科学家们根据研究,认为矿质石料在混合料中与结合料起着物理—化学作用。石料的化学性质将影响混合料的物理—力学性质。根据试验研究的结果,按 $SiO_2$的含量多少将岩石划分为酸性、碱性及中性。按克罗斯的分类法,岩石化

学组成中 $SiO_2$ 含量大于 65% 的岩石称为酸性岩石，如花岗岩、石英岩等；$SiO_2$ 含量为 52% ~ 65% 的岩石称为中性岩石，如闪长岩、辉绿岩等；$SiO_2$ 含量小于 52% 的岩石称为碱性岩石，如石灰岩、玄武岩等。所以在选择与沥青结合的石料时，应考虑岩石的酸碱性对沥青与岩石黏结性的影响。

## 二、任务实施

### 实训项目一：岩石单轴抗压强度试验

1. 目的和适用范围

(1)单轴抗压强度试验是测定规则形状岩石试样单轴抗压强度的方法，主要用于岩石的强度分级和岩性描述。

(2)本法采用饱和状态下的岩石立方体(或圆柱体)试件的抗压强度来评定岩石强度(包括碎石或卵石的原始岩石强度)。

(3)在某些情况下，试件含水状态还可根据需要选择天然状态、烘干状态或冻融循环后状态。

(4)试件的含水状态要在试验报告中注明。

2. 仪器设备

(1)压力试验机或万能试验机。

(2)钻石机、切石机、磨石机等岩石试件加工设备。

(3)烘箱、干燥箱、游标卡尺、角尺及水池等。

3. 试样准备

(1)建筑地基的岩石试验，采用圆柱体作为标准试件，直径为(50 ± 2)mm、高径比为2:1 每组试件共 6 个。

(2)桥梁工程用的石料试验，采用立方体试件，边长为(70 ± 2)mm。每组试件共 6 个。

(3)路面工程用的石料试验，采用圆柱体或立方体试件，其直径或边长和高均为(50 ± 2)mm。每组试件共 6 个。

有显著层理的岩石，分别沿平行和垂直层理方向各取试件 6 个。试件上、下端面应平行和磨平，试件端面的平面度公差应小于 0.05mm，端面对于试件轴线垂直度偏差不应超过 0.25。对于非标准圆柱体试件，试验后抗压强度试验值可按公式进行换算。

4. 试验步骤

(1)用游标卡尺量取试件尺寸(精确至 0.1mm)，对立方体试件在顶面和底面上各量取其边长，以各个面上相互平行的两个边长的算术平均值计算其承压面积；对于圆柱体试件在顶面和底面分别测量两个相互正交的直径，并以其各自的算术平均值分别计算底面和顶面的面积，取其顶面和底面面积的算术平均值作为计算抗压强度所用的截面积。

(2)试件的含水状态可根据需要选择烘干状态、天然状态、饱和状态、冻融循环后状态。试件烘干和饱和状态、试件冻融循环后状态应符合相关条款的规定。

(3)按岩石强度性质，选定合适的压力机。将试件置于压力机的承压板中央，对正上、下承压板，不得偏心。

(4)以 0.5 ~ 1.0MPa/s 的速率进行加荷直到破坏，记录破坏荷载及加载过程中出现的现象。抗压试件试验的最大荷载记录以 N 为单位，精度 1%。

5. 结果整理

(1)岩石的抗压强度和软化系数分别按式(2-11)、式(2-12)计算。

$$R=\frac{P}{A} \tag{2-11}$$

式中：$R$——岩石的抗压强度(MPa)；

$P$——试件破坏时的荷载(N)；

$A$——试件的截面积($mm^2$)。

$$K_P=\frac{R_W}{R_d} \tag{2-12}$$

式中：$K_P$——软化系数；

$R_W$——岩石饱和状态下的单轴抗压强度(MPa)；

$R_d$——岩石烘干状态下的单轴抗压强度(MPa)。

(2)单轴抗压强度试验结果应同时列出每个试件的试验值及同组岩石单轴抗压强度的平均值；有显著层理的岩石，分别报告垂直与平行层理方向的试件强度的平均值。计算值精确至0.1MPa。

软化系数计算值精确至0.01，3个试件平行测定，取算术平均值；3个值中最大与最小之差不应超过平均值的20%，否则，应另取第4个试件，并在1个试件中取最接近的3个值的平均值作为试验结果，同时在报告中将4个值全部给出。

(3)试验记录。单轴抗压强度试验记录应包括岩石名称、试验编号、试件编号、试件描述、试件尺寸、破坏荷载、破坏状态。

## 三、学习效果评价反馈

1. 学生自评

每位学生根据本工作任务的学习目标，自主完成下述自测，并根据表2-5的要求，完成自我检验。

学 生 自 评 表　　表2-5

| 任务名称：天然石料 | | | | | | | |
|---|---|---|---|---|---|---|---|
| 组号 | | 姓名 | | 学号 | | 自评成绩 | |
| 题号 | 自测1 | | 自测2 | 自测3 | 自测4 | 合计 | |
| 分数 | 20 | | 20 | 20 | 40 | 100 | |
| 得分 | | | | | | | |

[自测1]石料的主要物理常数与集料的主要物理常数各有哪几项？它们之间有何异同？

[自测2]石料应具备哪些力学性质？采用什么指标来反映这些性质？

[自测3]简述道路工程用石料的分类和分级方法。

[自测4]石料的吸水率和饱水率有何不同？

2. 任课教师评价

主讲教师根据学生的学习态度，对学生知识的掌握情况做出综合评价，按表2-6的要求，完成教师对学生的评价。

教师对学生的学习效果评价表 表 2-6

| 组号 | | 姓名 | | 学号 | | 成绩 | |
|---|---|---|---|---|---|---|---|
| 任务名称:天然石料 | | | | | | | |
| 评价内容 | | 评价依据 | | | | 分数 | 得分 |
| 学习态度情况 | | 上课纪律、学习主动性等评价 | | | | 20 | |
| 任务自测情况 | | 自测成果的正确性与准确性 | | | | 30 | |
| 作业质量 | | 准确、清晰 | | | | 20 | |
| 学生独立解决问题能力 | | 主要对学生的创新思维能力、组织能力,学生在遇到问题时的判断能力等评价 | | | | 30 | |
| 教师签名 | | 日期 | | | | 合计 | |

# 任务 2　集料的技术性质和技术要求

## 一、相关知识

集料是指在混合料中起骨架或填充作用的粒料,包括岩石天然风化而成的砾石(卵石)和砂,由岩石经人工轧制的各种尺寸的碎石、机制砂、石屑以及工业冶金矿渣等。工程上一般根据粒径大小的不同,将集料分为粗集料和细集料两类。

集料的最大粒径这一概念由两个不同定义构成,即集料最大粒径和集料公称最大粒径。集料最大粒径是指集料 100% 都要求通过的最小标准筛筛孔尺寸;集料公称最大粒径是指集料可能全部通过或允许有少量不通过(一般容许筛余不超过 10%)的最小标准筛筛孔尺寸。通常集料公称最大粒径比最大粒径要小一个粒级。工程中所指的最大粒径往往是指公称最大粒径。

1. 集料的技术性质

集料的技术性质主要从物理性质和力学性质两方面进行评价。

1)粗集料的技术性质

在沥青混合料中,粗集料是指粒径大于 2.36mm 的碎石、破碎砾石、筛选砾石和矿渣等;在水泥混凝土中,粗集料是指粒径大于 4.75mm 的碎石、砾石和破碎砾石等,本节仅对粗集料的一般技术性质进行阐述。

(1)物理性质

①物理常数

在计算粗集料的物理常数时,不仅要考虑到粗集料颗粒中的孔隙(开口孔隙或闭口孔隙),还要考虑颗粒间的空隙,故集料的密度有几种不同形式。

粗集料的体积和质量的关系如图 2-2 所示。

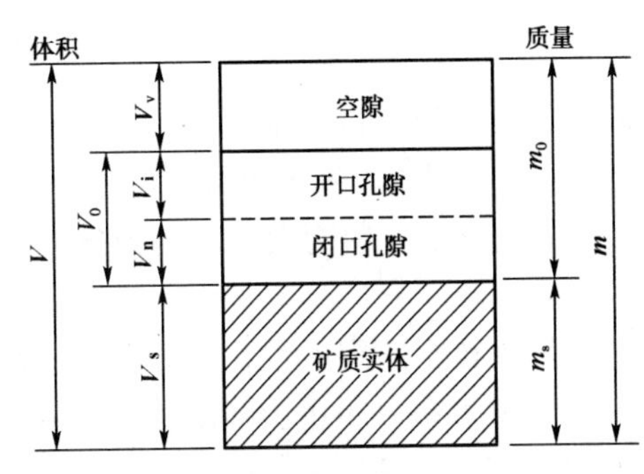

图 2-2　粗集料的体积和质量的关系

a. 表观密度。粗集料的表观密度(简称视密度)是在规定条件(105℃ ±5℃烘干至恒重)下,单位表观体积(包括集料矿质实体和闭口孔隙的体积)的质量。

粗集料表观密度以 $\rho_a$ 表示。

$$\rho_a = \frac{m_s}{V_s + V_n} \tag{2-13}$$

式中：$\rho_a$——集料表观密度($g/cm^3$)；

$m_s$——矿质实体质量(g)；

$V_s$——矿质实体体积($cm^3$)；

$V_n$——矿质实体中闭口孔隙体积($cm^3$)。

粗集料表观密度测定方法按《公路工程集料试验规程》(JTG E42—2005)规定采用网篮法，具体内容见砂石材料的试验部分。

b. 毛体积密度。粗集料的毛体积密度是在规定条件下，单位毛体积(包括矿质实体、闭口孔隙和开口孔隙)的质量。粗集料毛体积密度可由下式求得：

$$\rho_b = \frac{m_s}{V_s + V_n + V_i} \tag{2-14}$$

式中：$\rho_b$——集料毛体积密度($g/cm^3$)；

$m_s$——矿质实体质量(g)；

$V_s$、$V_n$、$V_i$——分别为粗集料矿质实体、闭口孔隙和开口孔隙体积($cm^3$)。

粗集料毛体积密度的测定方法是将已知质量的干燥粗集料经24h饱水后，用湿毛巾擦干而求得饱和面干质量。然后用排水法求得其在水中的体积，即求得集料毛体积密度。

粗集料的表观密度和毛体积密度与石料相应密度在概念上相同，仅在实际的密度测定方法上有所区别。

c. 堆积密度。它是指单位体积(包括矿质实体、闭口孔隙和开口孔隙及颗粒间体积)物质颗粒的质量，可按下式求得：

$$\rho = \frac{m_s}{V_s + V_n + V_i + V_v} \tag{2-15}$$

式中：　$\rho$——粗集料的堆积密度($g/cm^3$)；

$m_s$——矿质实体质量(g)；

$V_s$、$V_n$、$V_i$、$V_v$——分别为矿质实体、闭口孔隙、开口孔隙和空隙的体积($cm^3$)。

粗集料的堆积密度根据装样方法的不同可分为自然堆积状态、振实状态和捣实状态下的堆积密度，计算同式(2-14)。

d. 空隙率。它是指粗集料颗粒之间空隙体积占粗集料总体积的百分率。粗集料空隙率可按下式计算：

$$n = \left(1 - \frac{\rho}{\rho_a}\right) \times 100 \tag{2-16}$$

式中：$n$——粗集料空隙率(%)；

$\rho$——粗集料的堆积密度($g/cm^3$)；

$\rho_a$——粗集料的表观密度($g/cm^3$)。

②级配

粗集料中各组成颗粒的分级和搭配称为级配，级配是通过筛分试验确定的。对水泥混凝土用粗集料可采用干筛法筛分试验，对沥青混合料及基层用粗集料必须采用水洗法筛分试验。

筛分试验就是将粗集料经过一系列筛孔尺寸的标准筛(标准筛为方孔筛，筛孔尺寸依次为 75mm、63mm、53mm、37.5mm、31.5mm、26.5mm、19mm、16mm、13.2mm、9.5mm、4.75mm、2.36mm、1.18mm、0.6mm、0.3mm、0.15mm、0.075mm），测出各个筛上的筛余量，根据集料试样的质量与存留在各筛孔上的集料质量，就可求得一系列与集料级配有关的参数：分计筛余百分率；累计筛余百分率；通过百分率。粗集料的筛分试验中采用的标准套筛尺寸范围及试样质量与细集料筛分试验有所不同，但级配参数的计算方法与细集料相同，详见“细集料的技术性质”内容。

③坚固性

对已轧制成的碎石或天然卵石亦可采用规定级配的各粒级集料，按现行试验规程《公路工程集料试验规程》（JTG E42—2005）选取规定数量，分别装在金属网篮浸入饱和硫酸钠溶液中进行干湿循环试验。经 5 次循环后，观察其表面破坏情况，并用质量损失百分率来计算其坚固性（也称安定性）。

（2）力学性质

在结构层或混合料中，粗集料起骨架作用，应具备一定的强度、耐磨、抗磨耗和抗冲击性能等，这些性能用压碎值、磨光值、磨耗值和冲击值等指标表示。

粗集料力学性质主要是压碎值和磨耗率；其次是抗滑表层用集料的三项试验，即磨光值、冲击值和道瑞磨耗值。洛杉矶式磨耗试验已在石料性质中讲过，现将压碎值、磨光值、冲击值和道瑞磨耗值分述于下。

①粗集料压碎值

它是指按规定的方法测得石料抵抗压碎的能力，也是集料强度的相对指标，用以鉴定集料品质，评价其在公路工程中的适用性。

压碎值是对石料的标准试样在标准条件下进行加荷，测试石料被压碎后，标准筛上筛余质量的百分率。

按《公路工程集料试验规程》（JTG E42—2005）的规定，粗集料压碎值试验是将 9.5 ~ 13.2mm 集料试样 3kg 装入压碎值测定仪的金属筒内，放在压力机上，在 10min 左右时间内均匀地加荷至 400kN，稳压 5s 然后卸载，对通过 2.36mm 筛孔的集料称重，按式(2-17)计算：

$$Q'_a = \frac{m_1}{m_0} \times 100 \tag{2-17}$$

式中：$Q'_a$——石料压碎值（%）；

$m_0$——试验前试样质量（g）；

$m_1$——试验后通过 2.36mm 筛孔的集料质量（g）。

②粗集料磨光值（PSV）

在现代高速行车条件下，要求路面石料既不要产生较大的磨损，也不要被磨光，也就是对路面粗糙度提出了更高的要求。

磨光值是反映石料抵抗轮胎磨光作用能力的指标，它是采用加速磨光机磨光石料，并用摆式摩擦系数测定仪测得的磨光后集料的摩擦系数。用高磨光值的石料来铺筑道路路面表层，可以提高路表的抗滑能力，保障车辆的安全行驶。

试验测出的磨光值以 PSV 表示，该值越大，表明集料的抗磨光性能越好。

③集料冲击值（AIV）

冲击值反映石料抵抗冲击荷载的能力。由于路表集料直接承受车轮荷载的冲击作用，这一指标对道路表层用集料非常重要。冲击值可采用冲击试验仪测定。试验测出的冲击值以

AIV 表示,该值越小,表明集料的抗冲击性能越好。

冲击试验方法是选取粒径为 9.5 ~ 13.2mm 的集料试样,用金属量筒分 3 次捣实的方法确定试验用集料数量,将集料装于冲击值试验仪的盛样器中,用捣实杆捣实 25 次使其初步压实,然后用质量为(13.75 ±0.05)kg 的冲击锤,沿导杆自(380 ±5)mm 处自由落下锤击集料,并连续锤击 15 次,每次锤击间隔时间不少于 1s。将试验后的集料用 2.36mm 的筛子筛分并称量,按式(2-18)计算:

$$\mathrm{AIV} = \frac{m_1}{m} \times 100 \tag{2-18}$$

式中:AIV——集料的冲击值(%);

$m$——试样总质量(g);

$m_1$——冲击破碎后通过 2.36mm 的试样质量(g)。

④集料磨耗值(AAV)

磨耗值用于确定石料抵抗表面磨损的能力,适用于对路面抗滑表层所用集料抵抗车轮磨耗值的测量。试验测出的磨耗值以 AAV 表示,该值越小,表明集料的抗磨耗能力越好。

按我国现行试验规程《公路工程集料试验规程》(JTG E42—2005),采用道瑞磨耗试验机来测定集料磨耗值。其方法是选取粒径为 9.5 ~ 13.2mm 的洗净集料试样,单层紧排于两个试模内(不少于 24 粒),然后排砂并用环氧树脂砂浆填充密实。经养护 24h,拆模取出试件,准确称出试件质量,试件、托盘和配重总质量为(2 000 ±10)g。将试件安装在道瑞磨耗机附的托盘上,道瑞磨耗机的磨盘以 28 ~ 30r/min 的转速旋转,磨 500 转后,取出试件,刷净残砂,准确称出试件质量。其磨耗值按式(2-19)计算:

$$\mathrm{AAV} = \frac{3(m_1 - m_2)}{\rho_s} \times 100 \tag{2-19}$$

式中:AAV——集料的道瑞磨耗值(%);

$m_1$——磨耗前试件的质量(g);

$m_2$——磨耗后试件的质量(g);

$\rho_s$——集料表干密度(g/cm$^3$)。

2)细集料的技术性质

在沥青混合料中,细集料是指粒径小于 2.36mm 的天然砂、人工砂(包括机制砂)及石屑;在水泥混凝土中,细集料是指粒径小于 4.75mm 的天然砂、人工砂。在工程中应用较多的细集料是砂。

砂按来源分为两类。一类为天然砂,它是由自然风化、水流冲刷堆积形成的、粒径小于 4.75mm的岩石颗粒,按生存环境分为河砂、山砂和海砂。河砂颗粒表面圆滑,比较洁净,质地好,产源广;山砂颗粒表面粗糙有棱角,含泥量和含有机杂质多;海砂虽然具有河砂的特点,但因在海中,所以常混有贝壳、碎片和盐分等有害杂质。一般工程上多使用河砂,在缺乏河砂的地区,可采用山砂或海砂,但在使用时必须按规定作技术检验。另一类为人工砂。它是经人为加工处理得到的符合规格要求的细集料,通常指石料加工过程中,采取真空抽吸等方法除去大部分土和细粉,或将石屑水洗得到的洁净的细集料,机制砂、矿渣砂和煅烧砂都属于人工砂。其表面多棱角,较洁净,但造价较高,如无特殊情况,多不采用这种砂。

细集料技术性质主要包括物理性质、颗粒级配和粗度。

(1)物理常数

细集料的物理常数主要有表观密度、堆积密度和空隙率等，其含义与粗集料完全相同，具体数值可通过试验测定。细集料的物理常数计算方法与粗集料相同，详见“粗集料的技术性质”。

(2)级配

级配是集料各级粒径颗粒的分配情况，砂的级配可通过筛分试验确定。对水泥混凝土用细集料可采用干筛法，如果需要也可采用水洗法筛分；对沥青混合料及基层用细集料必须用水洗法筛分。

筛分试验是将预先通过9.5mm筛(水泥混凝土用天然砂)或4.75mm筛(沥青路面及基层用的天然砂、石屑、机制砂等)的试样，称取500g置于一套孔径为4.75mm、2.36mm、1.18mm、0.6mm、0.3mm、0.15mm、0.075mm的方孔筛上，分别求出试样存留在各筛上的质量，即筛余量，然后按下述方式计算其有关级配参数。

①分计筛余百分率

各号筛的分计筛余百分率为各号筛上的筛余量除以试样总量$M$的百分率，准确至0.1%。按式(2-20)求得：

$$a_i = \frac{m_i}{M} \times 100 \tag{2-20}$$

式中：$a_i$——某号筛的分计筛余百分率(%)；

$m_i$——某号筛上的筛余质量(g)；

$M$——试样的总质量(g)。

②累计筛余百分率

各号筛的累计筛余百分率为该号筛及大于该号筛的各号筛的分计筛余百分率之和，准确至0.1%。按式(2-21)计算：

$$A_i = a_1 + a_2 + \cdots + a_i \tag{2-21}$$

式中： $A_i$——各号筛的累计筛余百分率(%)；

$a_1$、$a_2$、…、$a_n$——4.75mm、2.36mm…至计算的某号筛的分计筛余百分率(%)。

③通过百分率

各号筛的通过百分率等于100减去该号筛的累计筛余百分率，准确至0.1%。按式(2-22)计算：

$$P_i = 100 - A_i \tag{2-22}$$

式中：$P_i$——各号筛的通过百分率(%)；

$A_i$——各号筛的累计筛余百分率(%)。

(3)粗度

粗度是评价砂粗细程度的一种指标，通常用细度模数表示。细度模数亦称细度模量，可按式(2-23)计算，准确至0.01。

$$M_x = \frac{(A_{0.15} + A_{0.3} + A_{0.6} + A_{1.18} + A_{2.36}) - 5A_{4.75}}{100 - A_{4.75}} \tag{2-23}$$

式中： $M_x$——砂的细度模数；

$A_{0.15}$、$A_{0.3}$、…、$A_{4.75}$——分别为0.15mm、0.3mm、…、4.75mm各筛上的累计筛余百分率(%)。

细度模数越大，表示细集料越粗。我国现行标准《建筑用砂》(GB/T 14684—2001)规定砂的粗度按细度模数可分为下列三级：

$M_x = 3.7 \sim 3.1$ 为粗砂

$M_x = 3.0 \sim 2.3$ 为中砂

$M_x = 2.2 \sim 1.6$ 为细砂

**【例 2-1】** 某工地现有砂 500g，筛分试验后的筛分结果见表 2-7。计算该砂的细度模数，并评价其粗细程度。

筛 分 结 果 表 2-7

| 筛孔尺寸(mm) | 9.5 | 4.75 | 2.36 | 1.18 | 0.6 | 0.3 | 0.15 | 底盘 |
|---|---|---|---|---|---|---|---|---|
| 筛余量(g) | 0 | 10 | 20 | 45 | 100 | 135 | 155 | 35 |

**解：** 按题所给筛分结果计算见表 2-8。

筛 分 计 算 结 果 表 2-8

| 筛孔尺寸(mm) | 9.5 | 4.75 | 2.36 | 1.18 | 0.6 | 0.3 | 0.15 | 底盘 |
|---|---|---|---|---|---|---|---|---|
| 筛余量(g) | 0 | 10 | 20 | 45 | 100 | 135 | 155 | 35 |
| 分计筛余百分率(%) | 0 | 2 | 4 | 9 | 20 | 27 | 31 | 7 |
| 累计筛余百分率(%) | 0 | 2 | 6 | 15 | 35 | 62 | 93 | 100 |
| 通过百分率(%) | 100 | 98 | 94 | 85 | 65 | 38 | 7 | 0 |

根据式(2-23)计算砂的细度模数：

$$M_x = \frac{(A_{0.15} + A_{0.3} + A_{0.6} + A_{1.18} + A_{2.36}) - 5A_{4.75}}{100 - A_{4.75}}$$

$$= [(93 + 62 + 35 + 15 + 6) - 5 \times 2] \div (100 - 2)$$

$$= 2.05$$

由于细度模数为 2.05，在 2.2 ~ 1.6 之间，所以，此砂为细砂。

细度模数虽能表示砂的粗细程度，但不能完全反映出砂的颗粒级配情况，因为相同细度模数的砂可有不同的颗粒级配。因此，要全面表征砂的颗粒性质，必须同时使用细度模数和级配两个指标。

2. 集料的技术要求

只有满足了一定技术要求的集料才能确保相关混合料的各项性能，粗细两种类型的集料分别有各自的技术要求。

1）粗集料的技术要求

粗集料的技术要求见表 2-9。

**粗集料的技术要求** 表 2-9

| 技 术 指 标 | 技 术 要 求 | | |
|---|---|---|---|
| | Ⅰ级 | Ⅱ级 | Ⅲ级 |
| 碎石压碎指标(%)，小于 | 10 | 20 | 30 |
| 卵石压碎指标(%)，小于 | 12 | 14 | 16 |
| 针片状颗粒含量(%)，小于 | 5 | 15 | 25 |
| 含泥量(%)，小于 | 0.5 | 1.0 | 1.5 |
| 泥块含量(%)，小于 | 0 | 0.5 | 0.7 |
| 有机物含量(比色法) | 合格 | 合格 | 合格 |

续上表

| 技术指标 | 技术要求 | | |
|---|---|---|---|
| | Ⅰ级 | Ⅱ级 | Ⅲ级 |
| 硫化物及硫酸盐含量(按$SO_3$质量计)(%),小于 | 0.5 | 1.0 | 1.0 |
| 坚固性(质量损失)(%),小于 | 5 | 5 | 12 |
| 岩石抗压强度(MPa) | 在饱水状态下,火成岩应不小于80;变质岩应不小于60;水成岩应不小于30 | | |
| 密度与空隙率 | 表观密度>2 500kg/m$^3$;松散堆积密度>1 350kg/m$^3$;空隙率<47% | | |
| 碱集料反应 | 经碱集料反应试验后,由卵石、碎石配制的试件无裂缝、酥裂、胶体外溢等现象,在规定试验龄期的膨胀率应小于0.10% | | |

2)细集料的技术要求

细集料的技术要求见表2-10。

**细集料的技术要求** 表2-10

| 项目 | | | | 技术要求 | | |
|---|---|---|---|---|---|---|
| | | | | Ⅰ级 | Ⅱ级 | Ⅲ级 |
| 人工砂 | 压碎指标(%),小于 | | | 20 | 25 | 30 |
| 人工砂 | 甲基蓝试验 | MB值<1.4或合格 | 石粉含量(%),小于 | 3.0 | 5.0 | 7.0 |
| 人工砂 | 甲基蓝试验 | MB值<1.4或合格 | 泥块含量(%),小于 | 0 | 1.0 | 2.0 |
| 人工砂 | 甲基蓝试验 | MB值<1.4或不合格 | 石粉含量(%),小于 | 1.0 | 3.0 | 5.0 |
| 人工砂 | 甲基蓝试验 | MB值<1.4或不合格 | 泥块含量(%),小于 | 0 | 1.0 | 2.0 |
| 天然砂 | 含泥量(%),小于 | | | 1.0 | 2.0 | 5.0 |
| 天然砂 | 泥块含量(%),小于 | | | 0 | 1.0 | 2.0 |
| 有害杂质含量(%) | 氯化物含量(按氯离子质量计),小于 | | | 0.01 | 0.02 | 0.06 |
| 有害杂质含量(%) | 云母含量,小于 | | | 1.0 | 2.0 | 2.0 |
| 有害杂质含量(%) | 有机物含量(比色法)(%) | | | 合格 | 合格 | 合格 |
| 有害杂质含量(%) | 硫化物及硫酸盐(按$SO_3$质量计),小于 | | | 0.5 | 0.5 | 0.5 |
| 有害杂质含量(%) | 轻物质含量,小于 | | | 1.0 | 1.0 | 1.0 |
| 坚固性(%),小于 | | | | 8 | 8 | 10 |
| 密度和空隙率 | | | | 表观密度>2 500kg/m$^3$;松散堆积密度>1 350kg/m$^3$;空隙率<47% | | |

3)集料的级配

级配是指集料中各种粒径颗粒的搭配比例或分布情况。级配对水泥混凝土及沥青混合料的强度、稳定性及施工和易性有着显著的影响,级配设计也是水泥混凝土和沥青混合料配合比设计的重要组成部分。关于集料的级配分析、级配理论和级配设计方法详见有关内容。

4)集料的颗粒形状与表面特征

集料的性质除了与形成集料的岩石特征和孔隙结构等有直接关系之外,还与集料的颗粒形状和表面特征有一定的关系。因为集料的形状和表面特征都将影响集料颗粒间的内摩阻力、集料颗粒与结合料黏结性及吸附性等方面。

①理想的集料颗粒形状是球状或立方体，而扁平、薄片、细长状（针片状颗粒）颗粒不仅增加集料的空隙率，还对施工的和易性和混凝土强度造成不利影响。

②集料表面特征指集料的粗糙程度和孔隙特征。表面粗糙的集料颗粒有较显著的摩阻力，同时也会影响集料的施工和易性；粗糙且有吸收水泥浆和沥青轻组分的孔隙特征的集料与结合料的黏结能力较强。

5）含泥量和泥块含量

存在于集料中或包裹在集料颗粒表面的泥土会降低水泥的水化反应速度，也会妨碍集料与水泥（或沥青）间的黏结能力，显著影响混合料的整体强度与耐久性，应对其含量加以限制。

泥是指砂中粒径小于0.075mm的颗粒，泥块是指粗集料原尺寸大于4.75mm（或细集料大于1.18mm），但经水浸洗、手捏后小于2.36mm（细集料小于0.6mm）的颗粒。集料中含泥量和泥块含量由试验测定。

## 二、任务实施

### 实训项目一：粗集料及集料混合料筛分试验

1. 目的与适用范围

（1）测定粗集料（碎石、砾石、矿渣等）的颗粒组成。对水泥混凝土用粗集料可采用干筛法筛分，对沥青混合料及基层用粗集料必须采用水洗法试验。

（2）本方法也适用于同时含有粗集料、细集料、矿粉的集料混合料筛分试验，如未筛碎石、级配碎石、天然沙砾、级配沙砾、无机结合料稳定基层材料、沥青拌和楼的冷料混合料、热料仓材料、沥青混合料经溶剂抽提后的矿料等。

2. 仪器设备

（1）试验筛：根据需要选用规定的标准筛。

（2）摇筛机。

（3）天平或台秤：感量不大于试样质量的0.1%。

（4）其他：盘子、铲子、毛刷等。

3. 试验准备

按规定将来料用分料器或四分法缩分至表2-11要求的试样所需量，风干后备用。根据需要可按要求的集料最大粒径的筛孔尺寸过筛，除去超粒径部分颗粒后，再进行筛分。

筛分用的试样质量　　表2-11

| 公称最大粒径（mm） | 75 | 63 | 37.5 | 31.5 | 26.5 | 19 | 16 | 9.5 | 4.75 |
|---|---|---|---|---|---|---|---|---|---|
| 试样质量不少于（kg） | 10 | 8 | 5 | 4 | 2.5 | 2 | 1 | 1 | 0.5 |

4. 试验步骤

1）水泥混凝土用粗集料干筛法试验步骤

（1）取试样一份置于（105±5）℃烘箱中烘干至恒重，称取干燥集料试样的总质量$m_0$，准确至0.1%。

（2）用搪瓷盘作筛分容器，按筛孔大小排列顺序逐个将集料过筛，人工筛分时，需使集料在筛面上同时有水平方向及上下方向的不停顿的运动，使小于筛孔的集料通过筛孔，直到1min内通过筛孔的质量小于筛上残余量的0.1%为止。当采用摇筛机筛分时，应在摇筛机筛分后再逐个由人工补筛。将筛出通过的颗粒并入下一号筛，和下一号筛中的试样一起过筛，顺序进行，直至各号筛全部筛完为止，以确认 1min 内通过筛孔的质量确实小于筛上残余量的 1%。

注：由于 0.075mm 筛干筛几乎不能把粘在粗集料表面的小于 0.075mm 部分的石粉筛过去，而且对水泥混凝土用粗集料而言，0.075mm 通过率的意义不大，所以也可以不筛，且把通过 0.15mm 筛的筛下部分作为 0.075mm 的分计筛余，将粗集料的 0.075mm 通过率假设为 0。

(3)如果某个筛上的集料过多，影响筛分作业时，可以分两次筛分。当筛余颗粒的粒径大于 19mm 时，筛分过程中允许用手指轻轻拨动颗粒，但不得逐颗塞过筛孔。

(4)称取每个筛上的筛余量，准确至总质量的 0.1%，各筛分计筛余量及筛底存量的总和与筛分前试样的干燥总质量 $m_0$ 相比，其相差不得超过 0.3%。

2)沥青混合料及基层用粗集料水洗法试验步骤

(1)取一份试样，将试样置于(105 ±5)℃烘箱中烘干至恒重，称取干燥集料试样的总质量 $m_3$，准确至 0.1%。

(2)将试样置一洁净容器中，加入足够数量的洁净水，将集料全部盖没，但不得使用任何干筛法洗涤剂、分散剂、表面活性剂。

(3)用搅棒充分搅动集料，使集料表面洗涤干净，使细粉悬浮在水中，但不得破碎集料或有集料从水中溅出。

(4)根据集料粒径大小选择组成一组套筛，其底部为 0.075mm 标准筛，上部为 2.36mm 或 4.75mm 筛。仔细将容器中混有细粉的悬浮液倒出，经过套筛流入另一容器中，尽量不要将粗集料倒出，以免损坏标准筛筛面。

(5)重复(2)~(4)步骤，直至倒出的水洁净为止，必要时可采用水流缓慢冲洗。

(6)将套筛的每个筛子上的集料及容器中的集料全部回收在一个搪瓷盘中，容器上不得有黏附的集料颗粒。

注：粘在 0.075mm 筛面上的细粉很难回收扣入搪瓷盘中，此时需将筛子倒扣在搪瓷盘上用少量的水并助以毛刷将细粉刷落入搪瓷盘中，并注意不要散失。

(7)在确保细粉不散失的前提下，小心去除搪瓷盘中的积水，将搪瓷盘连同集料一起置(105 ±5)℃烘箱中烘干至恒重，称取干燥集料试样的总质量 $m_4$，准确至 0.1%。以 $m_3$ 与 $m_4$ 之差作为 0.075mm 的筛下部分。

(8)将回收的干燥集料按干筛方法筛分出 0.075mm 筛以上各筛的筛余量，此时 0.075mm 筛下部分应为 0，如果尚能筛出，则应将其并入水洗得到的 0.075mm 的筛下部分，且表示水洗得不干净。

5. 结果整理

1)干筛法筛分结果的计算

(1)计算各筛分计筛余量及筛底存量的总和与筛分前试样的干燥总质量 $m_0$ 之差，作为筛分时的损耗，若大于 0.3%，应重新进行试验。

$$m_5 = m_0 - (\sum m_i + m_{底}) \tag{2-24}$$

式中：$m_5$——由于筛分造成的损耗(g)；

$m_0$——用于干筛的干燥集料总质量(g)；

$m_i$——各号筛上的分计筛余(g)；

$i$——依次为 0.075mm、0.15mm…至集料最大粒径的排序；

$m_{底}$——筛底(0.075mm 以下部分)集料总质量(g)。

(2)干筛分计筛余百分率。干筛后各号筛上的分计筛余百分率按式(2-25)计算,准确至0.1%。

$$P'_i = \frac{m_i}{(m_0 - m_5)} \tag{2-25}$$

式中: $P'_i$——各号筛上的分计筛余百分率(%);

$m_5$、$m_0$、$m_i$、$i$——意义同前。

(3)干筛累计筛余百分率。各号筛的累计筛余百分率为该号筛以上各号筛的分计筛余百分率之和,准确至0.1%。

(4)干筛质量通过百分率。各号筛的质量通过百分率 $P_i$ 等于100减去该号筛累计筛余百分率,准确至0.1%。

(5)由筛底存量除以扣除损耗后的干燥集料总质量计算0.075mm筛的通过率。

(6)试验结果以两次试验的平均值表示,准确至0.1%。当两次试验结果 $P_{0.075}$ 的差值超过1%时,试验应重新进行。

2)水筛法筛分结果的计算

(1)按式(2-26)、式(2-27)计算粗集料中0.075mm筛下部分质量 $m_{0.075}$ 和含量 $P_{0.075}$,准确至0.1%,当两次试验结果 $P_{0.075}$ 的差值超过1%时,试验应重新进行。

$$m_{0.075} = m_3 - m_4 \tag{2-26}$$

$$P_{0.075} = \frac{m_{0.075}}{m_3} = \frac{m_3 - m_4}{m_3} \times 100 \tag{2-27}$$

式中:$P_{0.075}$——粗集料中小于0.075mm的含量(通过率)(%);

$m_{0.075}$——粗集料中水洗得到的小于0.075mm部分的质量(g);

$m_3$——用于水洗的干燥粗集料总质量(g);

$m_4$——水洗后的干燥粗集料总质量(g)。

(2)计算各筛分计筛余量及筛底存量的总和与筛分前试样的干燥总质量 $m_4$ 之差,作为筛分时的损耗,若损耗率大于0.3%,应重新进行试验。

$$m_5 = m_3 - (\sum m_i + m_{0.075}) \tag{2-28}$$

式中:$m_5$——由于筛分造成的损耗(g);

$m_3$——用于水筛筛分的干燥集料总质量(g);

$m_i$——各号筛上的分计筛余(g);

$i$——依次为0.075mm、0.15mm…至集料最大粒径的排序;

$m_{0.075}$——水洗后得到的0.075mm以下部分质量(g),即 $m_3 - m_4$。

(3)计算其他各筛的分计筛余百分率、累计筛余百分率、质量通过百分率,计算方法与干筛法相同,当干筛时筛分有损耗时,应按干筛法从总质量中扣除损耗部分。

试验结果以两次试验的平均值表示。

**实训项目二:粗集料密度及吸水率试验**(网篮法)

1.目的与适用范围

本方法适用于测定各种粗集料的表观相对密度、表干相对密度、毛体积相对密度、表观密度、表干密度、毛体积密度,以及粗集料的吸水率。

2.仪器设备

(1)天平或浸水天平:可悬挂吊篮测定集料的水中质量,称量应满足试样数量称量要求,感量不大于最大称量的0.05%。

(2)吊篮：耐锈蚀材料制成，直径和高度为150mm左右，四周及底部用1~2mm的筛网编制或具有密集的孔眼。

(3)溢流水槽：在称量水中质量时能保持水面高度一定。

(4)烘箱：能控温在(105±5)℃。

(5)温度计。

(6)标准筛。

(7)其他：盛水容器(如搪瓷盘)、刷子、毛巾等。

3. 试验准备

(1)将取来的试样用标准筛过筛除去其中的细集料，对较粗的粗集料可用4.75mm筛过筛，对2.36~4.75mm集料，或者混在4.75mm以下石屑中的粗集料，则用2.36mm标准筛过筛，用四分法或分料器法缩分至要求的质量，分两份备用。对沥青路面用粗集料，应对不同规格的集料分别测定，不得混杂，所取的每一份集料试样应基本上保持原有的级配。在测定2.36~4.75mm的粗集料时，试验过程中应特别小心，不得丢失集料。

(2)经缩分后供测定密度和吸水率的粗集料质量应符合表2-12的规定。

**测定密度所需要的试样最小质量** 表2-12

| 公称最大粒径(mm) | 4.75 | 9.5 | 16 | 19 | 26.5 | 31.5 | 37.5 | 63 | 75 |
|---|---|---|---|---|---|---|---|---|---|
| 每一份试样的最小质量(kg) | 0.8 | 1 | 1 | 1 | 1.5 | 1.5 | 2 | 3 | 3 |

(3)将每一份集料试样浸泡在水中，并适当搅动，仔细洗去附在集料表面的尘土和石粉，经多次漂洗干净至水清澈为止。清洗过程中不得散失集料颗粒。

4. 试验步骤

(1)取试样一份装入干净的搪瓷盘中，注入洁净的水，水面至少应高出试样20mm，轻轻搅动石料，使附着在石料上的气泡完全逸出。在室温下保持浸水24h。

(2)将吊篮挂在天平的吊钩上，浸入溢流水槽中，向溢流水槽中注水，水面高度至水槽的溢流孔为止，将天平调零。吊篮的筛网应保证集料不会通过筛孔流失，对2.36~4.75mm粗集料应更换小孔筛网，或在网篮中加放入一个浅盘。

(3)调节水温在15~25℃范围内。将试样移入吊篮中。溢流水槽中的水面高度由水槽的溢流孔控制，维持不变，称取集料的水中质量$m_w$。

(4)提起吊篮，稍稍滴水后，较粗的粗集料可以直接倒在拧干的湿毛巾上。将较细的粗集料(2.36~4.75mm)连同浅盘一起取出，稍稍倾斜搪瓷盘，仔细倒出余水，将粗集料倒在拧干的湿毛巾上，用毛巾吸走从集料中漏出的自由水。注意不得有颗粒丢失，或有小颗粒附在吊篮上。再用拧干的湿毛巾轻轻擦干集料颗粒的表面水，至表面看不到发亮的水迹，即为饱和面干状态。当粗集料尺寸较大时，宜逐颗擦干。注意对较粗的粗集料，拧湿毛巾时防止拧得太干，对较细的含水较多的粗集料，毛巾可拧得稍干些。擦颗粒的表面水时，既要将表面水擦掉，又千万不能将颗粒内部的水吸出。整个过程中不得有集料丢失，且已擦干的集料不得继续在空气中放置，以防止集料干燥。

注：对2.36~4.75mm集料，用毛巾擦拭时容易黏附细颗粒集料造成损失，此时宜改用洁净的纯棉汗衫布擦拭至表干状态。

(5)立即在保持表干状态下，称取集料的表干质量$m_f$。

(6)将集料置于浅盘中，放入(105±5)℃的烘箱中烘干至恒重。取出浅盘，放在带盖的容器中冷却至室温，称取集料的烘干质量$m_a$。

(7)对同一规格的集料应平行试验两次,取平均值作为试验结果。

5. 结果整理

(1)表观相对密度 $\gamma_a$、表干相对密度 $\gamma_s$、毛体积相对密度 $\gamma_b$ 按式(2-29)~(2-31)计算至小数点后3位。

$$\gamma_a = \frac{m_a}{m_a - m_w} \tag{2-29}$$

$$\gamma_s = \frac{m_f}{m_f - m_w} \tag{2-30}$$

$$\gamma_b = \frac{m_a}{m_f - m_w} \tag{2-31}$$

式中:$\gamma_a$——集料的表观相对密度,无量纲;

$\gamma_s$——集料的表干相对密度,无量纲;

$\gamma_b$——集料的毛体积相对密度,无量纲;

$m_a$——集料的烘干质量(g);

$m_f$——集料的表干质量(g);

$m_w$——集料的水中质量(g)。

(2)集料的吸水率以烘干试样为基准,按式(2-32)计算,准确至0.01%。

$$W_x = \frac{m_f - m_a}{m_a} \times 100 \tag{2-32}$$

式中:$W_x$——粗集料的吸水率(%)。

(3)粗集料的表观密度(视密度)$\rho_a$、表干密度 $\rho_s$、毛体积密度 $\rho_b$,按式(2-33)~式(2-35)计算,准确至小数点后3位。不同水温条件下测量的粗集料表观密度需进行水温修正,不同试验温度下水的密度 $\rho_T$ 及水的温度修正系数 $\alpha_T$ 按表2-13选用。

**不同水温时水的密度 $\rho_T$ 及水温修正系数 $\alpha_T$** 表2-13

| 水温(℃) | 15 | 16 | 17 | 18 | 19 | 20 |
|---|---|---|---|---|---|---|
| 水的密度 $\rho_T$(g/cm$^3$) | 0.999 13 | 0.998 97 | 0.998 80 | 0.998 62 | 0.998 43 | 0.998 22 |
| 水温修正系数 $\alpha_T$ | 0.002 | 0.003 | 0.003 | 0.004 | 0.004 | 0.005 |
| 水温(℃) | 21 | 22 | 23 | 24 | 25 | — |
| 水的密度 $\rho_T$(g/cm$^3$) | 0.998 02 | 0.997 79 | 0.997 56 | 0.997 33 | 0.997 02 | — |
| 水温修正系数 $\alpha_T$ | 0.005 | 0.006 | 0.006 | 0.007 | 0.007 | — |

$$\rho_a = \gamma_a \times \rho_T \quad 或 \quad \rho_a = (\gamma_a - \alpha_T) \times \rho_w \tag{2-33}$$

$$\rho_s = \gamma_s \times \rho_T \quad 或 \quad \rho_s = (\gamma_s - \alpha_T) \times \rho_w \tag{2-34}$$

$$\rho_b = \gamma_b \times \rho_T \quad 或 \quad \rho_b = (\gamma_b - \alpha_T) \times \rho_w \tag{2-35}$$

重复试验的精密度,对表观相对密度、表干相对密度、毛体积相对密度,两次结果相差不得超过0.02,对吸水率不得超过0.2%。

### 实训项目三:粗集料堆积密度及空隙率试验

1. 目的与适用范围

测定粗集料的堆积密度,包括自然堆积状态、振实状态、捣实状态下的堆积密度,以及堆积状态下的空隙率。

2. 仪器设备

(1)天平或台秤:感量不大于称量的0.1%。

(2)容量筒:适用于粗集料堆积密度测定的容量筒应符合表2-14的要求。

容量筒的规格要求　　表2-14

| 粗集料公称最大粒径(mm) | 容量筒容积(L) | 容量筒规格(mm) | | | 筒壁厚度(mm) |
|---|---|---|---|---|---|
| | | 内径 | 净高 | 底厚 | |
| ≤4.75 | 3 | 155±2 | 160±2 | 5.0 | 2.5 |
| 9.5~26.5 | 10 | 205±2 | 305±2 | 5.0 | 2.5 |
| 31.5~37.5 | 15 | 255±5 | 295±5 | 5.0 | 3.0 |
| ≥53 | 20 | 355±5 | 305±5 | 5.0 | 3.0 |

(3)平头铁锹。

(4)烘箱:能控温(105±5)℃。

(5)振动台:频率为(3 000±200)次/min,负荷下的振幅为0.35mm,空载时的振幅为0.5mm。

(6)捣棒:直径16mm,长600mm,一端为圆头的钢棒。

3. 试验准备

按规定方法取样、缩分,质量应满足试验要求,在(105±5)℃的烘箱中烘干,也可以摊在清洁的地面上风干,拌匀后分成两份备用。

4. 试验步骤

1)自然堆积密度

取试样1份,置于平整干净的水泥地(或铁板)上,用平头铁锹铲起试样,使石子自由落入容量筒内。此时,从铁锹的齐口至容量筒上口的距离应保持为50mm左右,装满容量筒并除去凸出筒口表面的颗粒,并以合适的颗粒填入凹陷空隙,使表面积稍凸起部分和凹陷部分的体积大致相等,称取试样和容量筒总质量 $m_2$。

2)振实密度

按堆积密度试验步骤,将装满试样的容量筒放在振动台上,振动3min,或者将试样分三层装入容量筒。装完一层后,在筒底垫放一根直径为25mm的圆钢筋,将筒按住,左右交替颠击地面各25下,然后装入第二层,用同样的方法颠实(但筒底所垫钢筋的方向应与第一层放置方向垂直);然后再装入第三层,如法颠实;待三层试样装填完毕后,加料填到试样超出容量筒口,用钢筋沿筒口边缘滚转,刮下高出筒口的颗粒,用合适的颗粒填平凹处,使表面稍凸起部分和凹陷部分的体积大致相等,称取试样和容量筒总质量 $m_2$。

3)捣实密度

根据沥青混合料的类型和公称最大粒径,确定起骨架作用的关键性筛孔(通常为4.75mm或2.36mm等)。将矿料混合料中此筛孔以上颗粒筛出,作为试样装入符合要求规格的容器中达1/3的高度,由边至中用捣棒均匀捣实25次。再向容器中装入1/3高度的试样,用捣棒均匀地捣实25次,捣实深度约至下层的表面。然后重复上一步骤,加最后一层,捣实25次,使集料与容器口齐平。用合适的集料填充表面的大空隙,用直尺大体刮平,目测估计表面凸起的部分与凹陷部分的容积大致相等,称取容量筒与试样的总质量 $m_2$。

4)容量筒容积的标定

用水装满容量筒，测量水温，擦干筒外壁的水分，称取容量筒与水的总质量 $m_w$，并按水的密度对容量筒的容积作校正。

5. 结果整理

(1)容量筒的容积按式(2-36)计算。

$$V=\frac{m_w-m_1}{\rho_T} \tag{2-36}$$

式中：$V$——容量筒的容积(L)；

$m_1$——容量筒的质量(kg)；

$m_w$——容量筒与水的总质量(kg)；

$\rho_T$——试验温度 $T$ 时水的密度(g/cm$^3$)。

(2)堆积密度(包括自然堆积状态、振实状态、捣实状态下的堆积密度)按式(2-37)计算至小数点后3位。

$$\rho=\frac{m_2-m_1}{V} \tag{2-37}$$

式中：$\rho$——与各种状态相对应的堆积密度(t/m$^3$)；

$m_1$——与容量筒的质量(kg)；

$m_2$——与容量筒与试样的总质量(kg)；

$V$——与容量筒的容积(L)。

(3)水泥混凝土用粗集料振实状态下的空隙率按式(2-38)计算。

$$V_c=\left(1-\frac{\rho}{\rho_a}\right)\times 100 \tag{2-38}$$

式中：$V_c$——与水泥混凝土用粗集料的空隙率(%)；

$\rho_a$——与粗集料的表观密度(t/m$^3$)；

$\rho$——与按振实法测定的粗集料的堆积密度(t/m$^3$)。

(4)沥青混合料用粗集料骨架捣实状态的间隙率按式(2-39)计算。

$$VCA_{DRC}=\left(1-\frac{\rho}{\rho_b}\right)\times 100 \tag{2-39}$$

式中：$VCA_{DRC}$——捣实状态下粗集料骨架间隙率(%)；

$\rho_b$——按网篮法测定的粗集料的毛体积密度(t/m$^3$)；

$\rho$——按振实法测定的粗集料的自然堆积密度(t/m$^3$)。

以两次平行试验结果的平均值为测定值。

**实训项目四：细集料筛分试验**

1. 目的与适用范围

测定细集料(天然砂、人工砂、石屑)的颗粒级配及粗细程度。对水泥混凝土用细集料可采用干筛法，如果需要也可采用水洗法筛分。对沥青混合料及基层用细集料必须用水洗法筛分。

注：当细集料中含有粗集料时，可参照此方法用水洗法筛分，但需特别注意保护标准筛筛面不遭损坏。

2. 仪器设备

(1)标准筛。

(2)天平:称量1 000g,感量不大于0.5g。

(3)摇筛机。

(4)烘箱:能控温在(105±5)℃。

(5)其他:浅盘和硬、软毛刷等。

3.试验准备

根据样品中最大粒径的大小,选用适宜的标准筛,通常为9.5mm筛(水泥混凝土用天然砂)或4.75mm筛(沥青路面及基层用的天然砂、石屑、机制砂等)筛除其中的超粒径材料。然后在潮湿状态下将样品充分拌匀,用分料器法或四分法缩分至每份不少于550g的试样两份,在(105±5)℃的烘箱中烘干至恒重,冷却至室温后备用。

注:恒重系指相邻两次称量间隔时间大于3h(通常不少于6h)的情况下,前后两次称量之差小于该项试验所要求的称量精密度。

4.试验步骤

1)干筛法试验步骤

(1)准确称取烘干试样约500g($m_1$),准确至0.5g,置于套筛的最上面一只筛,即4.75mm筛上。将套筛装入摇筛机,摇筛约10min,然后取出套筛,再按筛孔大小顺序,从最大的筛号开始,在清洁的浅盘上逐个进行手筛,直到每分钟的筛出量不超过筛上剩余量的0.1%时为止,将筛出通过的颗粒并入下一号筛,和下一号筛中的试样一起过筛,以此顺序进行至各号筛全部筛完为止。

注:①试样如为特细砂时,试样质量可减少到100g;

②如试样含泥量超过5%,不宜采用干筛法;

③无摇筛机时,可直接用手筛。

(2)称量各筛筛余试样的质量,精确至0.5g。所有各筛的分计筛余量和底盘中剩余量的总量与筛分前的试样总量,相差不得超过后者的1%。

2)水洗法试验步骤

(1)准确称取烘干试样约500g($m_1$),准确至0.5g。

(2)将试样置一洁净容器中,加入足够数量的洁净水,将集料全部盖没。

(3)用搅棒充分搅动集料,使集料表面洗涤干净,使细粉悬浮在水中,但不得有集料从水中溅出。

(4)用1.18mm筛及0.075mm筛组成套筛。仔细将容器中混有细粉的悬浮液徐徐倒出,经过套筛流入另一容器,但不得将集料倒出。

注:不可直接倒至0.075mm筛上,以免集料掉出损坏筛面。

(5)重复(2)~(4)步骤,直至倒出的水洁净且将小于0.075mm的颗粒全部倒出。

(6)将容器中的集料倒入搪瓷盘中,用少量水冲洗,使容器上黏附的集料颗粒全部进入搪瓷盘中。将筛子反扣过来,用少量的水将筛上的集料冲洗入搪瓷盘中。操作过程中不得有集料散失。

(7)将搪瓷盘连同集料一起置于(105±5)℃的烘箱中烘干至恒重,称取干燥集料试样的总质量$m_2$,准确至0.1%。$m_1$与$m_2$之差即为通过0.075mm部分。

(8)将全部要求筛孔组成套筛(但不需0.075mm筛),将已经洗去小于0.075mm部分的干燥集料置于套筛上(通常为4.75mm筛),将套筛装入摇筛机,摇筛约10min,然后取出套筛,再按筛孔大小顺序,从最大的筛号开始,在清洁的浅盘上逐个进行手筛,直至每分钟的筛出量不超过筛上剩余量的1%时为止,将筛出通过的颗粒并入下一号筛,和下一号筛中的试样一起过筛，按照这样的顺序进行，直至各号筛全部筛完为止。

注：如为含有粗集料的集料混合料，套筛筛孔应根据需要选择。

(9)称量各筛筛余试样的质量，精确至0.5g。所有各筛的分计筛余量和底盘中剩余量的总质量，与筛分前后试样总量 $m_2$ 的差值不超过后者的1%。

5. 结果整理

(1)计算分计筛余百分率。各号筛的分计筛余百分率为各号筛上的筛余量除以试样总量 $m_1$ 的百分率，准确至0.1%。对沥青路面细集料而言，0.15mm筛下部分即为0.075mm的分计筛余，由步骤(7)测得的 $m_1$ 与 $m_2$ 之差即为小于0.075mm的筛底部分。

(2)计算累计筛余百分率。各号筛的累计筛余百分率为该号筛及大于该号筛的各号筛的分计筛余百分率之和，准确至0.1%。

(3)计算质量通过百分率。各号筛的质量通过百分率等于100减去该号筛的累计筛余百分率，准确至0.1%。

(4)根据各筛的累计筛余百分率或通过百分率，绘制级配曲线。

(5)天然砂的细度模数按式(2-40)计算，准确至0.01。

$$M_x = \frac{(A_{0.15} + A_{0.3} + A_{0.6} + A_{1.18} + A_{2.36}) - 5A_{4.75}}{100 - A_{4.75}} \tag{2-40}$$

式中：　$M_x$——砂的细度模数；

$A_{0.15}$、$A_{0.3}$、…、$A_{4.75}$——分别为0.15mm、0.3mm、…、4.75mm各筛上的累计筛余百分率(%)。

(6)应进行两次平行试验，以试验结果的算术平均值作为测定值。如两次试验所得的细度模数之差大于0.2，应重新进行试验。

**实训项目五：细集料表观密度试验**(容量瓶法)

1. 目的与适用范围

用容量法测定细集料(天然砂、石屑、机制砂)在23℃时对水的表观相对密度和表观密度。本方法适用于含有少量大于2.36mm部分的细集料。

2. 仪器设备

(1)天平：称量1kg，感量不大于1g。

(2)容量瓶：500mL。

(3)烘箱：能控温在(105±5)℃。

(4)烧杯：500mL。

(5)其他：干燥器、浅盘、铝制料勺、温度计、洁净水等。

3. 试验准备

将缩分至650g左右的试样在温度为(105±5)℃的烘箱中烘干至恒重，并在干燥器内冷却至室温，分成两份备用。

4. 试验步骤

(1)称取烘干的试样约300g($m_0$)，装入盛有半瓶洁净水的容量瓶中。

(2)摇转容量瓶，使试样在已保温至(23±1.7)℃的水中充分搅动以排除气泡，塞紧瓶塞，在恒温条件下静置24h左右，然后用滴管添水，使水面与瓶颈刻度线平齐，再塞紧瓶塞，擦干瓶外水分，称其总质量 $m_2$。

(3)倒出瓶中的水和试样，将瓶的内外表面洗净，再向瓶内注入同样温度的洁净水(温差不超过2℃)至瓶颈刻度线,塞紧瓶塞,擦干瓶外水分,称其总质量 $m_1$。

注:在砂的表观密度试验过程中应测量并控制水的温度,试验期间的温度不得超过1℃。

5. 结果整理

(1)细集料的表观相对密度按式(2-41)计算至小数点后3位。

$$\gamma_a = \frac{m_0}{m_0 + m_1 - m_2} \tag{2-41}$$

式中:$\gamma_a$——细集料的表观相对密度,无量纲;

$m_0$——试样的烘干质量(g);

$m_1$——水及容量瓶总质量(g);

$m_2$——试样、水及容量瓶总质量(g)。

(2)表观密度 $\rho_a$ 按式(2-42)计算,准确至小数点后3位。

$$\rho_a = \gamma_a \times \rho_T \quad 或 \quad \rho_a = (\gamma_a - \alpha_T) \times \rho_w \tag{2-42}$$

式中:$\rho_a$——细集料的表观密度($g/cm^3$);

$\rho_w$——水在4℃时的密度(1 000$kg/m^3$);

$\alpha_T$——试验时的水温对水的密度影响的修正系数,按规范取用;

$\rho_T$——试验温度 $T$ 时水的密度,按规范取用($g/cm^3$)。

以两次平行试验结果的算术平均值作为测定值,如两次结果之差值大于0.01$g/cm^3$时,应重新取样进行试验。

**实训项目六:细集料堆积密度及紧装密度试验**

1. 目的与适用范围

测定砂自然状态下堆积密度、紧装密度及空隙率。

2. 仪器与设备

(1)台秤:称量5kg,感量5g。

(2)容量筒:金属制,圆筒形,内径108mm,净高109mm,筒壁厚2mm,筒底厚5mm,容积约为1L。

(3)标准漏斗。

(4)烘箱:能控温在(105±5)℃。

(5)其他:小勺、直尺、浅盘等。

3. 试验准备

(1)用浅盘装来样约5kg,在温度为(105±5)℃的烘箱中烘干至恒量,取出并冷却至室温,分成大致相等的两份备用。

(2)容量筒容积的校正方法;以温度为(20±5)℃的洁净水装满容量筒,用玻璃板沿筒口滑移,使其紧贴水面并擦干筒外壁水分,然后称量,用下式计算筒的容积 $V$:

$$V = m_2' - m_1' \tag{2-43}$$

式中:$m_1'$——容量筒和玻璃板总质量(g);

$m_2'$——容量筒、玻璃板和水总质量(g)。

注:试样烘干后如有结块,应在试验前先予捏碎。

4. 试验步骤

(1)堆积密度:将试样装入漏斗中,打开底部的活动门,将砂流入容量筒中,也可直接用小勺向容量筒中装试样,但漏斗出料口或料勺距容量筒筒口均应为50mm左右,试样装满并超出容量筒筒口后,用直尺将多余的试样沿筒口中心线向两个相反方向刮平,称取质量 $m_1$。

(2)紧装密度:取试样1份,分两层装入容量筒。装完一层后,在筒底垫放一根直径为10mm的钢筋,将筒按住,左右交替颠击地面各25下,然后再装入第二层。第二层装满后用同样方法颠实(但筒底垫钢筋的方向应与第一层放置方向垂直),两层装完并颠实后,添加试样超出容量筒筒口,然后用直尺将多余的试样沿筒口中心线向两个相反方向刮平,称其质量 $m_2$。

5. 结果整理

(1)堆积密度 $\rho$ 及紧装密度 $\rho'$ 分别按下式计算,计算至小数点后3位。

$$\rho = \frac{m_1 - m_0}{V} \tag{2-44}$$

$$\rho' = \frac{m_2 - m_0}{V} \tag{2-45}$$

式中:$m_0$——容量筒的质量(g);

$m_1$——容量筒和堆积密度砂的总质量(g);

$m_2$——容量筒和紧装密度砂的总质量(g);

$V$——容量筒容积(mL)。

以两次试验结果的算术平均值作为测定值。

(2)空隙率按下式计算:

$$n = \left(1 - \frac{\rho}{\rho_a}\right) \times 100 \tag{2-46}$$

式中:$n$——砂的空隙率(%);

$\rho$——砂的堆积或紧装密度(g/cm$^3$);

$\rho_a$——砂的表观密度(g/cm$^3$)。

以两次试验结果的算术平均值作为测定值。

## 三、学习效果评价反馈

1. 学生自评

每位学生根据本工作任务的学习目标,自主完成下述自测,并根据表2-15的要求,完成自我检验。

学生自评表　　表2-15

| 任务名称:集料的技术性质和技术要求 | | | | | | |
|---|---|---|---|---|---|---|
| 组号 | | 姓名 | | 学号 | | 自评成绩 | |
| 题号 | 自测1 | 自测2 | 自测3 | 自测4 | 合计 | |
| 分数 | 20 | 20 | 20 | 40 | 100 | |
| 得分 | | | | | | |

[自测1]什么是集料的堆积密度?什么是松装密度?什么是紧装密度?

[自测2]什么是集料的级配?如何确定集料的级配?用哪几项参数表示集料的级配?

[自测3]某工程用石灰岩石料,经饱水抗压强度检验,平均极限荷载分别为179kN、182kN、174kN、178kN、189kN和185kN(5mm×5mm圆柱体试件);洛杉矶磨耗值为33%。试确定该石料的技术等级。

[自测4]一份残缺的砂子筛分记录见表2-16,根据现有的材料补全。

**筛 分 记 录** 表2-16

| 筛孔(mm) | 4.75 | 2.36 | 1.18 | 0.6 | 0.3 | 0.15 |
|---|---|---|---|---|---|---|
| 分计筛余(%) | | | | 20 | | 20 |
| 累计筛余(%) | 5 | 19 | | | | |
| 通过(%) | | | | 45 | 22 | 2 |

2. 任课教师评价

主讲教师根据学生的学习态度,对学生知识的掌握情况做出综合评价,按表2-17的要求,完成教师对学生的评价。

**教师对学生的学习效果评价表** 表2-17

| 组号 | | 姓名 | | 学号 | | 成绩 | |
|---|---|---|---|---|---|---|---|
| 任务名称:集料的技术性质和技术要求 | | | | | | | |
| 评价内容 | | | 评价依据 | | | 分数 | 得分 |
| 学习态度情况 | | | 上课纪律、学习主动性等评价 | | | 20 | |
| 任务自测情况 | | | 自测成果的正确性与准确性 | | | 30 | |
| 作业质量 | | | 准确、清晰 | | | 20 | |
| 学生独立解决问题能力 | | | 主要对学生的创新思维能力、组织能力,学生在遇到问题时的判断能力等评价 | | | 30 | |
| 教师签名 | | 日期 | | | | 合计 | |

# 项目三　水泥及水泥混合物

知识目标：

1. 掌握石灰的消化、硬化过程和原理，质量检验的方法和质量标准。
2. 掌握硅酸盐水泥熟料的矿物组成，凝结硬化机理和技术性质。
3. 了解掺混合材料的硅酸盐水泥和其他品种水泥。
4. 掌握新拌混凝土的工作性质和硬化后混凝土的力学性质。
5. 掌握砂浆组成材料的技术性质。
6. 掌握普通混凝土及砂浆配合比设计步骤。

能力目标：

1. 能够确定石灰的质量等级。
2. 能掌握硅酸盐水泥熟料各矿物成分的特性、凝结硬化的机理和技术性质的测定方法。
3. 能够正确检验水泥的质量，对其他水泥的特性和工程应用也应有一定了解。
4. 能掌握混凝土配合比设计及质量评定方法。
5. 了解混凝土常用外加剂的作用及品种。
6. 了解其他混凝土的特性和建筑砂浆。
7. 能按规范进行普通混凝土配合比的设计。

## 任务1　水　　泥

### 一、相关知识

在建筑工程中，能以自身的物理化学作用将松散材料（如砂、石）胶结成为具有一定强度的整体结构的材料，统称为胶凝材料。胶凝材料按其化学成分分为有机胶凝材料（如各种沥青和树脂）和无机胶凝材料两大类；无机胶凝材料根据其硬化条件又分为水硬性胶凝材料和气硬性胶凝材料。气硬性胶凝材料只能在空气中硬化、保持或继续提高强度（如石灰、石膏）。水硬性胶凝材料则不仅能在空气中硬化，而且能很好地在水中硬化，且可在水中保持并继续提高强度，各种水泥都属于水硬性胶凝材料。

在道路和桥梁工程中通常应用的水泥主要有硅酸盐水泥、普通硅酸盐水泥、矿渣硅酸盐水泥、火山灰硅酸盐水泥、粉煤灰硅酸盐水泥和复合硅酸盐水泥等六大通用水泥。由于道路路面对水泥的特殊要求，近年来已生产了道路水泥。此外，在某些特殊工程中，还使用铝酸盐水泥、膨胀水泥、快硬水泥等。随着水泥科学技术和生产的发展，水泥品种越来越多，但是在道路建筑中仍以硅酸盐水泥与普通硅酸盐水泥为主。本节着重对硅酸盐水泥的成分及其主要性能进行详细阐述，普通水泥由于掺加混合材料的数量少，性质与不掺混合材料的硅酸盐水泥相近，试验检测的方法与技术指标大体一致，故普通硅酸盐水泥仅作一般介绍。

1. 硅酸盐水泥

凡由硅酸盐水泥熟料，0～5%石灰石或粒化高炉矿渣，适量石膏磨细制成的水硬性胶凝材料，称为硅酸盐水泥(即国外统称的波特兰水泥)。硅酸盐水泥分两种类型，不掺加混合材料的称为Ⅰ型硅酸盐水泥，代号P·Ⅰ。在硅酸盐水泥粉磨时掺加石灰石或粒化高炉矿渣混合材料(不超过水泥质量的5%)称为Ⅱ型硅酸盐水泥，代号P·Ⅱ。

1)硅酸盐水泥生产工艺概述

(1)硅酸盐水泥生产原料

生产硅酸盐水泥的原料，主要是石灰质原料和黏土质原料两类。石灰质原料(如石灰石、白垩、石灰质凝灰岩等)主要提供CaO，黏土质原料(如黏土、黏土质页岩、黄土等)主要提供$SiO_2$、$Al_2O_3$以及$Fe_2O_3$。有时两种原料化学组成不能满足要求，还要加入少量校正原料(如黄铁矿渣)等调整。生产硅酸盐水泥原料的化学组成列于表3-1。

**硅酸盐水泥生产原料的化学组成** 表3-1

| 氧化物名称 | 化学成分 | 常用缩写 | 大致含量(%) |
|---|---|---|---|
| 氧化钙 | CaO | C | 62～67 |
| 氧化硅 | $SiO_2$ | S | 19～24 |
| 氧化铝 | $Al_2O_3$ | A | 4～7 |
| 氧化铁 | $Fe_2O_3$ | F | 2～5 |

(2)硅酸盐水泥生产工艺概述

硅酸盐水泥的生产过程是：

①把几种原材料按适当比例配合在粉磨机中磨成生料。

②将制备好的生料入窑进行煅烧，至1 450℃左右生成以硅酸钙为主要成分的硅酸盐水泥“熟料”。

③为调节水泥的凝结速度，在烧成的熟料中加入3%左右的石膏共同磨细，即为硅酸盐水泥。

因此，硅酸盐水泥生产工艺概括起来为“两磨一烧”。其生产流程示意图如图3-1所示。

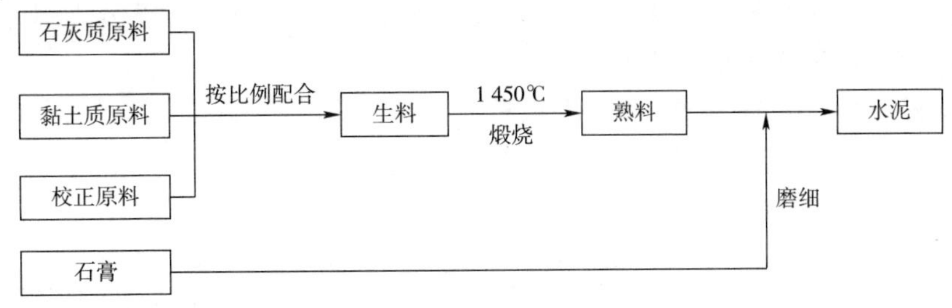


图3-1 水泥生产流程示意图

2)硅酸盐水泥的化学成分和矿物组成

(1)硅酸盐水泥的矿物组成

硅酸盐水泥的主要化学成分是氧化钙(CaO)、氧化硅($SiO_2$)、氧化铝($Al_2O_3$)和氧化铁($Fe_2O_3$)。经过高温煅烧后，CaO、$SiO_2$、$A1_2O_3$、$Fe_2O_3$四种成分化合为熟料中的主要矿物组成如下：

硅酸三钙($3CaO \cdot SiO_2$，简式为$C_3S$)；

硅酸二钙($2CaO \cdot SiO_2$,简式为$C_2S$);

铝酸三钙($3CaO \cdot Al_2O_3$,简式为$C_3A$);

铁铝酸四钙($4CaO \cdot Al_2O_3 \cdot Fe_2O_3$,简式为$C_4AF$)。

硅酸盐水泥熟料4种主要矿物化学组成与含量列于表3-2。

**硅酸盐水泥熟料的矿物组成** 表3-2

| 矿物组成 | 化学组成 | 常用缩写 | 大致含量(%) |
| --- | --- | --- | --- |
| 硅酸三钙 | $3CaO \cdot SiO_2$ | $C_3S$ | 35~65 |
| 硅酸二钙 | $2CaO \cdot SiO_2$ | $C_2S$ | 10~40 |
| 铝酸三钙 | $3CaO \cdot Al_2O_3$ | $C_3A$ | 0~15 |
| 铁铝酸四钙 | $4CaO \cdot Al_2O_3 \cdot Fe_2O_3$ | $C_4AF$ | 5~15 |

(2)水泥熟料主要矿物组成的性质

①硅酸三钙。它是硅酸盐水泥中最主要的矿物组分,其含量通常在50%左右,它对硅酸盐水泥的性质有重要的影响。硅酸三钙水化速度较快,水化热高,且早期强度高,28d强度可达一年强度的70%~80%。

②硅酸二钙。它在硅酸盐水泥中的含量为10%~40%,也为主要矿物组分。遇水时对水反应较慢,水化热很低,硅酸二钙的早期强度较低而后期强度高。耐化学侵蚀性和干缩性较好。

③铝酸三钙。它在硅酸盐水泥中的含量通常在15%以下。它是4种组分中遇水反应速度最快,水化热最高的组分。铝酸三钙的含量决定水泥的凝结速度和释热量。通常为调节水泥凝结速度需掺加石膏或硅酸三钙与石膏形成的水化产物,对提高水泥早期强度起一定作用。铝酸三钙耐化学侵蚀性差,干缩性大。

④铁铝酸四钙。它在硅酸盐水泥中通常含量为5%~15%。遇水反应较快,水化热较高。强度较低,但对水泥抗折强度起重要作用。耐化学侵蚀性好,干缩性小。

(3)水泥熟料主要矿物组成的性质比较

硅酸盐水泥熟料中这4种矿物组成的主要特性是:

①反应速度。$C_3A$最快,$C_3S$较快,$C_4AF$也较快,$C_2S$最慢。

②释热量。$C_3A$最大,$C_3S$较大,$C_4AF$居中,$C_2S$最小。

③强度。$C_3S$最高,$C_2S$早期低,但后期增长率较大。故$C_3S$和$C_2S$为水泥强度主要来源。$C_3A$强度不高,$C_4AF$含量对抗折强度有利。

④耐化学侵蚀性。$C_4AF$最优,其次为$C_2S$、$C_3S$,$C_3A$最差。

⑤干缩性。$C_4AF$和$C_2S$最小,$C_3S$居中,$C_3A$最大。

硅酸盐水泥主要矿物组成的特性归纳见表3-3。

**硅酸盐水泥主要矿物组成与特性** 表3-3

| 矿物组成 | | 硅酸三钙($C_3S$) | 硅酸二钙($C_2S$) | 铝酸三钙($C_3A$) | 铁铝酸四钙($C_4AF$) |
| --- | --- | --- | --- | --- | --- |
| 与水反应速度 | | 中 | 慢 | 快 | 中 |
| 水化热 | | 中 | 低 | 高 | 中 |
| 对强度的作用 | 早期 | 良 | 差 | 良 | 良 |
| | 后期 | 良 | 优 | 中 | 中 |
| 耐化学侵蚀 | | 中 | 良 | 差 | 优 |
| 干缩性 | | 中 | 小 | 大 | 小 |

水泥中矿物成分水化后抗压强度和释热量随龄期的增长如图 3-2 和图 3-3 所示。

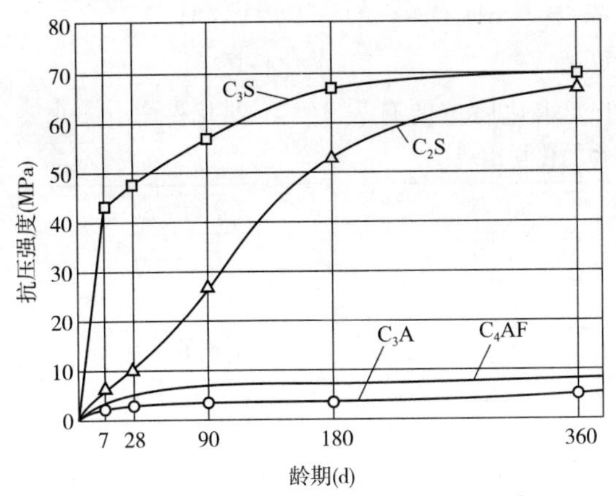

图 3-2 水泥熟料矿物在不同龄期的抗压强度

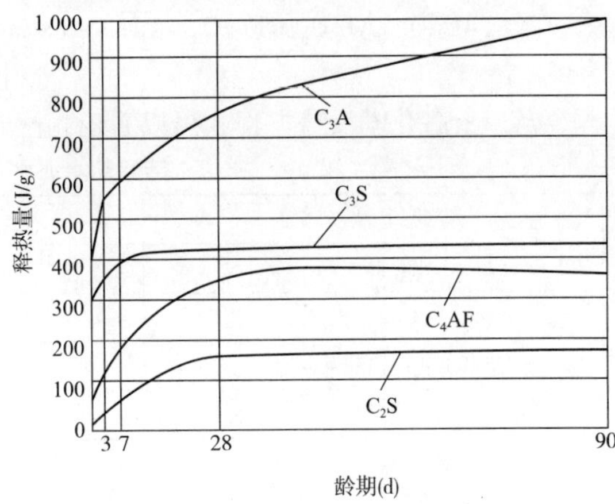

图 3-3 水泥熟料矿物在不同龄期的释热量

水泥是由多种矿物组分组成的,改变各矿物组分的含量比例以及它们之间的匹配,则可生产各种性能各异的水泥。例如,提高 $C_3S$ 含量可制得高强度水泥;降低 $C_3S$、$C_3A$ 含量,提高 $C_2S$ 含量则可制得低热大坝水泥;提高 $C_4AF$ 和 $C_3S$ 含量则可制得较高抗折强度的道路硅酸盐水泥。

3)硅酸盐水泥的凝结和硬化

水泥加水拌和后成为可塑的水泥浆,由于水泥的水化作用,水泥浆逐渐变稠、失去流动性和可塑性而具有强度的过程,称为水泥的"凝结";随后产生强度逐渐发展,成为坚硬的人造石的过程,称为水泥的"硬化"。凝结和硬化是人为划分的两个阶段,实际上是一个连续而复杂的物理化学变化过程。

水泥遇水后,发生下列水化反应:

(1)硅酸三钙

$$\underset{\text{硅酸三钙}}{3CaO \cdot SiO_2} + nH_2O \rightarrow \underset{\text{水化硅酸钙}}{xCaO \cdot SiO_2 \cdot yH_2O} + \underset{\text{氢氧化钙}}{(3-x)Ca(OH)_2} \tag{3-1}$$

(2)硅酸二钙

$$\underset{\text{硅酸二钙}}{2CaO \cdot SiO_2} + mH_2O \rightarrow \underset{\text{水化硅酸钙}}{xCaO \cdot SiO_2 \cdot yH_2O} + \underset{\text{氢氧化钙}}{(2-x)Ca(OH)_2} \tag{3-2}$$

(3)铝酸三钙

$$3CaO \cdot A1_2O_3 + 6H_2O \rightarrow \underset{\text{水化铝酸钙}}{3CaO \cdot A1_2O_3 \cdot 6H_2O} \tag{3-3}$$

$C_3A$ 在纯水中反应可生成水化铝酸钙,但这些水化物都是不稳定的,不是最后的生成物,在有石膏存在的情况下,其水化反应为:

$$3CaO \cdot A1_2O_3 + \underset{\text{石膏}}{3\ CaSO_4 \cdot 2H_2O} + 26H_2O \rightarrow \underset{\text{三硫型水化硫铝酸钙(钙矾石)}}{3CaO \cdot A1_2O_3 \cdot 3CaSO_4 \cdot 32H_2O} \tag{3-4}$$

当石膏消耗完毕后,水泥中尚未水化的 $C_3A$ 与式(3-4)中钙矾石($AF_t$)生成单硫型水化硫铝酸钙($AF_m$)。

$$3CaO \cdot A_2O_3 \cdot 3CaSO_4 \cdot 32H_2O + 2[3CaO \cdot A1_2O_3] + 4H_2O \rightarrow \underset{\text{单硫型水化硫铝酸钙}}{3[3CaO \cdot A1_2O_3 \cdot CaSO_4 \cdot 12H_2O]} \tag{3-5}$$

(4)铁铝酸四钙

$$4CaO \cdot Al_2O_3 \cdot Fe_2O_3 + 7H_2O \rightarrow \underset{\text{水化铝酸钙}}{3CaO \cdot Al_2O_3 \cdot 6H_2O} + \underset{\text{水化铁酸钙}}{CaO \cdot Fe_2O_3 \cdot H_2O} \tag{3-6}$$

从以上各化学反应方程式可以看出，硅酸盐水泥水化后主要有表3-4所列几种水化产物。

**硅酸盐水泥水化产物的化学组成** 表3-4

| 水化产物名称 | 化学组成 | 常用缩写 |
| --- | --- | --- |
| 水化硅酸钙 | $xCaO \cdot SiO_2 \cdot yH_2O$ | C－S－H |
| 氢氧化钙 | $Ca(OH)_2$ | CH |
| 三硫型水化硫铝酸钙(钙矾石) | $3CaO \cdot Al_2O_3 \cdot 3CaSO_4 \cdot 32H_2O$ | $C_3A_3CS \cdot H_{32}$(或 $AF_t$) |
| 单硫型水化硫铝酸钙(单硫盐) | $3CaO \cdot Al_2O_3 \cdot CaSO_4 \cdot 12H_2O$ | $C_3ACS \cdot H_{12}$(或 $AF_m$) |
| 三硫型水化铁铝酸钙 | $3CaO(Al_2O_3,Fe_2O_3) \cdot 3CaSO_4 \cdot 32H_2O$ | $C_3(A,F)3CSH_{32}$ |
| 单硫型水化铁铝酸钙 | $3CaO(Al_2O_3,Fe_2O_3) \cdot CaSO_4 \cdot 12H_2O$ | $C_3(AF)CSH_{12}$ |

充分水化的水泥浆体中，主要水化产物为水化硅酸钙(C－S－H)凝胶约占70%，氢氧化钙(CH)结晶约占20%，钙矾石($AF_t$)和单硫盐($AF_m$)约占7%，其余是未水化的水泥和次要组分。

4)硅酸盐水泥的技术性质和技术标准

(1)技术性质

按照我国现行国家标准《通用硅酸盐水泥》(GB 175—2007)规定，硅酸盐水泥的技术性质包括下列项目：

①化学性质

水泥的化学指标主要是控制水泥中有害的化学成分含量，若超过最大允许限量，即意味着对水泥性能和质量可能产生有害或潜在的影响。

a. 氧化镁含量。在水泥熟料中，常含有少量未与其他矿物结合的游离氧化镁，这种多余的氧化镁是高温时形成的方镁石，它水化为氢氧化镁的速度很慢，常在水泥硬化以后才开始水化，产生体积膨胀，可导致水泥石结构产生裂缝甚至破坏，因此它是引起水泥安定性不良的原因之一。我国现行标准《通用硅酸盐水泥》(GB 175—2007)规定，水泥中氧化镁的含量不宜超过5.0%。如果水泥经压蒸安定性试验合格，则水泥中氧化镁的含量允许放宽到6.0%。

b. 三氧化硫含量。水泥中的三氧化硫主要是在生产时为调节凝结时间加入石膏而产生的。石膏超过一定限量后，水泥性能会变坏，甚至引起硬化后水泥石体积膨胀，导致结构物破坏。《通用硅酸盐水泥》(GB 175—2007)规定，水泥中三氧化硫的含量不得超过3.5%。

c. 烧失量。水泥煅烧不佳或受潮后，均会导致烧失量增加。烧失量测定是以水泥试样在950～1 000℃下灼烧15～20min冷却至室温称量。如此反复灼烧直至恒重，计算灼烧前后质量损失百分率。《通用硅酸盐水泥》(GB 175—2007)规定，Ⅰ型硅酸盐水泥的烧失量不得大于3.0%；Ⅱ型硅酸盐水泥的烧失量不得大于3.5%。普通硅酸盐水泥的烧失量不得大于5.0%。

d. 不溶物。水泥中不溶物是用盐酸溶解滤去不溶残渣，经碳酸钠处理再用盐酸中和，高温灼烧至恒重后称量，灼烧后不溶物质量占试样总质量比例为不溶物。《通用硅酸盐水泥》(GB 175—2007)规定，Ⅰ型硅酸盐水泥中不溶物不得超过0.75%，Ⅱ型硅酸盐水泥中不溶物不得超过1.50%。

②物理性质

a. 细度。细度是指水泥颗粒粗细的程度。细度越细，水泥与水起反应的面积越大，水化越充分,水化速度越快。所以,相同矿物组成的水泥,细度越大,早期强度越高,凝结速度越快,析水量减少。实践表明,细度提高,可使水泥混凝土的强度提高,工作性能得到改善。但是,水泥细度提高,在空气中的硬化收缩也较大,使水泥发生裂缝的可能性增加。因此,对水泥细度必须予以合理控制。水泥细度有两种表示方法:

Ⅰ.筛析法。以 80μm 方孔筛上的筛余量百分率表示。我国现行行业标准《公路工程水泥及水泥混凝土试验规程》(JTG E30—2005)规定,筛析法有负压筛法和水筛法两种,有争议时,以负压筛法为准。

Ⅱ.比表面积法。以每千克水泥总表面积($m^2$)表示,其测定采用勃氏透气法。《通用硅酸盐水泥》(GB 175—2007)规定,硅酸盐水泥细度比表面积大于 $300m^2/kg$,普通硅酸盐水泥、矿渣硅酸盐水泥、火山灰硅酸盐水泥和粉煤灰硅酸盐水泥在 80μm 方孔筛筛余不得超过 10.0%。

b.水泥净浆标准稠度。为使水泥凝结时间和安定性的测定结果具有可比性,在此两项测定时必须采用标准稠度的水泥净浆。《公路工程水泥及水泥混凝土试验规程》(JTG E30—2005)规定,水泥净浆标准稠度的标准测定方法为试杆法,以标准试杆沉入净浆,并距离底板(6±1)mm 的水泥净浆稠度为"标准稠度",其拌和用水量为该水泥标准稠度用水量 $p$,按水泥质量的百分比计;以试锥法(调整水量法和不变水量法)为代用法,采用调整水量法测定标准稠度用水量时,拌和水量应按经验确定加水量;采用不变水量法测定时,拌和水量为 142.5mL,水量精确到 0.5mL。如发生争议时,以调整水量法为准。

c.凝结时间。水泥的凝结时间是从加水开始到水泥浆失去可塑性所需时间,分为初凝时间和终凝时间。

初凝时间是指水泥全部加入水中至初凝状态所经历的时间,用"min"计。初凝状态是指试针自由沉入标准稠度的水泥净浆,试针至距底板(4±1)mm 时的稠度状态。终凝时间是指由水泥全部加入水中至终凝状态所经历的时间,用"min"计。终凝状态是指试针沉入试体 0.5mm,即环形附件开始不能在试体上留下痕迹时的稠度状态。

水泥的凝结时间对水泥混凝土的施工有重要意义。初凝时间太短,将影响混凝土拌和料的运输和浇灌;终凝时间过长,则影响混凝土工程的施工进度。《通用硅酸盐水泥》(GB 175—2007)规定,硅酸盐水泥初凝不得早于 45min,终凝不得迟于 6.5h。普通硅酸盐水泥初凝不得早于 45min,终凝不得迟于 10h。

d.体积安定性。水泥体积安定性是反映水泥浆在凝结、硬化过程中,体积膨胀变形的均匀程度。各种水泥在凝结硬化过程中,如果产生不均匀变形或变形太大,使构件产生膨胀裂缝,就是水泥体积安定性不良,影响工程质量。

影响体积安定性的因素主要为:熟料中氧化镁和氧化钙含量;水泥中三氧化硫含量。

按《公路工程水泥及水泥混凝土试验规程》(JTG E30—2005)规定:检验水泥体积安定性的标准法为雷氏法,以试饼法为代用法,有矛盾时以标准法为准。

Ⅰ.雷氏法是将标准稠度的水泥净浆装于雷氏夹的环形试模中,经湿养 24h 后,在沸煮箱中加热(30±5)min 至沸,继续恒沸 3h±5min。测定试件两指针尖端距离,两个试件在沸煮后,针尖端增加的距离平均值不大于 5.0mm 时,即认为该水泥安定性合格。

Ⅱ.试饼法是将水泥拌制成标准稠度的水泥净浆,制成直径 70~80mm,中心厚约 10mm 的试饼,在湿气养护箱中养护 24h,然后在沸煮箱中加热(30±5)min 至沸,然后恒沸 3h±5min,最后根据试饼有无弯曲、裂缝等外观变化,判断其安定性。

e.强度。强度是水泥技术要求中最基本的指标,也是水泥的重要技术性质之一。

水泥强度除了与水泥本身的性质(熟料矿物成分、细度等)有关外,并与水灰比、试件制作方法、养护条件和时间有关。按《公路工程水泥及水泥混凝土试验规程》(JTG E30—2005)规定,用水泥胶砂强度法作为水泥强度的标准检验方法。此方法是以1:3的水泥和中国ISO标准砂,按规定的水灰比为0.5,用标准制作方法,制成40mm×40mm×160mm的标准试件,达到规定龄期(3d,28d)时,测其抗折强度和抗压强度,按国家标准《通用硅酸盐水泥》(GB 175—2007)规定的最低强度值来评定其所属强度等级。

在进行水泥胶砂强度试验时,要用到中国ISO标准砂。此砂的粒径为0.08~2.0mm,分粗、中、细三级,各占三分之一。其中粗砂为1.0~2.0mm;中砂为0.5~1.0mm;细砂为0.08~0.5mm。ISO标准砂颗粒分布见表3-5。

**ISO标准砂颗粒分布** 表3-5

| 方孔边长(mm) | 累计筛余(%) | 方孔边长(mm) | 累计筛余(%) |
|---|---|---|---|
| 2.0 | 0 | 0.5 | 67±5 |
| 1.6 | 7±5 | 0.16 | 87±5 |
| 1.0 | 33±5 | 0.08 | 99±1 |

Ⅰ.水泥强度等级。按规定龄期抗压强度和抗折强度来划分,硅酸盐水泥各龄期强度不低于表3-6所列数值。在规定各龄期的抗压强度和抗折强度均符合某一强度等级的最低强度值要求时,以28d抗压强度值(MPa)作为强度等级,硅酸盐水泥强度等级分为42.5、42.5R、52.5、52.5R、62.5、62.5R共6个强度等级。

**硅酸盐水泥的强度指标** 表3-6

| 品　种 | 强度等级 | 抗压强度(MPa) | | 抗折强度(MPa) | |
|---|---|---|---|---|---|
| | | 3d | 28d | 3d | 28d |
| 硅酸盐水泥 | 42.5 | 17.0 | 42.5 | 3.5 | 6.5 |
| | 42.5R | 22.0 | 42.5 | 4.0 | 6.5 |
| | 52.5 | 23.0 | 52.5 | 4.0 | 7.0 |
| | 52.5R | 27.0 | 52.5 | 5.0 | 7.0 |
| | 62.5 | 28.0 | 62.5 | 5.0 | 8.0 |
| | 62.5R | 32.0 | 62.5 | 5.5 | 8.0 |

水泥28d以前强度称为早期强度,28d及其以后强度称为后期强度。

Ⅱ.水泥型号。为提高水泥早期强度,我国现行标准将水泥分为普通型和早强型(或称R型)两个型号。早强型水泥3d的抗压强度较同强度等级的普通型强度提高10%~24%;早强型水泥的3d抗压强度可达28d抗压强度的50%,水泥混凝土路面用水泥,在供应条件允许时,应尽量优先选用早强型水泥,以缩短混凝土养护时间,提早通车。

为了确保水泥在工程中的使用质量,生产厂在控制出厂水泥28d的抗压强度时,均留有一定的富裕强度。在设计混凝土强度时,可采用水泥实际强度。通常富余强度系数为1.00~1.13。

(2)技术标准

硅酸盐水泥的技术标准,按《通用硅酸盐水泥》(GB 175—2007)的有关规定列于表3-7。

我国现行国家标准《通用硅酸盐水泥》(GB 175—2007)规定:凡氧化镁、三氧化硫、初凝时间、安定性中的任一项不符合标准规定(见表3-7),均为废品。凡细度、终凝时间、不溶物和烧失量中的任一项不符合标准规定,或混合材料掺加量超过最大限量,或强度低于规定指标时,称为不合格品。废品水泥在工程中严禁使用。

**硅酸盐水泥的技术标准** 表 3-7

| 技术标准 | 细度比表面积 ($m^2/kg$) | 凝结时间 (min) | | 安定性(沸煮法) | 抗压强度 (MPa) | 不溶物 (%) | | 水泥中 MgO (%) | 水泥中 $SO_3$ (%) | 烧失量 (%) | | 水泥中碱含量按 $Na_2O+0.658K_2O$ 计 (%) |
|---|---|---|---|---|---|---|---|---|---|---|---|---|
| | | 初凝 | 终凝 | | | Ⅱ型 | Ⅱ型 | | | Ⅱ型 | Ⅱ型 | |
| 指标 | >300 | ≥45 | ≤390 | 必须合格 | 见表 3-6 | ≤0.75 | ≤1.5 | 5.0① | ≤3.5 | ≤3.0 | ≤3.5 | 0.60② |
| 试验方法 | GB/T 8074—2008 | GB/T 1346—2011 | | GB/T 750 | GB/T 17671—1999 | GB/T 176 | | | | | | |

注:①如果水泥经压蒸安定性试验合格,则水泥中 MgO 含量允许放宽到 6.0%。

②水泥中碱含量按 $Na_2O+0.658K_2O$ 计算值来表示,若使用活性集料,用户要求低碱水泥时,水泥中碱含量不得大于 0.60% 或由供需双方商定。

5)硅酸盐水泥石的腐蚀和防治

(1)水泥石的腐蚀

用硅酸盐类水泥配制成的混凝土在正常环境中,水泥石强度将持续增长,但在某些环境中水泥石的强度反而降低,甚至引起混凝土结构物的破坏,这种现象称为水泥石的腐蚀。水泥石的腐蚀一般有以下几种类型:

①淡水溶析性侵蚀

又称溶出性侵蚀或溶析性侵蚀。就是混凝土在凝结过程中的水泥水化产物被淡水溶解而带走的一种侵蚀现象。

在硅酸盐水泥的水化产物中,$Ca(OH)_2$在水中的溶解度最大,首先被溶出。在水量小、静水或无压情况下,由于 $Ca(OH)_2$的迅速溶出,周围的水很快饱和,溶出作用很快就终止。但在大量或流动的水中,由于 $Ca(OH)_2$不断被溶析,不仅混凝土的密度和强度降低,还会导致水化硅酸钙和水化铝酸钙的分解,最终可能引起结构物的破坏。

②硫酸盐的侵蚀

海水、沼泽水、工业污水中,常含有易溶的硫酸盐类,它们与水泥石中的氢氧化钙反应生成石膏,石膏在水泥石孔隙中结晶时体积膨胀,且石膏与水泥中的水化铝酸钙作用,生成水化硫铝酸钙(即钙矾石),其体积可增大 1.5 倍,使水泥石产生很大的内应力,导致混凝土结构物的强度降低,甚至破坏。

③镁盐侵蚀

在海水、地下水或矿泉水中,常含有较多的镁盐,如氯化镁、硫酸镁。镁盐与水泥石中的氢氧化钙反应生成无胶结能力、极易溶于水的氯化钙,或生成二水石膏导致水泥石结构破坏。

④碳酸侵蚀

在工业污水或地下水中常溶解有较多的二氧化碳($CO_2$),$CO_2$与水泥石中的氢氧化钙作用,生成不溶于水的碳酸钙,碳酸钙再与水中的碳酸作用生成易溶于水的碳酸氢钙,其可溶性使水泥石的强度下降。

(2)水泥石腐蚀的防治

①根据腐蚀环境特点,合理选用水泥品种

选用硅酸三钙含量低的水泥,使水化产物中 $Ca(OH)_2$ 的含量减少,可提高抗淡水侵蚀能力;选用铝酸三钙含量低的水泥,则可降低硫酸盐的腐蚀作用。

②提高水泥石的密实度

水泥石内部存在的孔隙是水泥石产生腐蚀的内因之一。通过采取诸如合理设计混凝土配合比、降低水灰比、合理选择集料、掺外加剂及改善施工方法等,可以提高水泥石的密实度,增强其抗腐蚀能力。另外,也可以对水泥石表面进行处理,如碳化等,增加其表层密实度,从而达到防腐的目的。

③敷设耐蚀保护层

当腐蚀作用较强时,可在混凝土表面敷设一层耐腐蚀性强且不透水的保护层,通常可采用耐酸石料、耐酸陶瓷、玻璃、塑料或沥青等。

2. 普通硅酸盐水泥

凡由硅酸盐水泥熟料,6% ~15% 混合材料,适量石膏磨细制成的水硬性胶凝材料,称为普通硅酸盐水泥(简称普通水泥),代号 P·O。活性混合材料的最大掺量不得超过水泥质量的15%,其中容许用不超过水泥质量5%的窑灰或不超过水泥质量10%的非活性混合材料来代替。掺非活性混合材料时,最大掺量不得超过水泥质量的10%。

普通水泥由于掺加混合材料的数量少,性质与不掺混合材料的硅酸盐水泥相近。普通硅酸盐水泥的强度等级分为32.5、32.5R、42.5、42.5R、52.5、52.5R共6个强度等级。各强度等级在规定龄期的抗压强度和抗折强度不得低于表3-8所示的值,其他技术性能要求见表3-9。

**普通硅酸盐水泥各龄期强度** 表3-8

| 品种 | 强度等级 | 抗压强度(MPa) | | 抗折强度(MPa) | |
|---|---|---|---|---|---|
| | | 3d | 28d | 3d | 28d |
| 普通硅酸盐水泥 | 32.5 | 11.0 | 32.5 | 2.5 | 5.5 |
| | 32.5R | 16.0 | 32.5 | 3.5 | 5.5 |
| | 42.5 | 16.0 | 42.5 | 3.5 | 6.5 |
| | 42.5R | 21.0 | 42.5 | 4.0 | 6.5 |
| | 52.5 | 22.0 | 52.5 | 4.0 | 7.0 |
| | 52.5R | 26.0 | 52.5 | 5.0 | 7.0 |

**普通硅酸盐水泥的技术指标** 表3-9

| 技术性能 | 细度(80μm方孔筛)的筛余量(%) | 凝结时间 | | 安定性(沸煮法) | 强度(MPa) | 水泥中MgO(%) | 水泥中$SO_3$(%) | 烧失量(%) | 碱含量(%) |
|---|---|---|---|---|---|---|---|---|---|
| | | 初凝(min) | 终凝(h) | | | | | | |
| 指标 | ≤10 | ≥45 | ≤10 | 必须合格 | 见表3-8 | ≤5.0 | ≤3.5 | ≤5.0 | 0.60 |
| 试验方法 | GB/T 1345 | GB/T 1346 | | GB/T 1346<br>GB/T 750 | GB/T 17671 | GB/T 176 | | | |

3. 矿渣硅酸盐水泥

1)矿渣硅酸盐水泥的定义

凡由硅酸盐水泥熟料和粒化高炉矿渣,适量石膏磨细制成的水硬性胶凝材料称为矿渣硅酸盐水泥(简称矿渣水泥),代号 P·S。水泥中粒化高炉矿渣掺加量按质量百分比计为 20% ~70%。允许用石灰石、窑灰、粉煤灰和火山灰混合材料中的一种材料代替矿渣,代替数量不得超过水泥质量的 8%,替代后水泥中粒化高炉矿渣不得少于 20%。

2)矿渣硅酸盐水泥的水化和硬化过程

矿渣硅酸盐水泥加水后,水化反应是分两步进行的。首先是熟料矿物水化,生成水化硅酸钙、水化铝酸钙、水化铁酸钙、氢氧化钙、水化硫铝酸钙等水化物;其次 $Ca(OH)_2$起着碱性激发剂的作用,与矿渣中的活性 $SiO_2$和活性 $Al_2O_3$作用,形成具有胶凝性能的水化硅酸钙和水化铝酸钙等水化产物。两次反应是交替进行而又相互制约的。由于二次反应消耗了水泥熟料的水化生成物,因此又加速了熟料的水化反应。

矿渣中的 $C_2S$ 也和熟料中的 $C_2S$ 一样参与水化作用,生成水化硅酸钙。

矿渣硅酸盐水泥中加入的石膏,一方面可调节水泥熟料的凝结时间,另一方面也是矿渣的硫酸盐激发剂,与水化铝酸钙结合,生成水化硫铝酸钙。如掺量适当可加速矿渣的水化,但若掺量过多,会降低水泥的质量。

3)矿渣硅酸盐水泥的性能和应用

由于矿渣硅酸盐水泥中水泥熟料含量比硅酸盐水泥少,并掺有大量的粒化高炉矿渣,因此与硅酸盐水泥相比,矿渣硅酸盐水泥的性能及应用具有以下特点:

(1)抗软水及硫酸盐腐蚀的能力较强

矿渣硅酸盐水泥中熟料相对减少,$C_3S$ 和 $C_2S$ 的含量也随之减少,其水化所析出的$Ca(OH)_2$比硅酸盐水泥少,而且矿渣中活性 $SiO_2$、$Al_2O_3$与 $Ca(OH)_2$作用又消耗了大量的 $Ca(OH)_2$,这样水泥石中 $Ca(OH)_2$就更少了,因此提高了抗软水及硫酸盐腐蚀的能力。但因起缓冲作用的 $Ca(OH)_2$较少,抵抗酸性水和镁盐腐蚀的能力不如普通硅酸盐水泥。

矿渣硅酸盐水泥适用于要求耐淡水腐蚀和耐硫酸盐侵蚀的水工或海港工程。

(2)水化热低

矿渣硅酸盐水泥中,熟料减少,相对降低了 $C_3S$ 和 $C_3A$ 的含量,水化和硬化过程较慢,因此水化热比普通硅酸盐水泥小,宜用于大体积工程。

(3)早期强度低,后期强度高

矿渣硅酸盐水泥的水化过程首先是熟料的水化,矿渣活性组分的水化要在熟料水化产物 $Ca(OH)_2$的激发下进行。矿渣水泥中熟料含量少,而且常温下化合反应缓慢,因此强度增长速度较缓慢。到后期随着水化硅酸钙凝胶数量的增多,28d 以后的强度将超过强度等级相同的硅酸盐水泥。矿渣掺入量越多,早期强度越低,后期强度增长率越大。此外,矿渣硅酸盐水泥的水化反应对温度敏感,提高养护温度、湿度,有利于强度发展。若采用蒸汽养护,强度增长较普通硅酸盐水泥快,且后期强度仍能很好地增长。

矿渣硅酸盐水泥不宜用在温度太低、养生条件差的工程。

(4)耐热性较强

矿渣硅酸盐水泥中的 $Ca(OH)_2$ 含量较低,且矿渣本身又是水泥的耐热掺料,故具有较好的耐热性,适用于受热(200℃以下)的混凝土工程。还可掺入耐火砖粉等配制成耐热混凝土。

(5)干缩性较大

矿渣硅酸盐水泥中混合材料掺量较大,且磨细粒化高炉矿渣有尖锐棱角,故标准稠度需水量较大,保持水分能力较差,泌水性较大,因而干缩性较大,如养护不当,则易产生裂缝。因此矿渣水泥的抗冻性、抗渗性和抵抗干湿交替的性能均不及普通硅酸盐水泥,且碱度低,抗碳化能力差。

4. 火山灰质硅酸盐水泥

1）火山灰质硅酸盐水泥的定义

凡由硅酸盐水泥熟料和火山灰质混合材料，适量石膏磨细制成的水硬性胶凝材料称为火山灰质硅酸盐水泥（简称火山灰水泥），代号P·P。水泥中火山灰质混合材料掺量按质量百分比计为20%～50%。

2）火山灰质硅酸盐水泥的水化和硬化过程

火山灰水泥的水化和硬化过程及水化产物均与矿渣水泥相类似。水泥加水后，先是熟料矿物水化，水化生成的$Ca(OH)_2$再与火山灰质混合材料中的活性$SiO_2$和活性$A1_2O_3$等产生二次反应，生成以水化硅酸钙为主的一系列水化产物。火山灰质混合材料品种多，组成与结构差异大，虽然各种火山灰水泥的水化、硬化过程基本相似，但水化速度和水化产物等却随着混合材料、硬化环境和水泥熟料的不同而发生变化。

3）火山灰质硅酸盐水泥的性能和应用

（1）火山灰水泥凝结硬化缓慢，早期强度低，后期强度高。火山灰水泥的凝结硬化过程对环境温度、湿度变化较为敏感，故火山灰水泥宜用蒸汽或压蒸养护，不宜用于有早强要求及低温工程中。

（2）火山灰水泥具有良好的抗渗性、耐水性及一定的抗腐蚀能力。火山灰水泥在硬化过程中形成了大量的水化硅酸钙凝胶，提高了水泥石的致密程度，从而提高了抗渗性、耐水性及抗硫酸盐侵蚀性，且由于氢氧化钙含量低，因而有良好的抗淡水侵蚀性。故火山灰水泥宜用于抗渗性要求较高的工程。但是当混合材料中活性氧化铝含量较多时，则抗硫酸盐腐蚀能力较差。

（3）火山灰水泥保水性差，在干燥环境中将由于失水而使水化反应停止，强度不再增长，且由于水化硅酸钙凝胶的干燥将产生收缩和内应力，使水泥石产生很多细小的裂缝。在表面则由于水化硅酸钙抗碳化能力差，使水泥石表面产生“起粉”现象。因此，火山灰水泥不宜用于干燥环境中的地上工程。

（4）火山灰水泥具有较低的水化热，适用于大体积工程。

此外，这种水泥需水量大，收缩大，抗冻性差，使用时需引起注意。

5. 粉煤灰硅酸盐水泥

1）粉煤灰硅酸盐水泥的定义

凡由硅酸盐水泥熟料和粉煤灰，适量石膏磨细制成的水硬性胶凝材料称为粉煤灰硅酸盐水泥（简称粉煤灰水泥），代号P·F。水泥中粉煤灰掺量按质量百分比计为20%～40%。

2）粉煤灰硅酸盐水泥的水化和硬化过程

粉煤灰水泥的水化和硬化过程与矿渣水泥相似，但也有不同之处。粉煤灰的活性组分主要是玻璃体（玻璃珠或空心玻璃珠），这种玻璃体比较稳定而且结构致密，不易水化。在$Ca(OH)_2$的激发作用下，经过28d到3个月的水化龄期，才能在玻璃体表面形成水化硅酸钙和水化铝酸钙。

3）粉煤灰硅酸盐水泥的性能和应用

（1）粉煤灰水泥的凝结硬化慢，早期强度低，后期强度高，甚至可以赶上或明显超过硅酸盐水泥。粉煤灰活性越高，细度越细，则强度增长速度越快。因此，这种水泥宜用于承受荷载较迟的工程。

(2)粉煤灰颗粒比表面积较小,吸附水的能力较小,因而这种水泥干缩小,抗裂性较强。

(3)粉煤灰水泥泌水较快,易引起失水裂缝,故应在硬化早期加强养护,并采取一定的工艺措施。

另外,粉煤灰水泥还有一些与火山灰水泥类似的特性,如水化热小,抗硫酸盐腐蚀能力强及抗冻性差等特点。因此,粉煤灰水泥除同样能用于工业与民用建筑外,还非常适用于大体积水工混凝土以及水中结构、海港工程等。

粉煤灰水泥水化产物的碱度低,不宜用于有抗碳化要求的工程。

我国现行国家标准《通用硅酸盐水泥》(GB 175—2007),对矿渣硅酸盐水泥、火山灰质硅酸盐水泥和粉煤灰硅酸盐水泥的技术性质要求见表3-10。这三种水泥分为32.5、32.5R、42.5、42.5R、52.5、52.5R共6个强度等级。其各龄期强度值见表3-11。

**矿渣硅酸盐水泥、火山灰质硅酸盐水泥及粉煤灰硅酸盐水泥技术指标** 表3-10

| 技术性能 | 细度(80μm方孔筛)的筛余量(%) | 凝结时间 | | 安定性(沸煮法) | 强度(MPa) | 水泥中MgO(%) | 水泥中$SO_3$(%) | | 碱含量按$Na_2O+0.658K_2O$计(%) |
|---|---|---|---|---|---|---|---|---|---|
| | | 初凝(min) | 终凝(h) | | | | 矿渣水泥 | 火山灰、粉煤灰水泥 | |
| 指标 | ≤10 | ≥45 | ≤10 | 必须合格 | 见表3-11 | ≤5.0 | ≤4.0 | ≤3.5 | 供需双方商定 |
| 试验方法 | GB/T 1345 | GB/T 1346 | | GB/T 1346<br>GB/T 750 | GB/T 17671 | GB/T 176 | | | |

注:①如果水泥经压蒸安定性试验合格,则水泥中MgO含量允许放宽到6.0%;

②若使用碱活性集料需要限制水泥中碱含量时,由供需双方商定。

**矿渣硅酸盐水泥、火山灰质硅酸盐水泥和粉煤灰硅酸盐水泥各龄期强度** 表3-11

| 强度等级 | 抗压强度(MPa) | | 抗折强度(MPa) | |
|---|---|---|---|---|
| | 3d | 28d | 3d | 28d |
| 32.5 | 10.0 | 32.5 | 2.5 | 5.5 |
| 32.5R | 15.0 | 32.5 | 3.5 | 5.5 |
| 42.5 | 15.0 | 42.5 | 3.5 | 6.5 |
| 42.5R | 19.0 | 42.5 | 4.0 | 6.5 |
| 52.5 | 21.0 | 52.5 | 4.0 | 7.0 |
| 52.5R | 23.0 | 52.5 | 4.5 | 7.0 |

6.5种水泥的特性及适用范围

硅酸盐水泥、普通硅酸盐水泥、矿渣硅酸盐水泥、火山灰质硅酸盐水泥、粉煤灰硅酸盐水泥5种水泥是在土建工程中应用最广的品种。工程中使用这些水泥时,应根据环境条件和工程特点,合理选择水泥品种。此5种水泥的特性及适用范围列于表3-12。

7.复合硅酸盐水泥

凡由硅酸盐水泥熟料,两种或两种以上规定的混合材料,适量石膏磨细制成的水硬性胶凝材料,称为复合硅酸盐水泥(简称复合水泥),代号P·C。水泥中混合材料总掺加量按质量百分比计应大于15%，但不超过50%。水泥中允许用不超过8%的窑灰代替部分混合材料，掺矿渣时混合材料掺量不得与矿渣硅酸盐水泥重复。

**5种水泥的主要特性及适用范围** 表3-12

<table>
<tr><td colspan="2">名称</td><td colspan="2">硅酸盐水泥</td><td>普通硅酸盐水泥</td><td>矿渣硅酸盐水泥</td><td>火山灰质硅酸盐水泥</td><td>粉煤灰硅酸盐水泥</td></tr>
<tr><td colspan="2" rowspan="2">简称</td><td colspan="2">硅酸盐水泥</td><td rowspan="2">普通水泥</td><td rowspan="2">矿渣水泥</td><td rowspan="2">火山灰水泥</td><td rowspan="2">粉煤灰水泥</td></tr>
<tr><td>Ⅰ型</td><td>Ⅱ型</td></tr>
<tr><td colspan="2">代号</td><td>P·I</td><td>P·Ⅱ</td><td>P·O</td><td>P·S</td><td>P·P</td><td>P·F</td></tr>
<tr><td colspan="2">密度($g/cm^3$)</td><td colspan="2">3.00～3.15</td><td>3.00～3.15</td><td>2.80～3.10</td><td>2.80～3.10</td><td>2.80～3.10</td></tr>
<tr><td colspan="2">堆积密度($g/cm^3$)</td><td colspan="2">1 000～1 600</td><td>1 000～1 600</td><td>1 000～1 200</td><td>900～1 000</td><td>900～1 000</td></tr>
<tr><td rowspan="9">特性</td><td>1. 硬化</td><td colspan="2">快</td><td>较快</td><td>慢</td><td>慢</td><td>慢</td></tr>
<tr><td>2. 早期强度</td><td colspan="2">高</td><td>较高</td><td>低</td><td>低</td><td>低</td></tr>
<tr><td>3. 水化热</td><td colspan="2">高</td><td>高</td><td>低</td><td>低</td><td>低</td></tr>
<tr><td>4. 抗冻性</td><td colspan="2">好</td><td>好</td><td>差</td><td>差</td><td>差</td></tr>
<tr><td>5. 耐热性</td><td colspan="2">差</td><td>较差</td><td>好</td><td>较差</td><td>较差</td></tr>
<tr><td>6. 干缩性</td><td colspan="2">较小</td><td>较小</td><td>较大</td><td>较大</td><td>较小</td></tr>
<tr><td>7. 抗渗性</td><td colspan="2">较好</td><td>较好</td><td>差</td><td>较好</td><td>较好</td></tr>
<tr><td>8. 耐蚀性</td><td colspan="2">较差</td><td>较差</td><td>较强</td><td colspan="2">除混合材料含$Al_2O_3$较多者、抗硫酸盐腐蚀性较弱，一般均较强</td></tr>
<tr><td>9. 泌水性</td><td colspan="2">较小</td><td>较小</td><td>明显</td><td>小</td><td>小</td></tr>
<tr><td colspan="2">适用条件</td><td colspan="3">（1）一般地上工程，无腐蚀、无压力水作用的工程；<br>（2）要求早期强度较高和低温施工无蒸汽养护的工程；<br>（3）有抗冻性要求的工程</td><td>（1）一般地上、地下和水中工程；<br>（2）有硫酸盐侵蚀的工程；<br>（3）大体积混凝土工程；<br>（4）有耐热性要求的工程；<br>（5）有蒸汽养护工程</td><td>除不适于有耐热性要求的工程外，其他与矿渣水泥相同</td><td>同火山灰水泥</td></tr>
<tr><td colspan="2">不适用条件</td><td colspan="3">（1）大体积混凝土工程；<br>（2）有腐蚀作用和压力水作用的工程</td><td>（1）要求早期强度高的工程；<br>（2）有耐冻性要求的工程</td><td>（1）与矿渣水泥各项相同；<br>（2）干热地区和耐磨性要求较高的工程</td><td>（1）与矿渣水泥各项相同；<br>（2）有抗碳化要求的工程</td></tr>
</table>

《通用硅酸盐水泥》（GB 175—2007）规定水泥强度等级分为32.5、32.5R、42.5、42.5R、52.5、52.5R。其各龄期强度不得低于表3-13的规定。

复合硅酸盐水泥各龄期强度　　表3-13

| 强度等级 | 抗压强度(MPa) | | 抗折强度(MPa) | |
|---|---|---|---|---|
| | 3d | 28d | 3d | 28d |
| 32.5 | 11.0 | 32.5 | 2.5 | 5.5 |
| 32.5R | 16.0 | 32.5 | 3.5 | 5.5 |
| 42.5 | 16.0 | 42.5 | 3.5 | 6.5 |
| 42.5R | 21.0 | 42.5 | 4.0 | 6.5 |
| 52.5 | 22.0 | 52.5 | 4.0 | 7.0 |
| 52.5R | 26.0 | 52.5 | 5.0 | 7.0 |

## 二、任务实施

### 实训项目一:水泥细度试验

(一)负压筛法

1. 目的与适用范围

水泥的细度影响水泥的技术性质,相同矿物成分的熟料,水泥越细强度越高(特别是早期强度),凝结时间越快,安定性越好;但水泥过细,提高了生产成本,且储运过程易受潮。

适用于硅酸盐水泥、普通水泥、矿渣水泥、火山灰水泥、粉煤灰水泥以及指定采用本方法的其他品种水泥。

2. 仪器设备

1)负压筛

(1)负压筛由圆形筛框和筛网组成,筛网为金属丝编织方孔筛,方孔边长0.080mm,负压筛应附有透明筛盖,筛盖与筛上口应有良好的密封性,如图3-4所示。

(2)筛网应紧绷在筛框上,筛网和筛框接触处,应用防水胶密封,防止水泥嵌入。

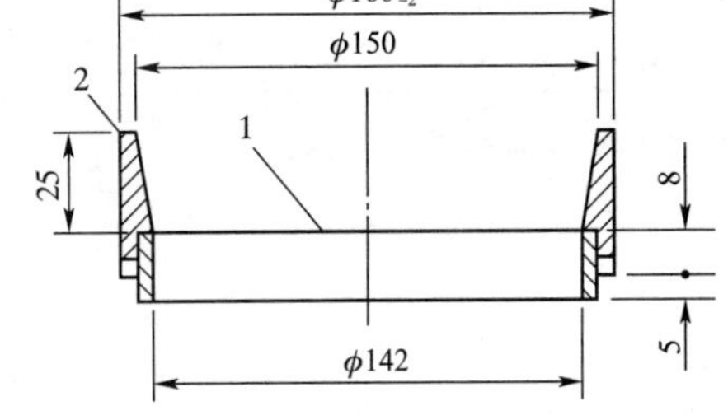


图3-4　负压筛(尺寸单位:mm)
1-筛网;2-筛筐

2)负压筛析仪

(1)负压筛析仪由筛座、负压筛、负压源及收尘器组成,其中筛座由转速为(30±2)r/min的喷气嘴、负压表、控制板、微电机及壳体等部分构成。

(2)筛析仪负压可调范围为4 000~6 000Pa。

(3)喷气嘴上口平面与筛网之间距离为2~8mm。

(4)负压源和收尘器,由功率600W的工业吸尘器和小型旋风收尘筒或由其他具有相当功能的设备组成。

3)天平

最大称量为100g,分度值不大于0.05g。

3. 试验步骤

(1)筛析试验前,应把负压筛放在筛座上,盖上筛盖,接通电源,检查控制系统,调节负压至4 000~6 000Pa;

(2)水泥样品应充分拌匀,通过0.9mm方孔筛。称取试样25g,置于洁净的负压筛中,盖上筛盖,放在筛座上,开动筛析仪连续筛析2min,在此期间如有试样附着在筛盖上,可轻轻地敲击,使试样落下。筛毕,用天平称取筛余物。

(3)当工作负压小于4 000Pa时,应清理吸尘器内水泥,使负压恢复正常。

4. 数据整理

水泥试样筛余百分数 $F$ 按下式计算:

$$F = \frac{m_s}{m} \times 100 \tag{3-7}$$

式中:$F$——水泥试样筛余百分数(%);

$m_s$——水泥筛余物的质量(g);

$m$——水泥试样的质量(g)。

结果计算至0.1%。

(二)水筛法

1. 仪器设备

(1)标准筛:如图3-5所示,采用方孔边长0.080mm金属丝网筛布,筛框有效直径125mm;高80mm。筛布应紧绷在筛框上,接缝处应用防水胶密封。

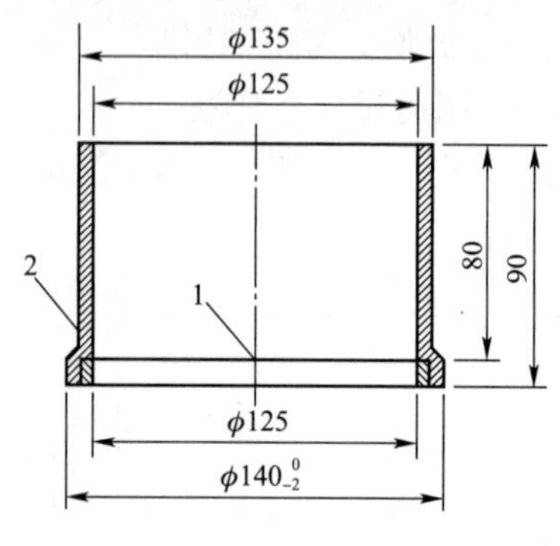


图3-5 水筛(尺寸单位:mm)
1-筛网;2-筛筐

(2)水筛架:用于支撑筛子,并带动筛子转动,转速约50r/min。

(3)喷嘴:直径55mm,面上均匀分布90个孔,孔径为0.5~0.7mm,安装高度离筛布50mm为宜。

(4)天平:最大称量100g,分度值不大于0.05g。

2. 试验步骤

(1)筛析试验前,应检查水中无泥、砂,调整好水压及水筛架的位置,使其能正常运转,喷嘴底面和筛网之间距离为35~75mm。

(2)水泥样品应充分拌匀,通过0.9mm方孔筛。称取试样50g,置于洁净的水筛中,立即用淡水冲洗至大部分细粉通过后,放在水筛架上,用水压为(0.05±0.02)MPa的喷头连续冲洗3min。筛毕,用少量水把筛余物冲至蒸发器中,等水泥颗粒全部沉淀后,小心倒出清水,烘干并用天平称量筛余物。

结果计算与负压筛法相同。

### 实训项目二:水泥标准稠度用水量与凝结时间试验

1. 试验目的和适用范围

检验水泥的凝结时间与体积安定性时,水泥浆的稠度影响试验结果,为便于比较,规定用标准稠度的水泥净浆试验。所以,测凝结时间与安定性之前,先要测定水泥标准稠度用水量。

适用于硅酸盐水泥、普通水泥、矿渣水泥、火山灰水泥、粉煤灰水泥以及指定采用本方法的其他品种水泥。

2. 仪器设备

(1)水泥净浆标准稠度与凝结时间测定仪:该仪器由铁座与可以自由滑动的金属圆棒构成,用松紧丝调整金属棒的高低。金属棒上附有指针,利用量程为0~75mm的标尺指示金属棒下降距离。

测定标准稠度时,试锥法(代表法)金属棒下装一金属空心试锥,锥底直径40mm,高

50mm，装净浆用的锥模，上口内径60mm，锥高75mm。

标准法维卡仪：如图3-6所示，标准稠度测定用试杆有效长度为(50 ±1)mm，由直径为$\phi$(10 ±0.05)mm的圆柱形耐腐蚀金属制成。测定凝结时间取下试杆，用试针代替试杆。试针由不锈钢制成，其有效长度初凝针为(50 ±1)mm、终凝针为(30 ±1)mm、直径为$\phi$(1.13 ±0.05)mm的圆柱体。滑动部分的总质量为(300 ±1)g。与试杆、试针联结的滑动杆表面应光滑，能靠重力自由下落，不得有紧涩和旷动现象。

盛装水泥净浆的试模[图3-6a)]应由耐腐蚀的、有足够硬度的金属制成，试模为深(40 ±0.2)mm、顶内径$\phi$(65 ±0.5)mm、底内径$\phi$(75 ±0.5)mm的截顶圆锥体，每只试模应配备一个大于试模、厚度≥2.5mm的平板玻璃底板。

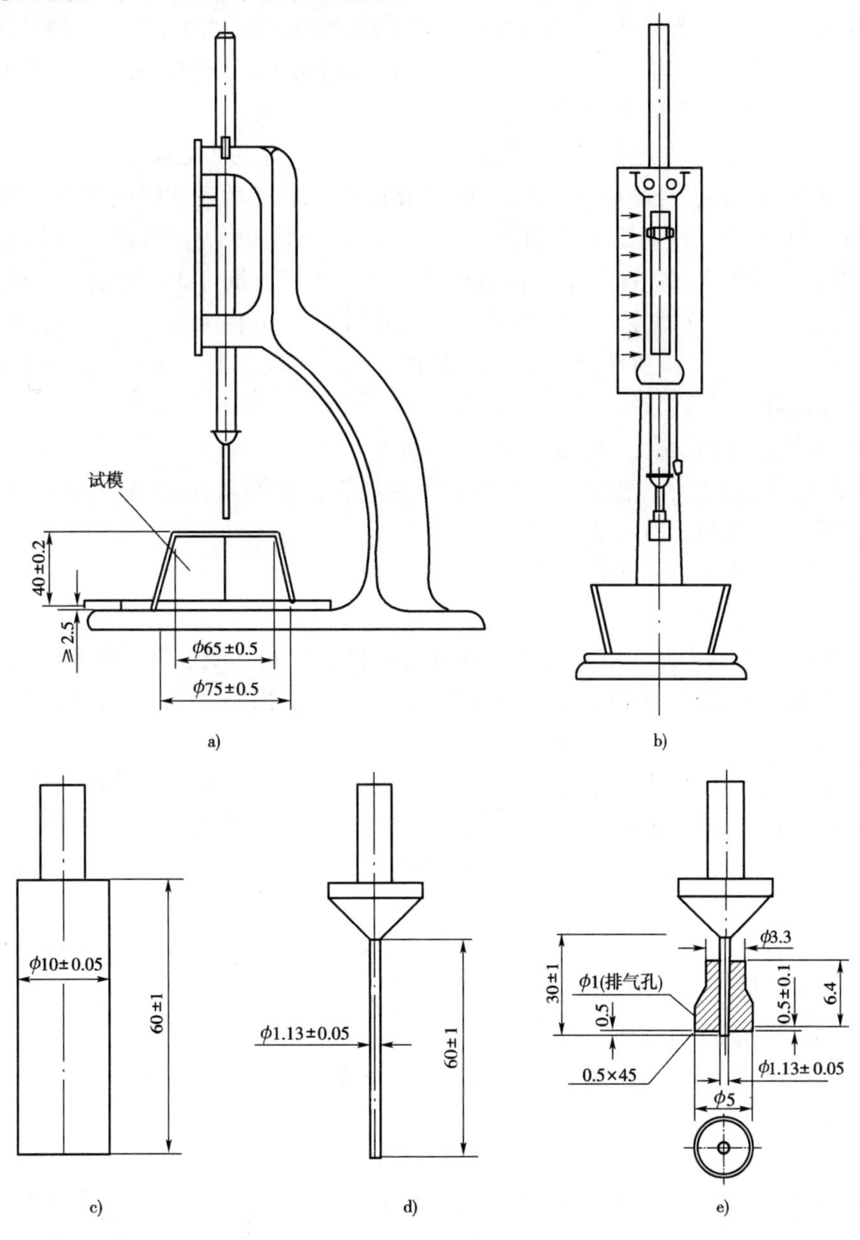


图3-6　测定水泥标准稠度和凝结时间的维卡仪

a)初凝时间测定；b)终凝时间测定；c)维卡仪试杆；d)初凝针；e)终凝针

(2)净浆搅拌机:符合 GB 3350.8《水泥物理检验仪器水泥净浆搅拌机》的要求。

(3)湿气养护箱:应使温度控制在(20 ±1)℃,相对湿度大于90%。

(4)天平:称量精确至1g。

(5)量水器:最小刻度为0.1mL,精度1%。

3. 试验步骤

1)标准稠度用水量的测定(标准法)

(1)测定前准备工作。检查维卡仪的金属棒能否自由滑动;调整至试杆接触玻璃板时指针对准零点;搅拌机运行正常。

(2)水泥净浆的拌制。用水泥净浆搅拌机搅拌,搅拌锅和搅拌叶片先用湿布擦过,将拌和水倒入搅拌锅内,然后在5~10s内小心将称好的500g水泥加入水中,防止水和水泥溅出;拌和时,先将锅放在搅拌机的锅座上,升至搅拌位置,启动搅拌机,低速搅拌120s,停150s,同时将叶片和锅壁上的水泥浆刮入锅中间,接着高速搅拌120s停机。

(3)标准稠度用水量的测定。拌和结束后,立即将拌制好的水泥净浆装入已置于玻璃板上的试模中,用小刀插捣,轻轻振动数次,刮去多余的净浆;抹平后迅速将试模和底板移到维卡仪上,并将其中心定在试杆下,降低试杆直至与水泥净浆表面接触,拧紧螺钉1~2s后,突然放松,使试杆垂直自由沉入水泥净浆中。在试杆停止沉入或释放试杆30s时记录试杆距底板之间的距离,拔起试杆后,立即擦净;整个操作应在搅拌后1.5min内完成。以试杆沉入净浆并距底板(6 ±1)mm的水泥净浆为标准稠度净浆,其拌和水量为该水泥的标准稠度用水量 $P$,按水泥质量的百分比计。

2)标准稠度用水量的测定(代用法)

(1)试验前的准备工作。检查维卡仪的金属棒能否自由滑动;调整至试锥杆接触玻璃板时指针对准零点;搅拌机运行正常。

(2)水泥净浆的拌制与标准法相同。

(3)标准稠度的测定:

①采用代用法测定水泥标准稠度用水量可用调整水量和不变水量两种方法的任一种测定。采用调整水量方法时,拌和水量按经验确定加水量;采用不变水量方法时,拌和水量用142.5mL。

②拌和结束后,立即将拌制好的水泥净浆装入锥模中,用小刀插捣,轻轻振动数次,刮去多余的净浆;抹平后迅速放到试锥下面固定位置上,将试锥降至净浆表面,拧紧螺钉1~2s后,突然放松,让试锥垂直自由沉入水泥净浆中。到试锥停止下沉或释放试锥30s时记录试锥下沉深度,整个操作应在搅拌后1.5min内完成。

③用调整水量方法测定时,以试锥下沉深度(28 ±2)mm时的净浆为标准稠度净浆。其拌和水量为该水泥的标准稠度用水量 $P$,按水泥质量的百分比计。如下沉深度超出范围需另称试样,调整水量,重新试验,直至达到(28 ±2)mm为止。

④用不变水量方法测定时,根据测得的试锥下沉深度 $S$(mm),按下式(或仪器上对应标尺)计算得到标准稠度用水量 $P$(%)。

$$P = 33.4 - 0.185 \times S \tag{3-8}$$

代入式(3-9),可计算出达到标准稠度所需要的拌和用水量:

$$P = \frac{m_w}{m_c} \times 100 \tag{3-9}$$

式中：$m_w$——达到标准稠度所需要的拌和用水量(g)；

$m_c$——水泥用量(500g)。

当试锥下沉深度小于13mm时，应改用调整水量法测定。

3)凝结时间的测定

(1)测定前准备工作。调整凝结时间测定仪的试针接触玻璃板时的指针对准零点。

(2)试件的制备。以标准稠度净浆一次装满试模，振动数次刮平，立即放入湿气养护箱中。记录水泥全部加入水中的时间作为凝结时间的起始时间。

(3)初凝结时间的测定：试件在湿气养护箱中养护至加水后30min时进行第一次测定，测定时，从湿气养护箱中取出试模放到试针下，降低试针与水泥净浆表面接触。拧紧螺钉1～2s，突然放松，试针垂直自由地沉入水泥净浆。观察试针停止下沉或释放试针30s时指计的读数。当试针沉至距底板(4±1)mm时，为水泥达到初凝状态。由水泥全部加入水中至初凝状态的时间为水泥的初凝时间，用“min”表示。

(4)终凝时间的测定。为了准确观测试针沉入的状况，在终凝针上安装了一个环形附件[图3-6e)]，在完成初凝时间测定后，立即将试模连同浆体以平移的方式从玻璃板取出，翻转180°，直径大端向上、小端向下放在玻璃板上，再放入湿气养护箱中继续养护，临近终凝时间每隔15min测定一次。当试针沉入试体0.5mm时，即环形附件开始不能在试体上留下痕迹时，为水泥达到终凝状态，由水泥全部加入水中至终凝状态的时间为水泥终凝时间，用“min”表示。

(5)测定时应注意，在最初测定的操作时应轻轻扶持金属柱，使其徐徐下降，以防试针撞弯，但结果以自由下落为准；在整个测试过程中试针沉入的位置至少要距试模内壁10mm，临近初凝时，每隔5min测定一次，临近终凝时每隔15min测定一次，到达初凝或终凝时立即重复测一次，当两次结论相同时才能定为到达初凝或终凝状态。每次测定不能让试针落入原针孔，每次测试完毕须将试针擦净并将试模放回湿气养护箱内，整个测试过程要防止试模受振。

注：可以使用能得出与标准中规定方法相同结果的凝结时间自动测定仪，使用时不必翻转试体。

### 实训项目三：水泥安定性的测定

1.试验目的和适用范围

由于水泥成分中含有游离氧化钙、氧化镁及三氧化硫等，这些成分在水泥硬化过程中熟化缓慢。当混凝土产生强度后，仍继续熟化，引起混凝土膨胀而使建筑物开裂。

安定性的测定方法可以用试饼法，也可以用雷氏法，有争议时以雷氏法为准。试饼法是观察水泥净浆试饼沸煮后的外形变化来检验水泥的体积安定性；雷氏法是测定水泥净浆在雷氏夹中沸煮后的膨胀值。

本方法适用于硅酸盐水泥、普通水泥、矿渣水泥、粉煤灰水泥、火山灰水泥以及指定采用本方法的其他品种水泥。

2.仪器设备

(1)沸煮箱。有效容积约为410mm×240mm×310mm，篦板结构应不影响试验结果，篦板与加热器之间的距离大于50mm。箱的内层由不易锈蚀的金属材料制成，能在(30±5)min内将箱内的试验用水由室温升至沸腾并可以保持沸腾状态3h以上，整个试验过程中不需补充水量。

(2)雷氏夹。其尺寸如图3-7所示，由铜质材料制成，当一根指针的根部先悬挂在一根金属丝或尼龙丝上，另一根针的根部再挂上 300g 质量的砝码时，两根指针的针尖距离增加应在(17.5±2.5)mm 范围之内，当去掉砝码后针尖的距离能恢复至挂砝码前的状态，如图 3-8 所示。

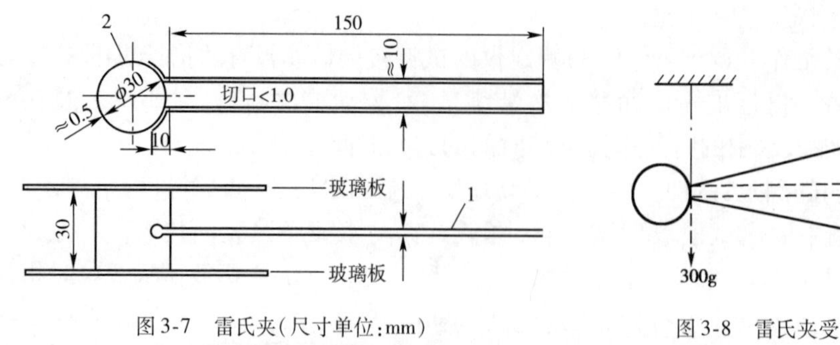


图 3-7 雷氏夹(尺寸单位:mm)
1-指针;2-环模

图 3-8 雷氏夹受力示意图

(3)雷氏夹膨胀值测定仪标尺最小刻度为 1mm，如图 3-9 所示。

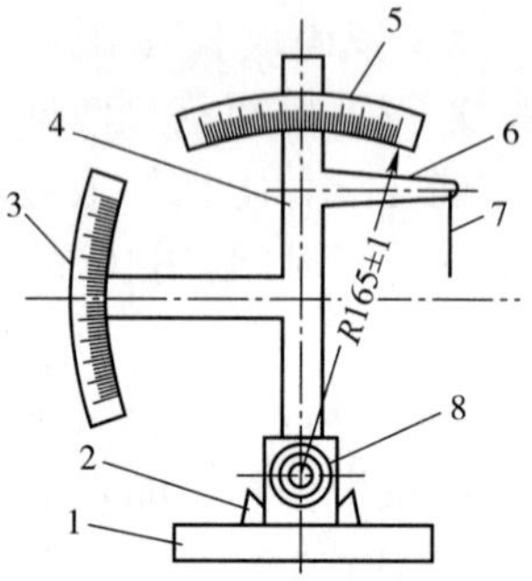

图 3-9 雷氏夹膨胀值测定仪
1-底座;2-模子座;3-测弹性标尺;4-立柱;5-测膨胀值标尺;6-悬臂;7-悬丝;8-弹簧顶钮

(4)玻璃板、镘刀、直尺。

(5)其他仪器设备与标准稠度用水量的测定相同。

3. 试验步骤

(1)采用雷氏夹测定时，每个雷氏夹需配备玻璃两块；若采用试饼法测定，需准备两块约 100mm×100mm 的玻璃板。每种方法每个试样需成型两个试件。与水泥净浆接触的玻璃板和雷氏表面都要稍涂上一层油。

(2)按标准稠度用水量的测定所用方法加水，按水泥净浆的拌制方法制备标准稠度净浆。

(3)试饼的成型方法。将制好的净浆取出一部分，分成两等份，使之呈球形，放在预先准备好的玻璃板上，轻轻振动玻璃板并用湿布擦净的小刀由边缘向中央抹动，做成直径 70~80mm、中心厚约 10mm、边缘渐薄、表面光滑的试饼，接着将试饼放在湿气养护箱内养护(24±2)h。

(4)雷氏夹试件的制备方法。将预先准备好的雷氏夹放在已稍擦油的玻璃板上，并立刻将已制好的标准稠度净浆装满试模。装模时一只手轻轻扶持试模，另一只手用宽约 10mm 的小刀插捣 15 次左右然后抹平，盖上稍涂油的玻璃板，接着立刻将试模移至湿气养护箱内养护(24±2)h。

(5)沸煮。

①调整好沸煮箱内的水位，使之在整个沸煮过程中都能没过试件，不需中途添补试验用水，同时保证水在(30±5)min 内加热水至沸腾，并恒沸 3h±5min。

②脱去玻璃板取下试件。当用试饼法测定时，先检查试饼是否完整(如已开裂、翘曲，要检查原因，确定无外因时，该试饼已属不合格品，不必沸煮)，在试饼无缺陷的情况下将试饼放在沸煮箱的水中篦板上，然后在(30±5)min 内加热至水沸腾，并恒沸 3h±5min。

当用雷氏法测定时，先测量试件指针尖端间的距离 $A$，精确到 0.5mm，接着将试件放入水中篦板上，指针朝上，试件之间互不交叉，然后在(30±5)min 内加热水至沸腾，并恒沸 3h±5min。

(6)结果判别。沸煮结束后，放掉箱中的热水，打开箱盖，等箱体冷却至室温，取出试件进行判别。

①若为试饼法，目测未发现裂缝，用直尺检查也没有弯曲的试饼为安定性合格；反之为不合格。当两个试饼判别结果有矛盾时，该水泥的安定性为不合格。

②若为雷氏夹，测量试件指针尖端间的距离 $C$，精确至0.5mm，当两个试件煮后增加的距离 $C-A$ 的平均值不大于5mm时，即认为该水泥安定性合格；当两个试件的 $C-A$ 值相差超过4mm时，应用同一样品立即重做一次试验。

**实训项目四：水泥胶砂软练法标准试件的制备及抗折、抗压强度的测定**

1. 试验目的和适用范围

水泥胶砂强度检验（ISO法）是为了确定水泥的强度等级。

本方法适用于硅酸盐水泥、普通水泥、矿渣水泥、火山灰水泥、粉煤灰水泥的抗折与抗压强度检验。凡指定采用本方法的其他品种水泥亦可适用。

2. 仪器设备

1）行星式水泥胶砂搅拌机

行星式水泥胶砂搅拌机（图3-10）由胶砂搅拌锅和搅拌叶片及相应的机构组成，搅拌锅可以随意挪动，但也可以很方便地固定在锅座上，而且搅拌时不会明显晃动和转动；搅拌叶片呈扇形，搅拌机除按顺时针自转外，也可沿锅周边逆时针公转，并且有高低两种速度，属行星式搅拌机。

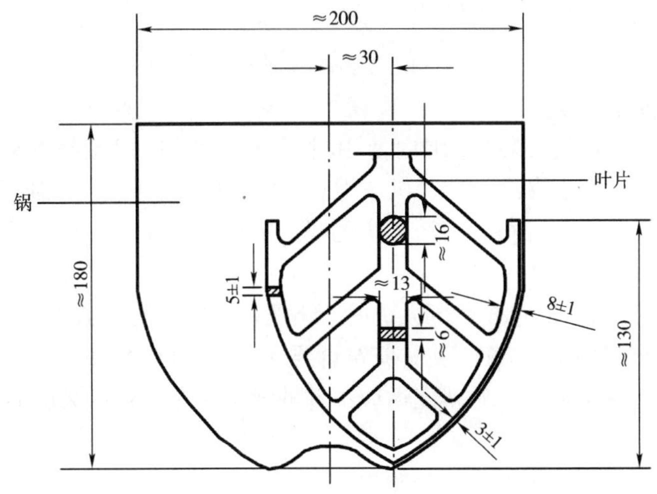

图3-10　搅拌机（尺寸单位：mm）

2）胶砂振实台

胶砂试体成型振实台（见图3-11）由可以跳动的台盘和使其跳动的轮等组成。台盘上有固定试模用的卡具，并连有两根起稳定作用的臂。轮由电机带动，通过控制器控制按一定的要求转动并保证使台盘平衡上升至一定高度后自由下落，其中心恰好与止动器撞击。卡具与模套连成一体，可沿与臂杆垂直方向向上转动不大于100°。

3）试模

试模由三个水平的模槽组成，可同时成型三条截面40mm×40mm×160mm的试件。

4）抗折试验机

通过三根圆柱轴的三个竖向平面平行，并在试验时继续保持平行和等距离垂直试体的方向，其中一根支撑圆柱和加荷圆柱能轻微倾斜，使圆柱与试体完全接触，以使荷载沿试体宽度方面均匀分布，同时不产生任何扭转应力。

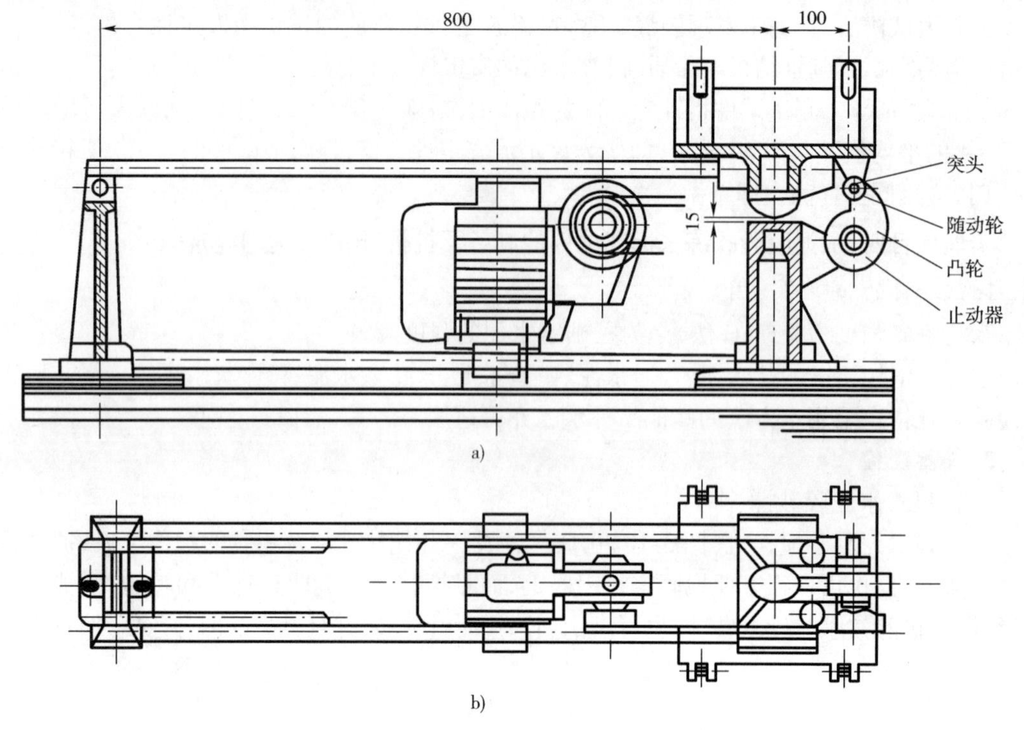


图 3-11 典型的振实台（尺寸单位：mm）

5）抗压强度试验机用夹具

抗压强度试验机，在较大量程范围内使用时，荷载应保证 ±1% 精度要求，能按（2 400 ± 200）N/s 的速率加荷。人工操纵的试验机应配有一个速度动态装置，以便于控制荷载增加。

压力机的活塞竖向轴在加荷时与压力机的竖向轴重合，活塞作用的合力要通过试件中心。压力机的下压板表面应与压力机的轴线垂直，并在加荷过程中一直保持不变。

当需要使用夹具时，应把它放在压力机的上下压板之间并与压力机处于同一轴线，以便将压力机的荷载传递至胶砂试件表面，夹具应符合要求，受压面积 40mm × 40mm。夹具要保持清洁，球座应能转动，上压板从一开始就能适应试件的形状并在试验中保持不变。

6）刮平直尺和播料器

控制料层厚度和锯割式刮平胶砂的专用工具。

7）其他

试验筛、天平、量筒等。

3. 试验步骤

1）试件成型

（1）成型前将试模擦净，应用黄油等密封材料涂覆试模的外接缝，试模的内表面应涂上一薄层机油。

（2）胶砂组成。

①标准砂。ISO 标准砂是由 $SiO_2$ 含量不低于 98% 的天然的圆形硅质砂组成，其颗粒分布应在规定的范围内。砂的含水率应小于 0.2%。

②水泥。水泥从取样到试验要超过 2h 以上时，应把它储存在密封的容器里。

③水。仲裁试验或重要试验用蒸馏水，其他试验可用饮用水。

(3)胶砂制备。

①成型三个试件所需材料量见表3-14。

每锅胶砂的材料数量 表3-14

| 水泥品种＼材料量 | 水泥(g) | 标准砂(g) | 水(g) |
|---|---|---|---|
| 硅酸盐水泥 | 450 ±2 | 1 350 ±5 | 225 ±1 |
| 普通硅酸盐水泥 | | | |
| 矿渣硅酸盐水泥 | | | |
| 粉煤灰硅酸盐水泥 | | | |
| 复合硅酸盐水泥 | | | |
| 火山灰硅酸盐水泥 | | | |

②水泥、砂、水和试验用具的温度与试验室相同,称量用的天平精度为±1g。

③每锅胶砂用搅拌机进行机械搅拌,先使搅拌机处于工作状态。水泥胶砂拌和的操作程序如下:先把水倒入锅内,再加入水泥,然后把锅放在固定架上,上升至固定位置后立即开动机器,低速搅拌30s后,在第二个30s开始的同时均匀地将砂加入,当各级砂是分装时,从最粗粒级开始,依次将所需的砂倒入锅内,高速拌和30s。停伴90s后,在第1个15s内用一胶皮刮具将叶片同锅壁上的胶砂刮入锅中间,再在高速下继续搅拌60s。各个搅拌阶段,时间误差应在±1s以内。

(4)试件制备。

胶砂拌和后应立即成型。先把空试模同模套固定在振实台上,用一个小勺从搅拌锅内将胶砂分两层装入试模。装第一层时,每个模里约放300g胶砂,用大播料器垂直架在模套顶部,沿每个模槽来回一次将料层播平,接着振实60次。再装入第二层胶砂,用小播料器播平,再振实60次,移走模套,从振实台上取下试模,用一金属直尺以近似90°的角度架在试模模顶的一端,然后沿试模长度方向以横向锯割动作慢慢向另一端移动,一次将超过试模部分的胶砂刮去,并用同一直尺以近乎水平的情况下将试体表面抹平。在试模上作标记或加字条对试件编号。

2)试样养护

(1)去掉留在试模四周的胶砂,立即将做好标记的试模放入雾室或湿箱的水平架子上养护,湿空气应能与试模各边接触。养护时不应将试模放在其他试模上,一直养护到规定的脱模时间时取出脱模。脱模前,用防水墨汁或颜料笔对试件进行编号或做其他标记,对两个龄期以上的试件,在编号时应将同一试模中的三条试体分在两个以上龄期内。

(2)脱模应非常小心。对于24h龄期的,应在破型试验间20min内脱模,对于24h以上龄期的,应在成型后20~24h之间脱模。

注:如经24h养护,会因脱模对强度造成损害时,可以延迟至24h以后脱模,但在试验报告中应予说明。

(3)将做好标记的试件立即水平或竖直放在(20±1)℃水中养护,水平放置时刮平面应朝下,试件放在不易腐蚀的篦子上,彼此间保持一定间距,以让水与试件的6个面接触。养护期间试件之间间隔或试件上表面的水深不得小于5mm。

注:不宜用木篦子。

每个养护池只养护同类型的水泥试件。最初用自来水装满养护池(或容器),随后随时加水保持适当的恒定水位。不允许在养护期间全部换水,除24h龄期或延迟至48h脱模的试件外,任何到龄期的试件在试验(破型)前15min从水中取出。揩去试件表面沉积物,并用湿布覆盖到试验为止。

(4)试件龄期是从水泥加水搅拌开始试验时算起,不同龄期强度试验在下列时间里进行:

24h ±15min　　48h ±30min　　72h ±45min　　7d ±2h　　28d ±8h

3)强度试验

(1)抗折强度测定

将试件的一个侧面放在试验机支撑圆柱上,试件长轴垂直于支撑圆柱,通过加荷圆柱以(50 ±10)N/s的速率均匀地将荷载垂直地加在棱柱体相对侧面上,直至折断。

保持两个半截棱柱体处于潮湿状态直至抗压试验。

抗折强度$R_f$以MPa表示,按下式计算:

$$R_{\mathrm{f}} = \frac{1.5FL}{B^3} \tag{3-10}$$

式中:$F$——破坏荷载(N);

$L$——支撑圆柱之间的距离(mm);

$B$——棱柱体正方形截面的边长(mm)。

(2)抗压强度测定

在半截柱体的侧面上进行,半截棱柱中心与压力机压板受压中心板受压中心差应在±0.5mm内,棱柱体露在压板外的部分约有10mm。抗压强度以MPa表示,按下式计算:

$$f_{\mathrm{ce,C}} = \frac{F_{\mathrm{C}}}{A} \tag{3-11}$$

式中:$f_{\mathrm{ce,C}}$——试件的抗压强度(MPa);

$F_{\mathrm{C}}$——试件破坏时的最大荷载(N);

$A$——试件受压部分面积,40mm ×40mm =1 600mm$^2$。

4.水泥的合格检验

(1)以一组三个棱柱体抗折结果的平均值作为试验结果。当三个强度值中有一个棱柱体抗折结果超出平均值±10%时,应剔除后再取平均值作为抗折强度试验结果。

(2)以一组三个棱柱体上得到的6个抗压强度测定值的算术平均值为试验结果。如6个测定值中有一个超出6个平均值的±10%,就应剔除这个结果,而以余下5个的平均数为结果,如果5个测定值中再有超过它们平均数±10%的值,则此组结果作废。

(3)各试体的抗折强度记录至0.1MPa,按规定计算平均值,计算精确到0.1MPa。各个半棱柱体得到的单个抗压强度结果至0.1MPa,按规定计算平均值,计算精确至0.1MPa。

(4)报告应包括所有各单个强度结果和计算出的平均值。

## 三、学习效果评价反馈

1.学生自评

每位学生根据本工作任务的学习目标,自主完成下述自测,并根据表3-15的要求,完成自我检验。

[自测1]试述硅酸盐水泥的水化和硬化机理。

[自测2]如何按技术性质来判定水泥为合格品、不合格品和废品?

学生自评表　　表 3-15

| 任务名称:水泥 | | | | | | | |
|---|---|---|---|---|---|---|---|
| 组号 | | 姓名 | | 学号 | | 自评成绩 | |
| 题号 | 自测 1 | | 自测 2 | 自测 3 | 自测 4 | 合计 | |
| 分数 | 20 | | 20 | 20 | 40 | 100 | |
| 得分 | | | | | | | |

[自测 3]什么是水泥的初凝和终凝？凝结时间对施工有何影响？

[自测 4]硅酸盐水泥熟料是由哪些矿物成分组成的？它们在水泥中的含量对水泥的强度、反应速度和释热量有何影响？

2. 任课教师评价

主讲教师根据学生的学习态度，对学生知识的掌握情况做出综合评价，按表 3-16 的要求，完成教师对学生的评价。

教师对学生的学习效果评价表　　表 3-16

| 组号 | | 姓名 | | 学号 | | 成绩 | |
|---|---|---|---|---|---|---|---|
| 任务名称:水泥 | | | | | | | |
| 评价内容 | | 评价依据 | | | | 分数 | 得分 |
| 学习态度情况 | | 上课纪律、学习主动性等评价 | | | | 20 | |
| 任务自测情况 | | 自测成果的正确性与准确性 | | | | 30 | |
| 作业质量 | | 准确、清晰 | | | | 20 | |
| 学生独立解决问题能力 | | 主要对学生的创新思维能力、组织能力，学生在遇到问题时的判断能力等评价 | | | | 30 | |
| 教师签名 | | 日期 | | | | 合计 | |

# 任务 2　水泥混凝土

## 一、相关知识

水泥混凝土是道路与桥梁工程建设中，应用最广泛、用量最大的建筑材料之一。随着现代高等级公路的发展，水泥混凝土与沥青混凝土一样，成为高等级路面的主要建筑材料。在现代公路桥梁中，钢筋混凝土桥是最主要的一种桥型，广泛应用于高等级公路和立交工程。

水泥混凝土是由水泥、水和粗、细集料按适当比例配合、拌制成拌和物，经一定时间硬化而成的人造石材。这种材料具有许多优点：具有较高的抗压强度，施工简单，可以浇筑成任意形状、不同强度、不同性能的建筑物，能适应各种环境，具有耐久、防渗、耐火、耐蚀、减少环境污染等特点，原材料来源广泛，价格低廉。因此，水泥混凝土已成为路桥工程的主要建筑材料。但水泥混凝土也存在着抗拉强度低、受拉时变形能力小、容易受温度湿度变化而开裂、自重大、拆除不易等缺点。

1. 水泥混凝土的分类

1)按表观密度分类

(1)普通混凝土。由天然砂、卵石或碎石为集料的混凝土，一般干表观密度约为2 400kg/m$^3$

(通常波动在2 350~2 500kg/$m^3$范围),是道路路面和桥梁结构中最常用的混凝土。

(2)轻混凝土。现代大跨度钢筋混凝土桥梁为减轻结构自重,往往采用各种轻集料配制成轻集料结构混凝土,达到轻质高强,以增大桥梁的跨度。这种混凝土通常干表观密度可以轻达1 900kg/$m^3$。

(3)重混凝土。为了屏蔽各种射线的辐射采用各种高密度集料配制的混凝土,这种混凝土的干表观密度可达3 200kg/$m^3$。

2)按强度分类

(1)低强度混凝土。抗压强度小于20MPa。

(2)中强度混凝土。抗压强度20~50MPa;中小桥涵工程一般都采用中强度混凝土。

(3)高强度混凝土。强度等级在C50~C80的混凝土称为高强混凝土。为了减轻自重、增大跨径,现代高架公路、立体交叉和大型桥梁等混凝土结构均采用高强混凝土。

①组成材料技术要求

a.优质高强水泥。高强混凝土用水泥的矿物成分中$C_3S$和$C_3A$含量应较高,特别是$C_3S$含量要高。水泥经两次振动磨细后,细度应达到4 000~6 000$cm^2$/g以上。

b.拌和水。采用磁化水拌和。磁化水是普通的水以一定速度流经磁场,由于磁化作用提高水的活性。用磁化水拌制混凝土,使水泥水化更完全、充分,因而可提高混凝土强度30%~50%。

c.硬质高强的集料。粗集料应使用质地坚硬、级配良好的碎石。集料的抗压强度应比所配制的混凝土强度高50%以上。含泥量应小于1%,针片状颗粒含量应小于5%,集料的最大粒径宜小于26.5mm。

d.外加剂。高强混凝土均采用减水剂及其他外加剂。应选用优质高效的减水剂。

②技术性能

a.高强度混凝土可有效地减轻自重。

b.可大幅度地提高混凝土的耐久性。

c.在大跨度的结构物中采用高强度混凝土可大大减少材料用量及成本,获得显著的经济效益。

3)按掺加的材料类型分类

(1)钢纤维混凝土

钢纤维混凝土是以水泥混凝土为基材与不连续而分散的纤维为增强材料所组成的一种复合材料。掺入的钢纤维可以改善混凝土的脆性,从而提高混凝土的抗拉强度和韧性。

①钢纤维混凝土的力学性能

a.弯拉强度同抗拉强度较高。

b.抵抗动载振动冲击能力很强。

c.具有极高的耐疲劳性能。

d.是有柔韧性的复合材料。

e.有抗冻胀和抗盐冻脱皮性能,但不耐锈蚀,用量大、价格高,热传导系数大,不适用于隔热要求的混凝土路面。

②钢纤维混凝土的组成设计

a.水灰比的确定和计算。根据混凝土配制弯拉强度计算水灰比且确定满足耐久性要求的水灰比。

b.确定钢纤维掺量体积率。由钢纤维混凝土板厚设计折减系数(0.65~0.70),钢纤维长径比 30～100，端锚外形等，由试验初选钢纤维掺量体积率，或由经验确定。

c. 根据路面不同摊铺方式所要求的坍落度确定单位用水量。

d. 计算单位水泥用量。桥面与路面钢纤维混凝土，单位水泥用量为 360～450kg/m³。但不宜大于 500kg/m³。

e. 确定砂率。一般采用 38%～50%，也可计算或试配调整后得到。

f. 按体积法或质量法确定粗、细集料用量。具体见普通水泥混凝土配合比设计。

g. 应根据工程要求进行抗压强度、弯拉强度及施工和易性等试验。

③工程应用

钢纤维与混凝土组成复合材料后，可使混凝土的抗弯拉强度、抗裂强度、韧性和冲击强度等性能得到改善，所以钢纤维混凝土广泛应用于道路与桥隧工程中，如机场道面、高等级路面、桥梁桥面铺装和隧道衬砌等工程。

(2) 粉煤灰泵送混凝土

泵送混凝土中掺加粉煤灰，扩大泵送适应范围，改善混凝土拌和物和易性，降低泵送压力，减少机械磨损，减少水泥用量，充分发挥混凝土后期强度。

(3) 无砂大孔混凝土

它由水泥、粗集料和水拌和而成。由于没有细集料，所以其中存在着大量较大的孔洞。与普通混凝土相比，具有以下优点：表观密度小，通常在1 400～1 900kg/m³之间，热传导系数小，水的毛细现象不显著，水泥用量少，混凝土侧压力小，可使用各种轻型模板，如钢丝网模板、胶合板模板等，表面存在蜂窝状孔洞，抹面施工方便，由于少用了一种材料（砂），简化了运输及现场管理，施工简便，靠自重落料即可成型，不需插捣，对工人技术水平要求不高。

4) 按混凝土的性能分类

(1) 流态混凝土

流态混凝土是在预拌的坍落度为 80～120mm 的基体混凝土拌和物中，加入外加剂——流化剂，经过二次搅拌，使基体混凝土拌和物的坍落度等于或大于 160mm，能自流填满模型或钢筋间隙的混凝土，又称超塑性混凝土。

①流态混凝土的组成材料

流态混凝土是由基体混凝土和流化剂组成的新型混凝土。

a. 基体混凝土组成。水泥用量一般不低于 300kg/m³，粗集料最大粒径不大于 19mm，细集料含有一定数量小于 0.3mm 的粉料，砂率通常可达 45% 左右。基体混凝土拌和物的坍落度值应与流化后拌和物的坍落度值相匹配，通常两值之差约 10cm。

b. 流化剂。属高效减水剂。流化剂的用量一般为水泥用量的 0.5%～0.7%，如超过 0.7% 坍落度并无明显增加，但易产生离析现象。

c. 掺和料。在流态混凝土中常掺加优质粉煤灰，可改善流动性、提高强度、节约水泥。

②流态混凝土的技术性能

a. 抗压强度。一般情况下，流态混凝土与基体混凝土相比较，同龄期的强度无甚差别。但是由于有些流化剂可起到一定早强作用，因而使流态混凝土的强度有所提高。

b. 弹性模量。掺加流化剂后，混凝土的弹性模量与抗压强度一样，未见有明显差别。

c. 与钢筋的黏结强度。由于流化剂使混凝土拌和物的流动性增加，所以流态混凝土较普通混凝土与钢筋的黏结强度有所提高。

d. 徐变和收缩。流态混凝土的徐变较基体混凝土稍大，而与普通大流动性混凝土接近。

流态混凝土收缩与流化剂的品种和掺加量有关。掺加缓凝型流化剂时，其收缩比基体混凝土大。

e. 抗冻性。流态混凝土的抗冻性比基体混凝土稍差，与大流动性混凝土接近。

f. 耐磨性。试验表明，流动性混凝土的耐磨性较基体混凝土稍差，作为路面混凝土应考虑提高耐磨性措施。

③工程应用

流态混凝土的流动性好，能自流填满模型或钢筋间隙，适于泵送，施工方便。由于使用流化剂，可大幅度降低水灰比而不需多用水泥，避免了水泥浆多带来的缺点，可制得高强、耐久、不渗水的优质混凝土，一般有早强和高强效果；流态混凝土流动度大，但无离析和泌水现象。

流态混凝土在道路与桥梁工程中的应用日益广泛。如越江隧道的水泥混凝土路面，斜拉桥的混凝土主塔，以及地铁的衬砌封顶等均须采用流态混凝土。

(2)干硬性混凝土

具有用水量小、水灰比小、含砂率小、快硬、高强、密实性好、抗冻性、抗渗性强、收缩小等特点，对节约水泥、提高质量、降低成本、提高模板周转率、保证工期等有十分重要的意义。

(3)贫混凝土

主要供道路路面结构的基层、底基层以及一些机场道面结构中使用。这种混凝土的集料的品质是经过配制和控制的，其主要特点是“贫”，也就是其水泥含量很低(典型值为 100 ~ 140kg/m$^3$)。

贫混凝土分两类：一是干贫混凝土；二是湿贫混凝土。前者是干硬性的，一般情况下不能用，只适于用振动式路碾或振动板使其密实。如用滑模摊铺机进行混凝土底基层铺筑，则需要很高的稠度。所以，一般用的较湿的、同样其水泥量也很低的混凝土就是湿贫混凝土。

彩色水泥混合料系由普通硅酸盐水泥或白色硅酸盐水泥、砂、碎石以及颜料、外加剂拌和而成的新型混合料。它通过一定的生产加工工艺，可制成色泽鲜明的彩色水泥净浆砂浆、混凝土预制成品供现场浇灌、修筑应用。

①原材料组成

彩色水泥混合料是以水泥(胶凝材料)、砂、碎石或白云石(集料)为主要成分，掺以颜料和其他外加剂配制而成，应用原材料性状分述如下：

a. 水泥。水泥作为胶凝材料，是保证强度、耐久性和胶结颜料、集料的主要原料。应用的水泥品种有白色硅酸盐水泥、矿渣硅酸盐水泥、普通硅酸盐水泥。上述水泥经测试，各项品质指标均应符合国家规定。

b. 集料。采用的集料有常规砂和碎石。在镶嵌式砌块中，还以白云石子作面层集料。集料在彩色混合料仍起骨料作用，但集料本身色泽深浅及表面粗糙程度还将直接影响彩色混合料中颜料的用量、效果和着色程度。

c. 颜料。颜料是彩色水泥混合料区分于普通水泥混合料的特征材料。要求有优异的染色、遮盖性能和分散性，而且在碱性条件下不得褪色变色，对用于长年经受风吹、日晒、雨淋的部位，还要求颜料有较好的耐水、耐候性。

②工程应用

彩色水泥混合料及其制品应用于城镇道路，建筑物面墙和室内地坪装饰，住宅区道路，名胜古迹、园林等游览区道路，停车场，游泳场休息地坪，或作为安全设施标志使用，也可用作桥面铺装、隧道路面或码头、港口、机场地坪，并可采用其多种色彩拼成图案，用以美化城市和周围环境。

(4)超塑早强混凝土

是指水泥、黄沙、碎石和水等在适当配合比下用搅拌机搅拌一定时间,再掺入适量早强剂、高效减水剂,经规定时间搅拌均匀而成的混凝土。

①组成材料

a. 水泥。对于超塑早强路面混凝土,它要求选择具有早强及后期强度发展保持稳定的水泥。如普通硅酸盐水泥、硅酸盐水泥、早强型硅酸盐水泥、早强型硫铝酸盐水泥,并且水泥的各项指标不低于国家的有关规定。

b. 细集料。混凝土用砂应具有高的密度和小的比表面积,以保证混凝土混合料有适宜的工作性,硬化后有足够的强度和耐久性,同时又能达到节约水泥的目的。超塑早强路面混凝土宜采用中砂。砂的质量必须符合《建设用砂》(GB/T 14684—2011)的各项指标。

c. 粗集料。粗集料的粒状以接近正立方体为佳。表面粗糙且多棱角的碎石集料,与水泥的黏结性能好。粗集料的级配可采用连续级配或间断级配。选用集料时应避免含有活性二氧化硅的岩石,防止产生"碱-集料反应"。

粗集料的质量必须符合《建设用卵石、碎石》(GB/T 14685—2011)的质量指标。

d. 外加剂。在超塑早强路面混凝土中,外加剂也是提高混凝土早期强度的一种有力措施。可以掺入各种外加剂,如早强减水剂、早强剂、缓凝剂、引气剂等。

e. 水。用于拌制和养护混凝土的水,不应含有影响水泥正常凝结硬化的有害物质。工业废水、污水、沼泽水、pH 值小于 4 的酸性水等不宜使用。凡能饮用的自来水和清洁的天然水,一般都可使用。混凝土拌和用水应符合《混凝土用水标准》(JGT 63—2006)。

②技术性能

超塑早强混凝土具有早期强度高、路面致密性好、施工和易性好等特点,有利于改善施工操作,并在节能、降低劳动强度和机械损耗等方面均有良好效果。对要求早强的混凝土路面修补工程,可达到缩短工期,提前开放交通的目的。一般 3～6d 就能开放交通。

③工程应用

超塑早强水泥混凝土广泛应用于道路新建工程、市区道路改造工程以及桥梁抢修工程的桥面铺装等。它具有显著的技术经济效益。

(5)特快硬混凝土

特快硬混凝土是由硫铝酸盐超早强水泥、砂、石及掺加一定量 SN-Ⅱ减水剂和其他外加剂复合配制而成的,它具有快硬、凝结时间短、4h 强度达 20MPa 左右的特性。它可以作为一种紧急抢修工程的理想材料。

①组成材料

a. 硫铝酸盐超早强水泥

硫铝酸盐超早强水泥具速凝、快硬、早强、微膨胀、宽水灰比、低温性能好、抗硫铝酸盐侵蚀等性能。超早强水泥凝结时间,初凝一般为 3～9min,终凝约为 20min。

b. SN-Ⅱ高效低泡减水剂

SN-Ⅱ是一种萘磺酸钠甲醛缩合物为主要成分的阴离子表面活性剂,它对水泥具有强烈的分散作用,在掺入混凝土后,可以大幅度降低用水量,同时,由于不会引入过量空气,可以配制密实性、和易性、耐久性以及早强性能均好的混凝土。

②技术性能

a. 强度。特快硬混凝土强度具有较高的抗压、抗弯拉强度，特别是早期强度较高，有利于混凝土抢修后即能投入使用。其中4h 抗压强度一般可达10MPa 以上，抗弯拉强度可达2.0MPa，28d 抗压强度可达20MPa 以上。

b. 耐久性和耐磨性。对特快硬混凝土进行抗冻性、抗渗性、抗硫铝酸盐侵蚀性、耐锈蚀性及抗磨性能测试。由试验结果知，混凝土试件在水中养护4h 后，在8 个大气压下不透水，养护28d 的试件承受20 个大气压下不透水，这说明其耐久性良好。

由于超早强水泥水化热高，而且放热集中，抗负温性能良好，在 -10℃气温环境中强度仍能继续增长，适宜于严寒季节和冷冻地区施工，具有良好的抗冻性和耐磨性。

③工程应用

特快硬混凝土作为一种可供选择的路面修补材料，特别适应于应急抢修工程同快速施工工程。

5）按施工方法分类

（1）水下浇筑混凝土

在干地拌制而在水环境中（淡水、海水、泥浆水）浇筑同硬化的混凝土称为水下浇筑混凝土。为满足浇筑要求，水下浇筑混凝土的方法分为两类：一是在水上拌制混凝土拌和物，进行水下浇筑，如导管法等；二是水上拌制胶凝材料，进行水下预填集料的压力灌浆。从施工条件看，水下浇筑混凝土，比陆上干地浇筑混凝土困难得多，有些工作要克服水环境带来的水压、流速、黑暗、缺氧、涌浪等一系列的困难。

（2）泵送混凝土

是以混凝土泵为动力，通过管道将搅拌好的混凝土混合料输送到建筑物的模板中去的混凝土。泵送混凝土除了根据工程设计所需的强度外，还需要根据泵送工艺所需的流动性、不离析、少泌水的要求配制可泵性的混凝土混合料。其中石子为骨架作用外，它的粒径大小和级配比非泵送混凝土要求严格。如果在混凝土中石子的最大粒径对于泵送管道来说过大，就会影响到泵送，所以泵送混凝土的石子粒径要适宜。此外，要求混凝土混合料必须具有可泵性，这是保证混凝土泵能否正常工作的关键。

（3）喷射混凝土

利用压缩空气把按一定配比的混凝土由喷射机的喷口以高速高压喷出，从而在被喷面形成混凝土层。混凝土喷射法施工有干、湿法两种工艺。湿法喷射工艺是预先在搅拌机里将所有材料搅拌好再喷射；干法喷射工艺则是水泥和集料搅拌混合后从一个喷嘴喷射出，同时从另一个喷嘴喷射水，在喷嘴口处开始和干料混合成混凝土。一般湿法喷射多用于喷射砂浆。喷射混凝土一般不用模板，有加快施工速度、强度增长快、密实性好、施工准备简单、适应性强等特点。但也有施工厚度不易掌握、回弹量较大、表面粗糙、劳动条件较差等缺点。喷射混凝土一般大量用于矿山、竖井平巷、交通隧道、水工隧道、地面电站等工程的岩壁衬砌以及坡面护面。

### 2. 水泥混凝土对组成材料的技术要求

水泥混凝土是由水泥、水、砂、石集料配制而成。其中水泥和水起胶结作用，集料起骨架填充作用，水泥与水发生反应后形成坚固的水泥石，将集料颗粒牢固地黏结成整体，使混凝土具有一定强度。混凝土的组成及各材料的大致比例见表3-17。

此外，常在混凝土中加入各种外加剂以改善混凝土的各种性能。目前，外加剂已成为混凝土中普遍使用的第五种材料，但用量一般只占水泥质量的1% ~2%，最多不超过5%。

混凝土组成及各组成材料绝对体积比　　表3-17

| 组成成分 | 水泥 | 水 | 砂 | 石 | 空气 |
| --- | --- | --- | --- | --- | --- |
| 占混凝土总体积的百分率(%) | 10～15 | 15～20 | 20～33 | 35～48 | 1～3 |
| | 22～35 | | 66～78 | | 1～3 |

1)水泥

水泥是混凝土的胶结材料,混凝土的性能很大程度上取决于水泥的质量和数量,在保证混凝土性能的前提下,应尽量节约水泥,降低工程造价。

(1)首先应根据工程特点、气候与环境条件,正确选择水泥品种。配制普通水泥混凝土用水泥,一般可采用硅酸盐水泥、普通水泥、矿渣水泥、火山灰水泥或粉煤灰水泥,有特殊需要时可采用快硬水泥、抗硫酸盐水泥、大坝水泥或其他水泥。选用水泥时,应注意其特性对混凝土结构强度和使用条件是否有不利影响,

(2)选用水泥强度等级应与要求配制的混凝土强度等级相适应。如水泥强度等级选用过高,则混凝土中水泥用量过低,影响混凝土的和易性和耐久性。反之,如水泥强度等级选用过低,则混凝土中水泥用量太多,非但不经济,而且降低混凝土的某些技术品质(如收缩率增大等)。应以能使所配制的混凝土强度达到要求、收缩小、和易性好和节约水泥为原则。通常,配制一般混凝土时,水泥强度为混凝土抗压强度的1.5～2.0倍;配制高强度混凝土时,为混凝土抗压强度的1.1～1.5倍。但是,随着混凝土的强度等级不断提高,当代高强度混凝土并不受此比例的约束。

2)细集料

桥涵混凝土的细集料,应采用级配良好、质地坚硬、颗粒洁净、粒径小于4.75mm的河砂,河砂不易得到时,也可用山砂或用硬质岩石加工的机制砂。

细集料不宜采用海砂,不得不采用海砂时,其氯离子的含量应符合有关规定。

配制时,对细集料的品质有以下几方面的要求:

(1)有害杂质含量

集料中含有妨碍水泥水化,或能降低集料与水泥石黏附性,以及能与水泥水化产物产生不良化学反应的各种物质,称为有害杂质。砂中常含有的有害杂质,主要有泥土和泥块、云母、轻物质、硫酸盐和硫化物以及有机质等。

①含泥量、石粉含量和泥块含量。含泥量是指天然砂中粒径小于0.075mm的颗粒含量;石粉含量是指人工砂中粒径小于0.075mm的颗粒含量;泥块含量是指原颗粒粒径大于1.18mm,经水洗、手捏后可破碎成小于0.6mm的颗粒含量。这些颗粒的存在影响混凝土的强度和耐久性。

②云母含量。云母呈薄片状,表面光滑,且极易沿节理裂开,因此它与水泥石的黏附性极差,对混凝土拌和物的和易性和硬化后混凝土的抗冻性和抗渗性都有不利的影响。

③轻物质含量。砂中的轻物质是指相对密度小于2.0的颗粒(如煤和褐煤等)。

④有机质含量。天然砂中有时混杂有有机物质(如动植物的腐殖质、腐殖土等),这类有机物质将延缓水泥的硬化过程,并降低混凝土的强度,特别是早期强度。

⑤硫化物和硫酸盐含量。在天然砂中,常掺杂有硫铁矿($FeS_2$)或石膏($CaSO_4 \cdot 2H_2O$)的碎屑,如含量过多,将在已硬化的混凝土中与水化铝酸钙发生反应,生成水化硫铝酸钙晶体,体积膨胀,在混凝土内产生破坏作用。

(2)压碎值和坚固性

混凝土中所用细集料也应具备一定的强度和坚固性。人工砂应进行压碎值测定,天然砂采用硫酸钠溶液进行坚固性试验,经5次循环后测其质量损失。

(3)砂的粗细程度和颗粒级配

砂的粗细程度和颗粒级配应使所配制混凝土达到设计强度等级和节约水泥的目的。

混凝土用砂的级配按0.6mm筛上的累计筛余百分率划分为3个级配区,砂的级配应符合表3-18或图3-12任何一个级配区所规定的级配范围。

**砂的分区及级配范围** 表3-18

| 标准筛筛孔尺寸(mm) | 级配区 | | | 标准筛筛孔尺寸(mm) | 级配区 | | |
|---|---|---|---|---|---|---|---|
| | Ⅰ区 | Ⅱ区 | Ⅲ区 | | Ⅰ区 | Ⅱ区 | Ⅲ区 |
| | 累计筛余(%) | | | | 累计筛余(%) | | |
| 9.5 | 0 | 0 | 0 | 0.6 | 85~71 | 70~41 | 40~16 |
| 4.75 | 10~0 | 10~0 | 10~0 | 0.3 | 95~80 | 92~70 | 85~55 |
| 2.36 | 35~5 | 25~0 | 15~0 | 0.15 | 100~90 | 100~90 | 100~90 |
| 1.18 | 65~35 | 50~10 | 25~0 | — | — | — | — |

注:表中除4.75mm和0.6mm筛孔外,其余各筛孔累计筛余允许超出分界线,但其总量不得大于5%。

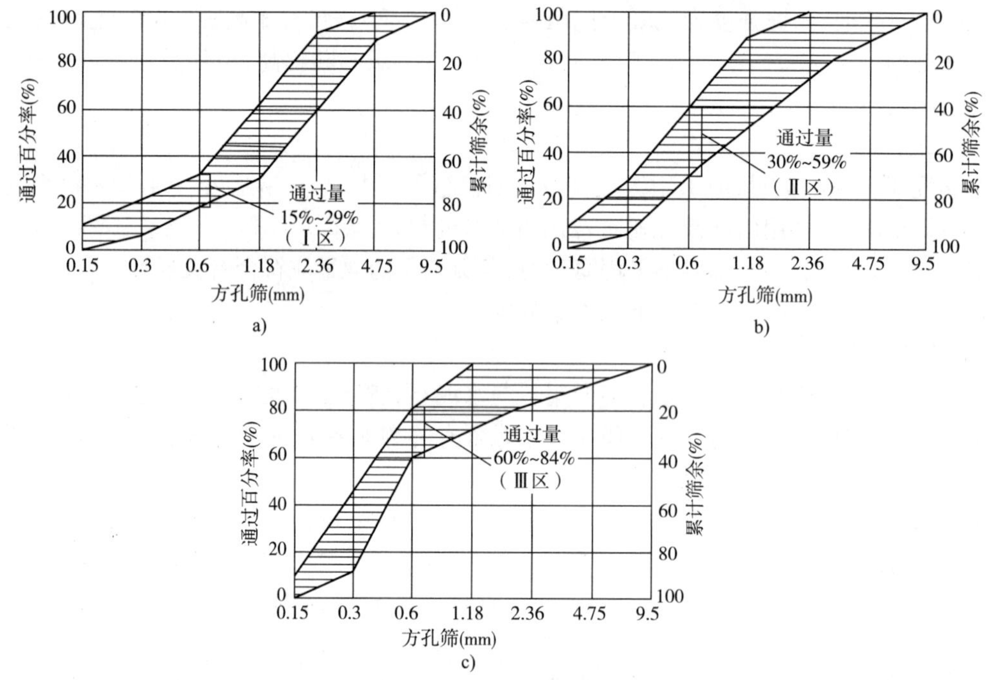


图3-12 水泥混凝土用砂级配范围曲线

a)Ⅰ区砂;b)Ⅱ区砂;c)Ⅲ区砂

Ⅰ区砂属于粗砂范畴,用Ⅰ区砂配制混凝土时,应较Ⅱ区砂采用较大的砂率。否则,新拌混凝土的内摩擦阻力较大,保水性差,不易捣实成型。Ⅱ区砂是由中砂和一部分偏粗的细砂组成,Ⅲ区砂系由细砂和一部分偏细的中砂组成。当用Ⅲ区砂配制混凝土时,应较Ⅱ区砂采用较小的砂率,因为Ⅲ区砂所配制成的新拌混凝土黏性略大,比较细软,易振捣成型,而且由于Ⅲ区砂的级配细、比表面积大,所以对新拌混凝土的工作性影响比较敏感。

对于高强泵送混凝土用砂宜选用中砂,细度模数为2.9~2.6,2.36mm筛孔的累计筛余量不得大于15%,0.3mm筛孔的累计筛余量宜在85%~92%范围内。

3)粗集料

普通混凝土常用的粗集料是指粒径大于4.75mm的卵石(砾石)和碎石。卵石是由自然条件的作用而形成的,根据产源可分为河卵石、海卵石及山卵石。碎石是将天然岩石或大卵石破碎、筛分而得的,表面粗糙且带棱角,与水泥石黏结比较牢固。

桥涵用普通混凝土粗集料的主要技术要求如下:

(1)强度和坚固性

①强度。为保证混凝土的强度要求,粗集料必须具有足够的强度。对于碎石和卵石的强度采用岩石立方体强度和压碎指标两种方式表示。按照技术要求将粗集料分为Ⅰ级、Ⅱ级、Ⅲ级。

②坚固性。为保证混凝土的耐久性,用作混凝土的粗集料应具有足够的坚固性,以抵抗冻融和自然因素的风化作用。用硫酸钠溶液进行坚固性试验,经5次循环后测其质量损失。

(2)有害杂质含量

粗集料中常含有一些有害杂质,如黏土、淤泥、硫酸盐及硫化物和有机物等,它们的危害作用与在细集料中相同。其含量不应超过规范的规定。

(3)最大粒径及颗粒级配

①最大粒径。粗集料中公称粒径的上限称为该粒级的最大粒径。集料的粒径越大,其表面积相应减小,因此所需的水泥浆量相应减少,在一定的和易性和水泥用量条件下,则能减少用水量而提高混凝土强度。所以,粗集料的最大粒径在条件允许情况下,尽量选择大些为好。但受到工程结构及施工条件限制,规范规定:粗集料的最大粒径不得超过结构物最小尺寸的1/4和钢筋最小净距的3/4;对于混凝土实心板,允许采用最大粒径为1/2板厚的颗粒级配,但最大粒径不得超过40mm。

②颗粒级配。粗集料应具有良好的颗粒级配,以减少空隙率,增强密实性,从而可以节约水泥,保证混凝土拌和物的和易性及混凝土的强度。

粗集料的颗粒级配,可采用连续粒级或连续粒级与单粒级配合使用。在特殊情况下,通过试验证明混凝土无离析现象时,也可采用单粒级。粗集料的级配范围应符合表3-19的要求。

**碎石或卵石的颗粒级配规格** 表3-19

| 级配情况 | 公称粒级(mm) | 累计筛余(按质量百分率计)(%) | | | | | | | | | | | |
|---|---|---|---|---|---|---|---|---|---|---|---|---|---|
| | | 圆孔筛筛孔尺寸(mm) | | | | | | | | | | | |
| | | 2.36 | 4.75 | 9.5 | 16 | 19 | 26.5 | 31.5 | 37.5 | 53 | 63 | 75 | 90 |
| 连续级配 | 5~10 | 95~100 | 80~100 | 0~15 | 0 | — | — | — | — | — | — | — | — |
| | 5~16 | 95~100 | 90~100 | 30~60 | 0~10 | 0 | — | — | — | — | — | — | — |
| | 5~20 | 95~100 | 90~100 | 40~70 | — | 0~10 | 0 | — | — | — | — | — | — |
| | 5~25 | 95~100 | 90~100 | — | 30~70 | — | 0~5 | 0 | — | — | — | — | — |
| | 5~31.5 | 95~100 | 90~100 | 70~90 | — | 15~45 | — | 0~5 | 0 | — | — | — | — |
| | 5~40 | — | 95~100 | 75~90 | — | 30~65 | — | — | 0~5 | 0 | — | — | — |
| 单粒级 | 10~20 | — | 95~100 | 85~100 | — | 0~15 | 0 | — | — | — | — | — | — |
| | 16~31.5 | — | 95~100 | — | 85~100 | — | — | 0~10 | 0 | — | — | — | — |
| | 20~40 | — | — | 95~100 | — | 80~100 | — | — | 0~10 | 0 | — | — | — |
| | 31.5~63 | — | — | — | 95~100 | — | — | 75~100 | 45~75 | — | 0~10 | 0 | — |
| | 40~80 | — | — | — | — | 95~100 | — | — | 70~100 | — | 30~60 | 0~10 | 0 |

(4)颗粒形状及表面特征

粗集料的颗粒形状大致可以分为蛋圆形、棱角形、针状及片状。一般来说,比较理想的颗粒形状是接近正立方体,而针状、片状颗粒不宜较多。针状颗粒是指长度大于其平均粒径的2.4倍的颗粒;片状颗粒是指其厚度小于其平均粒径的0.4倍的颗粒。当针、片状颗粒含量超过一定界限时,使集料空隙增加,不仅使混凝土拌和物和易性变差,而且会使混凝土的强度降低。所以混凝土粗集料中针、片状颗粒含量应当限制。

集料表面特征主要指集料表面的粗糙程度及孔隙特征等。一般情况下,碎石表面粗糙并且具有吸收水泥浆的孔隙特征,所以它与水泥石的黏结能力较强;卵石表面圆润光滑,因此与水泥石的黏结能力较差,但混凝土拌和物的和易性较好。当混凝土的水泥用量与用水量相同的情况下,一般来说碎石混凝土比卵石混凝土的强度高10%左右。

(5)碱活性检验

对于重要的水泥混凝土工程用粗集料,应进行集料碱活性检验。

4)混凝土拌和用水

饮用水、地下水、海水以及经适当处理后的工业废水、符合国家标准的生活用水,都可以用来拌制混凝土,不需再进行检验;在拌制混凝土用水中,不得含有影响水泥正常凝结与硬化的有害杂质,如油脂、糖类等。地表水或地下水,首次使用,必须进行检验合格后才能使用。海水只允许用来拌制素混凝土,但不得用于拌制钢筋混凝土和预应力混凝土。

在对水质有疑问时,可用待检验水配制水泥砂浆或混凝土,测定其28d抗压强度(若有早期强度要求时,需增做7d抗压强度),若其强度值不低于蒸馏水(或符合国家标准的生活用水)拌制的相应砂浆或混凝土抗压强度的90%,则该水可用于拌制混凝土。对混凝土拌和用水的要求见表3-20。

**混凝土拌和用水水质要求** 表3-20

| 项 目 | 素混凝土 | 钢筋混凝土 | 预应力混凝土 |
|---|---|---|---|
| pH值不小于 | 4 | 4 | 4 |
| 不溶物(mg/L)不大于 | 5 000 | 2 000 | 2 000 |
| 可溶物(mg/L)不大于 | 10 000 | 5 000 | 2 000 |
| 氯化物(以$Cl^-$计)(mg/L)不大于 | 3 500 | 1 200 | 500 |
| 硫酸盐(以$SO_4^{2-}$计)(mg/L)不大于 | 2 700 | 2 700 | 600 |
| 硫酸盐(以$S^{2-}$计)(mg/L)不大于 | — | — | 100 |

注:使用钢丝或热处理的预应力混凝土中氯化物含量不得超过350mg/L。

3.水泥混凝土的技术性质

1)桥涵和路面水泥混凝土的一般技术性质

桥涵和路面水泥混凝土的一般技术性质相同,故合并讲述。

水泥混凝土的技术性质主要包括:新拌混凝土的工作性、硬化水泥混凝土的力学性质和耐久性。

(1)新拌水泥混凝土的工作性(和易性)

水泥混凝土在尚未凝结硬化以前,称为水泥混凝土拌和物。新拌混凝土的工艺性质,称之为工作性(或称和易性)。

①新拌混凝土工作性的概念

新拌混凝土的工作性,也称和易性,是指混凝土拌和物易于施工操作(拌和、运输、浇筑、振捣)且成型后质量均匀、密实的性能。实际上,混凝土拌和物的和易性是一项综合技术性质,包括流动性、黏聚性和保水性三方面含义。流动性是指混凝土拌和物在自重或机械振捣作用下,能产生流动,并填满模板的性能。黏聚性是指混凝土拌和物在施工过程中其组成材料之间有一定的黏聚力,不致产生分层和离析的现象。保水性是指混凝土拌和物在施工过程中,具有一定的保水能力,不致产生严重的泌水现象。

②新拌混凝土工作性的测定方法

目前,国际上还没有一种能够全面表征新拌混凝土工作性的测定方法,通常是测定混凝土拌和物的流动性,辅以其他方法或直观经验综合评定混凝土拌和物的工作性。按我国行业标准《公路工程水泥及水泥混凝土试验规程》(JTG E30—2005)规定,测定流动性的方法有坍落度试验和维勃稠度试验两种方法。

a. 坍落度试验。适用于集料公称最大粒径不大于 31.5mm,坍落度值大于 10mm 的新拌混凝土。方法是将新拌混凝土按规定方法分三层装入标准坍落度筒内,每层装料高度为筒高的 1/3,每层用弹头棒均匀地插捣 25 次,装满刮平后,立即将筒垂直提起。新拌水泥混凝土拌和物在自重作用下的下沉量(mm)即为坍落度,以此作为流动性指标,如图 3-13 所示。

做坍落度试验时,还需测定棍度、含砂情况、黏聚性、保水性以评定新拌混凝土的工作性。

b. 维勃稠度试验。当坍落度值小于 10mm 时,用坍落度法测定的流动性与实际情况相差甚大,必须采用维勃稠度法,维勃稠度仪如图 3-14 所示。测定方法是将坍落度筒放在直径 240mm、高 200mm 的圆筒中,圆筒安装在专用的振动台上,按坍落度试验的方法将新拌混凝土装于坍落度筒中,小心垂直提起坍落度筒,在新拌混凝土顶上置一透明圆盘,开动振动台并记录时间,从开始振动至透明圆盘底面被水泥浆布满的瞬间止,所经历的时间(以 s 计)即为新拌混凝土的维勃稠度值。该法适用于集料公称最大粒径不超过 31.5mm,维勃稠度为 5 ~ 30s 之间的干硬性混凝土的稠度测定。

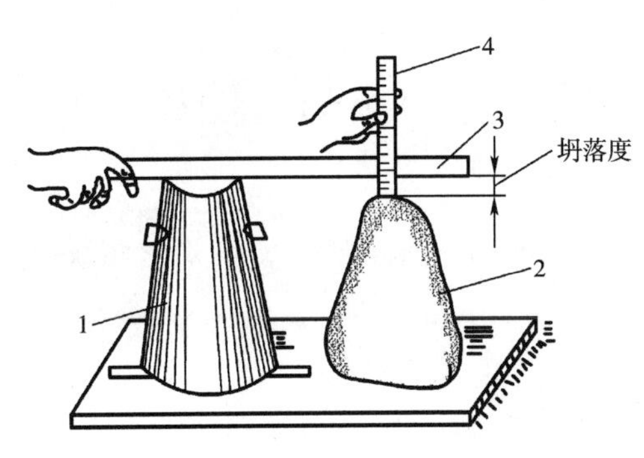


图 3-13　坍落度测定

1-坍落度筒;2-拌和物试体;3-木尺;4-钢尺

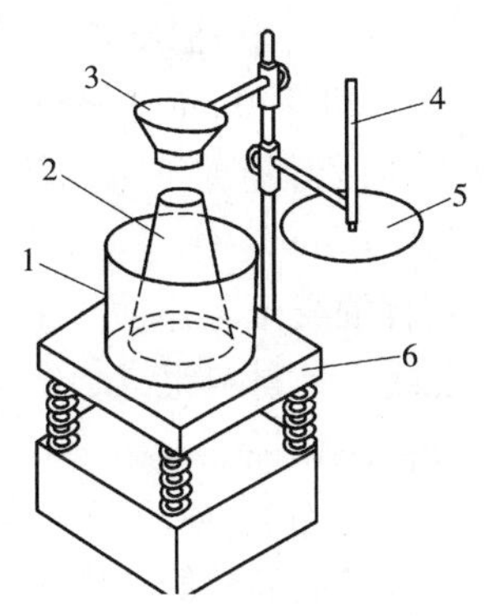


图 3-14　维勃稠度仪

1-圆柱形容器;2-坍落度筒;3-漏斗;4-测杆;5-透明圆盘;6-振动台

③影响新拌混凝土工作性的主要因素

a. 水泥浆的数量。混凝土拌和物中的水泥浆,除了填充集料间的空隙外,包裹在集料表面并略有富余,使拌和物有一定的流动性。在水灰比一定的条件下,水泥浆越多,流动性越大,但如水泥浆过多,集料则相对减少,将出现流浆现象,拌和物的稳定性变差,不仅浪费水泥,而且会使拌和物的强度和耐久性降低;若水泥浆用量过少,则无法很好包裹集料表面及填充其空隙,拌和物易产生崩坍现象,失去稳定性。因此,拌和物中水泥浆的数量应以满足流动性为宜。

b. 水灰比的影响。在固定用水量的条件下，水灰比小（水泥用量多）时，会使水泥浆变稠，拌和物流动性小；若加大水灰比（减少水泥用量），可使水泥浆变稀，流动性增大，但会使拌和物流浆、离析，影响混凝土的强度，因此，应合理地选择水灰比。

c. 单位用水量。实践证明，对坍落度影响最大的因素还是单位用水量。增加用水量，流动性增大，但硬化后混凝土会产生较大的孔隙，从而降低了混凝土的强度和耐久性。另外，用水量过多，会使新拌混凝土产生分层、泌水现象，反而降低工作性。因此，在保证混凝土强度和耐久性的条件下，根据流动性要求来确定单位用水量。

d. 砂率。砂率是指混凝土中砂（或细集料）用量占砂石（或粗细集料）总用量的百分率。

砂率反映了粗细集料的相对比例，它影响混凝土集料的空隙和总表面积。当水泥浆用量一定时，砂率过大，则集料的总表面积增大，包裹砂子的水泥浆层变薄，砂粒间的摩擦阻力加大，拌和物的流动性减小；砂率过小，虽然表面积减小，但由于砂浆量不足，水泥砂浆除填充石子空隙外，包裹在石子表面水泥砂浆层薄，拌和物的流动性变小，同时由于砂量不足，也易导致离析、泌水现象，影响工作性，因此，砂率应有一个合理值。在水泥浆用量一定时，能使新拌混凝土获得最大流动性，又不离析、不泌水时的砂率，即合理砂率。

e. 水泥的品种和集料的性质。水泥品种不同，达到标准稠度时的用水量不同，在其他条件相同的情况下，标准稠度用水量小的水泥，其混凝土拌和物流动性较大。通常普通水泥的混凝土拌和物比矿渣水泥和火山灰水泥的工作性好。矿渣水泥拌和物的流动性虽大，但黏聚性差，易泌水、离析，火山灰水泥流动性小，但黏聚性最好。

在相同用水量的条件下，集料表面光滑、形状较圆、少棱角的卵石，所拌制的混合料流动性大，但强度较表面粗糙、有棱角的碎石低。

f. 外加剂。在混凝土拌和物中加入某些外加剂，可在不增加用水量和水泥用量的情况下，有效地改善混凝土拌和物的工作性。

g. 温度与搅拌时间。温度越高，混凝土拌和物的水分蒸发越快，流动性越小，温度升高10℃，坍落度大约减小20~40mm，夏季施工必须注意这一点。另外，搅拌时间长短，也会影响混凝土拌和物的工作性，若搅拌时间不足，拌和物的工作性就差，质量也不均匀。所以规范规定最小搅拌时间为1~3min。

④改善新拌混凝土工作性的主要措施

a. 调节混凝土的材料组成。在保证混凝土强度、耐久性和经济性的前提下，适当调整混凝土配合比以提高工作性。

b. 掺加各种外加剂，使混凝土拌和物的工作性符合不同的使用要求。

c. 提高振捣机械的效能。由于振捣效能的提高，可降低施工条件对混凝土拌和物工作性的要求。

（2）硬化后混凝土的力学性质

①强度

硬化后的水泥混凝土在路面结构、桥梁构件以及建筑结构中，将受到复杂的应力作用，因此，要求水泥混凝土材料必须具备各种力学强度，如立方体抗压强度、棱柱体抗压强度、劈裂抗拉强度、抗剪强度、抗弯拉强度等。

a. 立方体抗压强度

Ⅰ. 立方体抗压强度$f_{cu}$。按照标准的制作方法制成150mm×150mm×150mm的立方体试件，在标准养护条件［温度（20±3）℃，相对湿度90%以上］，养护至28d龄期，按照标准的测定方法测定其抗压强度值，即为混凝土立方体试件抗压强度（简称立方体抗压强度），以$f_{cu}$表示、按式（3-12）计算：

$$f_{cu}=\frac{F}{A} \tag{3-12}$$

式中：$F$——试件破坏荷载（N）；

$A$——试件承压面积（$mm^2$）。

以三个试件为一组，取三个试件强度的算术平均值作为每组试件的强度代表值，如有一个测值与中间值的差值超过中间值的15%时，则取中间值为测定值；如有两个测值与中间值的差值均超过15%时，则该组试件无效。

若按非标准尺寸试件测得的立方体抗压强度，应乘以换算系数（见表3-21），折算为标准试件的立方体抗压强度。

**试件尺寸换算系数** 表3-21

| 试件尺寸（mm） | 100×100×100 | 150×150×150 | 200×200×200 |
|---|---|---|---|
| 换算系数 | 0.95 | 1.00 | 1.05 |

Ⅱ.立方体抗压强度标准值$f_{cu,k}$。混凝土立方体抗压强度标准值的定义是按照标准的方法制作和养护的棱长为150mm的立方体试件，在28d龄期，用标准试验方法测得的具有95%保证率的抗压强度（单位：MPa），立方体抗压强度标准值以$f_{cu,k}$表示。

Ⅲ.强度等级。混凝土强度等级是根据立方体抗压强度标准值来确定的。强度等级的表示方法，是用符号C和立方体抗压强度标准值表示。例如"C30"即表示混凝土立方体抗压强度标准值$f_{cu,k}=30MPa$。

普通混凝土按立方体抗压强度标准值划分为：C7.5、C10、C15、C20、C25、C30、C35、C40、C45、C50、C55、C60共12个强度等级。

b.轴心抗压强度$f_{cp}$

确定混凝土强度等级是采用立方体试件，但实际上钢筋混凝土结构形式极少是立方体的，大部分是棱柱体或圆柱体。为使测得的混凝土强度接近混凝土结构的实际情况，在钢筋混凝土结构计算中，计算轴心受压构件时，都是采用混凝土的轴心抗压强度$f_{cp}$作为依据。

我国现行标准《公路工程水泥及水泥混凝土试验规程》（JTG E30—2005）规定，采用150mm×150mm×300mm的棱柱体作为测定轴心抗压强度的标准试件，棱柱体轴心抗压强度$f_{cp}$按式（3-13）计算：

$$f_{cp}=\frac{F}{A} \tag{3-13}$$

式中：$F$——试件破坏荷载（N）；

$A$——试件承压面积（$mm^2$）。

c.抗弯拉强度$f_{cf}$

道路路面或机场跑道道面用水泥混凝土，以抗弯拉强度为主要强度指标，抗压强度为参考强度指标。

水泥混凝土抗弯拉强度是以标准操作方法制备成150mm×150mm×550mm的小梁试件，在标准条件下，经养护28d后，按三分点加荷方式，测定其抗弯拉强度$f_{cf}$，按式（3-14）计算：

$$f_{cf}=\frac{FL}{bh^2} \tag{3-14}$$

式中：$f_{cf}$——试件破坏荷载(N)；

$L$——支座间距(mm)；

$b$——试件宽度(mm)；

$h$——试件高度(mm)。

d. 立方体劈裂抗拉强度$f_{ts}$

混凝土在直接受拉时，很小的变形就会开裂，是一种脆性破坏。混凝土的抗拉强度只有抗压强度的1/10～1/20，且随着混凝土强度等级的提高，比值有所降低。因此，混凝土在工作时一般不依靠其抗拉强度，但抗拉强度对于开裂现象有重要意义，是确定混凝土抗裂度的重要指标。

我国现行标准《公路工程水泥及水泥混凝土试验规程》(JTG E30—2005)采用150mm×150mm×150mm的立方体作为标准试件，在立方体试件中心面内用圆弧为垫条，施加两个方向相反、均匀分布的压力。当压力增大至一定程度时，试件就沿此平面劈裂破坏，这样测得的强度称为立方体劈裂抗拉强度，简称劈拉强度$f_{ts}$，按式(3-15)计算：

$$f_{ts}=\frac{2F}{\pi A} \tag{3-15}$$

式中：$F$——试件破坏荷载(N)；

$A$——试件劈裂面面积($mm^2$)。

②影响混凝土强度的因素

a. 材料组成对水泥混凝土强度的影响

Ⅰ. 水泥强度等级和水灰比。水泥石是混凝土强度的主要来源，在配合比相同的条件下，水泥强度等级越高，制成的混凝土强度也越高。当采用同一种水泥(品种及强度等级相同)时，混凝土强度主要取决于水灰比的大小。在拌制混凝土拌和物时，为了获得必要的流动性，通常加入较多的水，即采用较大的水灰比，当用水量过大时，即使是充分捣实的混凝土，当混凝土硬化后，多余的水分就残留在混凝土中，蒸发后形成气孔，使混凝土的密实度和强度降低，因此，水泥强度等级相同情况下，水灰比越小，水泥混凝土强度越高。

根据混凝土研究和工程实践经验，混凝土抗压强度与水灰比、水泥实际强度三者之间的关系，可用式(3-16)表示：

$$f_{cu,28}=\alpha_a f_{ce}(C/W-\alpha_b) \tag{3-16}$$

式中：$f_{cu,28}$——混凝土28d龄期的立方体抗压强度(MPa)；

$f_{ce}$——水泥实际强度(MPa)；

$C/W$——灰水比；

$\alpha_a$、$\alpha_b$——回归系数，与集料的品种有关，按《普通混凝土配合比设计规程》(JGJ 55—2011)规定，混凝土强度回归系数见表3-22。

**回归系数$a_a$、$a_b$选用** 表3-22

| 集料类别 | 回归系数 | | 集料类别 | 回归系数 | |
|---|---|---|---|---|---|
| | $a_a$ | $a_b$ | | $a_a$ | $a_b$ |
| 碎石 | 0.46 | 0.07 | 卵石 | 0.48 | 0.33 |

一般水泥厂为了保证水泥的出厂强度等级，其实际抗压强度往往比其强度等级要高一些，当无法取得水泥28d实际抗压强度数值时，用式(3-17)计算：

$$f_{ce} = \gamma_c \cdot f_{ce,g} \tag{3-17}$$

式中：$f_{ce,g}$——水泥强度等级的标准值(MPa)；

$\gamma_c$——水泥强度等级的富余系数。

该值按各地区实际统计资料确定，通常取 $\gamma_c = 1 \sim 1.13$，混凝土用于重要结构物时取较小值，次要结构物时取较大值。

Ⅱ.集料特征。集料对混凝土的强度有明显的影响，特别是粗集料的形状与表面性质对强度有着直接的关系，碎石混凝土的强度高于卵石混凝土。在我国现行混凝土强度计算公式中，对表面粗糙、有棱角的碎石以及表面光滑浑圆的卵石，它们的回归系数 $a_a$、$a_b$ 均不同。

Ⅲ.浆集比。混凝土中水泥浆的体积和集料体积之比值，对混凝土的强度也有一定的影响。特别是高强度的混凝土更为明显，在水灰比相同的条件下，在达到最优浆集比后，混凝土的强度随着浆集比的增加而降低。

b. 养护温度和湿度

混凝土拌和物浇捣完毕后，必须保持适当的温度和湿度，使水泥充分水化，以保证混凝土强度不断提高。

一般情况下，水泥的水化和混凝土强度发展的速度是随环境温度的高低而增减，如图3-15所示。当温度降至零度时，混凝土中的水分大部分结冰，水泥几乎不再发生水化反应，混凝土强度不仅停止增长，严重时由于孔隙内水分结冰而引起膨胀，特别当水化初期，混凝土强度较低时，遭遇严寒会引起混凝土的崩溃。

混凝土浇筑后，必须有较长时间在潮湿环境中养护，当湿度适当，水泥水化得以顺利进行，使混凝土强度得到充分发展；如果湿度不够，混凝土会失水干燥，影响水泥水化的正常进行，甚至停止水化。这不仅严重降低混凝土的强度，而且因水泥水化作用未能完成，使混凝土结构疏松，渗水性增大，或形成干缩裂缝，从而影响混凝土的耐久性。

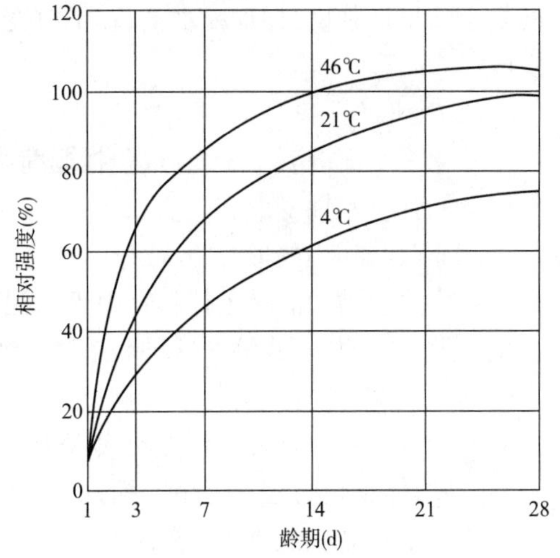


图 3-15　相对强度与龄期关系

c. 龄期

混凝土在正常养护条件下(保证一定温度和湿度)，强度随龄期的增长而提高，初期增长较快，后期增长较缓慢，但在空气中养护时，其强度后期有所下降。

在标准养护条件下，混凝土强度与其龄期的对数大致成正比。工程中常常利用这一关系，根据混凝土早期强度，估算其后期强度，用式(3-18)表达：

$$\frac{f_{cu,n}}{f_{cu,a}} = \frac{\lg n}{\lg a} \tag{3-18}$$

式中：$f_{cu,n}$——$n$ 天龄期的混凝土抗压强度(MPa)；

$f_{cu,a}$——$a$ 天龄期的混凝土抗压强度(MPa)。

d. 试验条件对混凝土强度的影响

相同材料组成、制备条件和养护条件制成的混凝土试件，其力学强度取决于试验条件。影响混凝土力学强度的试验条件主要有：试件形状与尺寸、试件湿度、试件温度、支承条件和加载方式等。

③提高混凝土强度的措施

a. 采用高强度的水泥和早强型水泥。为了提高混凝土强度可采用强度等级高的水泥。对于紧急抢修工程、桥梁拼装接头、严寒下的冬季施工以及其他要求早期强度高的结构物,则可优先选用早强型水泥配制混凝土,但早强型水泥对混凝土后期强度的作用与普通型水泥一样。

b. 增加混凝土的密实度。降低水灰比,增加混凝土的密实度,则混凝土的强度明显提高。可采用加压(0.07MPa)脱水成型法或超声波振动法,以排除混凝土中的气泡,使混凝土更加密实。

c. 蒸汽养护和蒸压养护。蒸汽养护是将混凝土放在温度低于100℃的常压蒸汽中养护,一般混凝土经过16~20h蒸汽养护后,其强度可达正常养护条件下养护28d强度的70%~80%。蒸汽养护最适宜的温度随水泥的品种而不同,用普通水泥时,最适宜的养护温度为80℃左右,而用矿渣水泥和火山灰水泥时,则为90℃左右。

蒸压养护是将浇灌完的混凝土构件静置8~10h后,放入蒸压箱内,通入高压、高温(如大于或等于0.8MPa,温度为175℃以上)饱和蒸汽养护使水泥水化加速、硬化加快,提高混凝土的强度。

d. 掺加外加剂。在混凝土中掺加某些外加剂,可提高混凝土的强度。掺加早强剂,可提高混凝土的早期强度;掺加减水剂,在不改变流动性的条件下,可减小水灰比,从而提高混凝土的强度。

(3)变形

硬化后水泥混凝土的变形,包括非荷载作用下的化学变形,干湿变形和温度变形以及荷载作用下的弹—塑性变形和徐变。

①非荷载作用变形

a. 化学收缩。混凝土拌和物由于水泥水化产物的体积比反应前物质的总体积要小,因而产生收缩,称为化学收缩。这种收缩随龄期增长而增加,40d以后渐趋稳定,化学收缩是不能恢复的,一般对结构没有什么影响。

b. 干湿变形。这种变形主要表现为湿胀干缩。混凝土在干燥空气中硬化时,随着水分的逐渐蒸发,体积也将逐渐发生收缩,如在水中或潮湿条件下养护时,则混凝土的干缩将随之减少或略产生膨胀。混凝土的干缩往往是表面较大,常在表面产生细微裂缝。当干缩变形受到约束时,常会引起构件的翘曲或开裂,影响混凝土构件的耐久性。因此,应通过调节集料级配、增大粗集料的粒径,减少水泥浆用量,合理选择水泥品种,以及采用振动捣实,早期养护等措施来减小混凝土的干缩。

c. 温度变形。混凝土具有热胀冷缩的性质,温度变化引起的热胀冷缩对大体积及大面积混凝土工程极为不利。因为混凝土是热的不良导体,水泥水化初期放出大量热量难于散发,浇注后大体积混凝土内部温度远较外部为高,温差有时可达50~70℃,这将使内部混凝土产生显著的体积膨胀,而外部混凝土却随气温降低而冷却收缩。内部膨胀和外部收缩互相制约,将产生很大的应力,当外部混凝土所受拉应力一旦超过混凝土当时的极限抗拉强度,就将产生裂缝。因此,对大体积混凝土工程,应设法降低混凝土的发热量,如采用低热水泥,减少水泥用量,采用人工降温等措施。

对于纵长的钢筋混凝土结构物,应每隔一段长度设置伸缩缝,在结构物内配置温度钢筋,减少裂缝。

②荷载作用变形

a. 弹—塑性变形与弹性模量。混凝土是一种弹—塑性体,在持续荷载作用下会产生可以恢复的弹性变形和不可恢复的塑性变形。

在桥梁工程中以应力为棱柱体极限抗压强度的40%时的割线弹性模量,作为混凝土的弹性模量;在道路路面及机场跑道工程中,水泥混凝土测定其抗折强度时的平均弹性模量作为设计参数,取抗折强度50%时的割线模量;在路面工程中混凝土要求有高的抗折强度,而且要有较低的抗折弹性模量,以适应混凝土路面受荷载后具有较大的变形能力。

b. 徐变。混凝土在持续荷载作用下,随时间增加的变形称为徐变,也称蠕变。徐变是在恒定荷载作用下随着时间的增长而产生的变形,是不可恢复的。徐变初期增长较快,以后逐渐变慢,到一定时期后,一般为2~3年,可以稳定下来。

混凝土的徐变与许多因素有关,混凝土水灰比大,龄期短,徐变量大;荷载作用时大气湿度大,徐变大;荷载应力大,徐变大;混凝土水泥用量多时,徐变量大。另外,混凝土弹性模量小,徐变大。混凝土无论是受压、受拉或受弯时,均有徐变现象。在预应力钢筋混凝土桥梁构件中,混凝土的徐变可使钢筋的预加应力受到损失,但是,徐变也能消除钢筋混凝土的部分应力集中,使应力较均匀地分布,对于大体积混凝土,能消除一部分由于温度变形所产生的破坏应力。

(4)耐久性

道路与桥梁用水泥混凝土的耐久性要求首要为抗冻性,其次,路面混凝土还要求具有一定的耐磨性;桥梁墩台混凝土要求具有对海水、污水的耐蚀性,隧道混凝土要求具有对气体的耐蚀性。

①抗冻性

混凝土抗冻性是指混凝土在饱水状态下,能经受多次冻融循环作用而不破坏的性能。一般以抗冻标号表示。混凝土的抗冻标号是以100mm×100mm×400mm棱柱体混凝土试件,经标准养护28d,在吸水饱和后,于-17℃和5℃条件下快速冻结和融化循环。每25次冻融循环,对试件进行一次横向基频的测试并称重。当冻融至300次,或相对动弹性模量下降至60%以下,或试件的质量损失率达5%,即可停止试验,此时的循环次数即为混凝土的抗冻标号。

②耐磨性

耐磨性是路面和桥梁用混凝土的重要性能之一。作为高级路面的水泥混凝土,必须具有抵抗车辆轮胎磨耗的性能。作为大型桥梁的墩台用水泥混凝土也需要具有抵抗湍流侵蚀的能力。混凝土耐磨性评价,按现行试验法是以150mm×150mm×150mm立方体试件,养生至27d龄期,在室内空气中自然干燥12h,再放入60℃烘箱中烘12h至恒重,然后在带有花轮磨头的混凝土磨耗试验机上,在200N负荷下磨削50转,然后计算单位面积磨损量。

③碱—集料反应

水泥混凝土中水泥的碱与某些碱活性集料发生化学反应,可引起混凝土产生膨胀、开裂,甚至破坏,这种化学反应称为碱—集料反应。严重的碱—集料反应会导致路面或桥梁墩台的开裂和破坏,并且这种破坏会继续发展下去,维修困难。

碱—集料反应必须具备三个条件:一是混凝土中的集料具有活性;二是混凝土中含有一定量可溶性碱;三是有一定湿度。为防止碱—集料反应的危害,现行规范规定:应使用含碱量小于0.6%的水泥或采用抑制碱—集料反应的掺和料;当使用钾、钠离子的混凝土外加剂时,必须专门试验。

影响混凝土耐久性的因素很多,主要是材料本身的性质以及混凝土的密实度、强度等。提高混凝土的耐久性应注意合理选择水泥品种,选用良好的砂石材料,改善集料的级配,采用减水剂或加气剂,改善混凝土的施工操作方法,提高混凝土的密实度。

我国《公路桥涵施工技术规范》和《公路水泥混凝土路面施工技术规范》规定对水泥混凝土耐久性的控制,主要用“最大水灰比”和“最小水泥用量”两项指标来进行限制。

2)桥涵水泥混凝土的技术要求

(1)工作性

混凝土拌和物在施工拌和、运输浇筑、捣实和抹平等过程中不分层、不离析、不泌水,能均匀密实填充在结构物模板内,即具有良好的工作性,符合施工要求。

公路桥涵用水泥混凝土拌和物的工作性根据公路桥涵技术规范有关规定、当地的气候条件和工程结构物特点合理选择,表 3-23 列出的坍落度值可供参考。

**公路桥涵用混凝土拌和物的坍落度** 表 3-23

| 项次 | 结构种类 | 坍落度(mm) |
|---|---|---|
| 1 | 桥涵基础、墩台、仰拱、挡土墙及大型制块等便于灌筑捣实的结构 | 0~20 |
| 2 | 上列桥涵墩台等工程中较不便施工处 | 10~30 |
| 3 | 普通配筋的钢筋混凝土结构如钢筋混凝土板、梁、柱等 | 30~50 |
| 4 | 钢筋较密、断面较小的钢筋混凝土结构(梁、柱、墙等) | 50~70 |
| 5 | 钢筋配制特密、断面高而狭小,极不便灌注捣实的特殊结构部位 | 70~90 |

注:①使用高频振捣器时,其混凝土坍落度可适当减小。

②本表系指采用机械振捣的坍落度,采用人工振捣时可适当放大。

③需要配置大坍落度混凝土时,应掺用外加剂。

(2)抗压强度

①工程实践中,混凝土抗压强度等级一般由结构物设计文件中提出。

②在进行混凝土强度试配和质量评定时,混凝土的抗压强度应以棱长为 150mm 的立方体尺寸标准试件测定。试件以同龄期的三块为一组,并以同等条件制作和养护。

③混凝土抗压强度应为标准尺寸试件在温度为(20±3)℃及相对湿度不低于 90% 的环境中养护 28d 做抗压试验时所测得的抗压强度值(单位:MPa),在进行混凝土强度试配和质量评定时,取其保证率为 95%。

(3)耐久性

混凝土耐久性控制,主要从最大水灰比、最小水泥用量和外加剂种类等方面考虑。

①混凝土的最大水灰比和最小水泥用量应符合表 3-24 的规定。

**混凝土的最大水灰比和最小水泥用量** 表 3-24

| 混凝土结构所处环境 | 无筋混凝土 | | 钢筋混凝土 | |
|---|---|---|---|---|
| | 最大水灰比 | 最小水泥用量 ($kg/m^3$) | 最大水灰比 | 最小水泥用量 ($kg/m^3$) |
| 温暖地区或寒冷地区,无侵蚀物质影响,与土直接接触 | 0.60 | 250 | 0.55 | 275 |
| 严寒地区或使用除冰盐的桥涵 | 0.55 | 275 | 0.50 | 300 |
| 受侵蚀性物质影响 | 0.45 | 300 | 0.40 | 325 |

注:①本表中的水灰比,系指水与水泥(包括外掺混合材料)用量的比值。

②本表中的最小水泥用量,包括外掺混合材料。当采用人工捣实混凝土时,水泥用量应增加 25kg/m³。当掺用外加剂且能有效地改善混凝土的和易性时,水泥用量可减少 25kg/m³。

③严寒地区系指最冷月份平均气温小于等于 -10℃且日平均温度在小于等于 5℃的天数大于等于 145d 的地区。

②混凝土的最大水泥用量(包括代替部分水泥的混合材料)不宜超过500kg/m$^3$,大体积混凝土不宜超过350kg/m$^3$。

③在混凝土中掺入外加剂时,还应符合下列规定:

a. 在钢筋混凝土中不得掺用氯化钙、氯化钠等氯盐。

b. 位于温暖或严寒地区、无侵蚀性物质影响及与土直接接触的钢筋混凝土构件,混凝土中的氯离子含量不宜超过水泥用量的0.30%;位于严寒和海水区域、受侵蚀环境和使用除冰盐的桥涵,氯离子含量不宜超过水泥用量的0.15%。从各种组成材料引入的氯离子含量(折合氯盐含量)如大于上述数值时,应采取有效的防锈措施(如掺入阻锈剂、增加保护层厚度、提高混凝土密实性等)。当采用洁净水和无氯骨料时,氯离子含量可主要以外加剂或混合材料的氯离子含量控制。

c. 无筋混凝土的氯化钙或氯化钠掺量,以干质量计,不得超过水泥用量的3%。

d. 掺入加气剂的混凝土的含气量宜为3.5% ~5.5%。

e. 对由外加剂带入混凝土的碱含量应进行控制。每立方米混凝土的总含碱量,对一般桥涵不宜大于3.0kg/m$^3$,对特殊大桥、大桥和重要桥梁不宜大于1.8kg/m$^3$;当处于受严重侵蚀的环境,不得使用有碱活性反应的集料。

④粉煤灰、火山灰及粒化高炉矿渣等混合材料作为水泥代替材料或混凝土拌和物的填充材料掺于硅酸盐水泥、普通水泥或其他水泥配制的混凝土拌和物中时,其掺量应通过试验确定,用于代替部分水泥时的掺量不应大于现行国家标准《矿渣硅酸盐水泥、火山灰质硅酸盐水泥及粉煤灰硅酸盐水泥》(GB 1344)的规定。

4. 普通水泥混凝土的组成设计

1)概述

混凝土中各组成材料用量之比即为混凝土的配合比。混凝土配合比设计就是根据原材料的性能和对混凝土的技术要求,通过计算和试配调整,确定出满足工程技术经济指标的混凝土各组成材料的用量。下面介绍水泥、水、细集料和粗集料四组分的组成设计。

(1)混凝土配合比表示方法

以每1m$^3$混凝土中各种材料的用量表示,然后换算为水泥用量为1,并按“水泥:细集料:粗集料:水”的顺序排列表示。例如:

水泥:细集料:粗集料:水 =350kg:706kg:1 264kg:190kg

=1:2.17:3.56:0.54

(2)配合比设计的基本要求

混凝土配合比设计,应满足以下基本要求:

①满足结构物设计强度的要求

不论混凝土路面或桥梁,在设计时都会对不同的结构部位提出不同的“设计强度”要求。

为了保证结构物的可靠性,采用一个比设计强度高的“配制强度”,才能满足设计强度的要求。

②满足施工工作性的要求

按照结构物断面尺寸和形状、配筋的疏密以及施工方法和设备来确定工作性(坍落度或维勃稠度)。

③满足环境耐久性的要求

根据结构物所处环境条件,如严寒地区的路面或桥梁、桥梁墩台在水位升降范围等,为保证结构的抗冻性，在设计混凝土配合比时用“最大水灰比”和“最小水泥用量”两个指标控制。

④满足经济性的要求

在保证工程质量的前提下，尽量节约水泥，合理地使用材料，以降低成本。

2）桥涵用普通混凝土配合比设计方法（以抗压强度为指标的计算方法）

（1）初步配合比的计算

①确定混凝土的配制强度$f_{cu,o}$

为了使所配制的混凝土具有必要的强度保证率（即$P=95\%$），要求混凝土配制强度必须大于其标准值。按式(3-19)确定：

$$f_{cu,o}=f_{cu,k}+1.645\sigma \tag{3-19}$$

式中：$f_{cu,o}$——混凝土的施工配制强度（MPa）；

$f_{cu,k}$——混凝土立方体抗压强度标准值（MPa），即设计要求的混凝土强度等级；

$\sigma$——由施工单位质量管理水平确定的混凝土强度标准差（MPa），可按下列两种方式确定：

a. 若有历史统计资料时，混凝土标准差$\sigma$值按式(3-20)计算：

$$\sigma=\sqrt{\frac{\sum_{i=1}^{n}f_{cu,i}^{2}-n\mu_{fcu}^{2}}{n-1}} \tag{3-20}$$

式中：$f_{cu,i}$——第$i$组混凝土试件立方体抗压强度值（MPa）；

$\mu_{fcu}$——$n$组混凝土试件立方体抗压强度平均值（MPa）；

$n$——统计周期内相同等级的试件组数，$n \geqslant 25$组。

混凝土强度标准差$\sigma$可根据近期同类混凝土强度资料求得，其试件组数不应少于25组。当混凝土强度等级为C20和C25级，其强度标准差计算值小于2.5MPa时，标准差应取2.5MPa，计算值大于2.5MPa时，标准差取计算值。当混凝土强度等级等于或大于C30级，其强度标准差计算值小于3.0MPa时，标准差应取3.0MPa，计算值大于3.0MPa时，标准差应取计算值。

b. 若无历史统计资料时，强度标准差可根据要求的强度等级按表3-25规定取用。

**标准差$\sigma$值** 表3-25

| 强度等级（MPa） | <C20 | C20~C35 | >C35 |
|---|---|---|---|
| 标准差$\sigma$（MPa） | 4.0 | 5.0 | 6.0 |

②计算水灰比$W/C$

a. 按混凝土要求强度等级计算水灰比

根据已确定的混凝土配制强度$f_{cu,o}$，由式(3-21)计算水灰比：

$$f_{cu,o}=\alpha_a f_{ce}(C/W-\alpha_b) \tag{3-21}$$

式中：$f_{cu,o}$——混凝土28d龄期的立方体抗压强度（MPa）；

$C/W$——灰水比；

$\alpha_a$、$\alpha_b$——回归系数，与集料的品种有关，参见表3-22；

$f_{ce}$——水泥实际强度（MPa），可按下列两种方法确定：

一是水泥胶砂试件标准养护条件下，28d的实测抗压强度值；

二是当无法取得水泥28d实测抗压强度数值时，用下式计算：

$$f_{ce}=\gamma_c \cdot f_{ce,k}$$

式中：$f_{ce,k}$——水泥强度等级的标准值（MPa）；

$\gamma_c$——水泥强度等级的富余系数。该值按各地区实际统计资料确定，通常取$\gamma_c=1.00\sim$

1.13，混凝土用于重要结构物时取较小值，次要结构物时取较大值。

b. 按耐久性校核水灰比

按式(3-21)计算所得的水灰比，系按强度要求计算得到的结果。在确定采用的水灰比时，还应根据混凝土所处环境条件，耐久性要求的允许最大水灰比(表3-26)进行校核。如按强度计算的水灰比大于耐久性允许的最大水灰比，应选择强度等级低的水泥，重新计算；如按强度计算的水灰比小于耐久性允许的最大水灰比，应采用计算值，但不能太小。

**普通混凝土满足耐久性要求的最大水灰比和最小水泥用量** 表3-26

| 环境条件 | | 结构物类别 | 最大水灰比 | | | 最小水泥用量(kg) | | |
|---|---|---|---|---|---|---|---|---|
| | | | 素混凝土 | 钢筋混凝土 | 预应力混凝土 | 素混凝土 | 钢筋混凝土 | 预应力混凝土 |
| 干燥环境 | | 正常的居住或办公用房屋内部件 | 不作规定 | 0.65 | 0.60 | 200 | 260 | 300 |
| 潮湿环境 | 无冻害 | (1)高湿度的室内部件；<br>(2)室外部件；<br>(3)在非侵蚀性土(或水)中的部件 | 0.70 | 0.60 | 0.60 | 225 | 280 | 300 |
| | 有冻害 | (1)经受冻害的室外部件；<br>(2)在非侵蚀性土(或水)中且经受冻害的部件；<br>(3)高湿度且经受冻害的室内部件 | 0.55 | 0.55 | 0.55 | 250 | 280 | 300 |
| 有冻害除冰剂的潮湿环境 | | 经受冻害和除冰剂作用的室内和室外部件 | 0.50 | 0.50 | 0.50 | 300 | 300 | 300 |

注：①当用活性掺和料取代部分水泥时，表中的最大水灰比及最小水泥用量即为替代前的水灰比和水泥用量。

②配制C15及其以下等级的混凝土，可不受本表限制。

③选定单位用水量 $m_{wo}$

a. 水灰比在0.40~0.80范围时，根据粗集料的品种、粒径及施工要求的混凝土拌和物稠度，其用水量可按表3-27、表3-28选取。

**干硬性混凝土的用水量**(kg/m$^3$) 表3-27

| 拌和物稠度 | | 卵石最大粒径(mm) | | | 碎石最大粒径(mm) | | |
|---|---|---|---|---|---|---|---|
| 项目 | 指标 | 10 | 20 | 40 | 16 | 20 | 40 |
| 维勃稠度(s) | 16~20 | 175 | 160 | 145 | 180 | 170 | 155 |
| | 11~15 | 180 | 165 | 150 | 185 | 175 | 160 |
| | 5~10 | 185 | 170 | 155 | 190 | 180 | 165 |

**塑性混凝土的用水量**(kg/m$^3$) 表3-28

| 拌和物稠度 | | 卵石最大粒径(mm) | | | | 碎石最大粒径(mm) | | | |
|---|---|---|---|---|---|---|---|---|---|
| 项目 | 指标 | 10 | 20 | 31.5 | 40 | 16 | 20 | 31.5 | 40 |
| 坍落度(mm) | 10~30 | 190 | 170 | 160 | 150 | 200 | 185 | 175 | 165 |
| | 35~50 | 200 | 180 | 170 | 160 | 210 | 195 | 185 | 175 |
| | 55~70 | 210 | 190 | 180 | 170 | 220 | 205 | 195 | 185 |
| | 75~90 | 215 | 195 | 185 | 175 | 230 | 215 | 205 | 195 |

注：①摘自《普通水泥混凝土配合比设计规程》(JGJ 55—2011)。

②本表用水量采用中砂时的平均值。采用细砂时，每立方米混凝土用水量可增加5~10kg；采用粗砂时，则可减少5~10kg。

③掺用各种外加剂或掺和料时，用水量应相应调整。

b. 水灰比小于 0.40 的混凝土以及采用特殊成型工艺的混凝土用水量应通过试验确定。

c. 流动性和大流动性混凝土的用水量则以表 3-28 中坍落度 90mm 的用水量为基础，按坍落度每增大 20mm 用水量增加 5kg，计算出未掺外加剂时的混凝土的用水量。

当掺外加剂时，混凝土用水量可按式(3-22)计算。

$$m_{w,ad} = m_{wo}(1-\beta_{ab}) \tag{3-22}$$

式中：$m_{w,ad}$——掺外加剂混凝土的单位用水量($kg/m^3$)；

$m_{wo}$——未掺外加剂混凝土的单位用水量($kg/m^3$)；

$\beta_{ab}$——外加剂的减水率(%)，经试验确定。

④计算单位水泥用量 $m_o$

a. 按强度要求计算单位水泥用量。每立方米混凝土拌和物的用水量 $m_{wo}$ 选定后，即可根据已求得的水灰比 $W/C$ 值计算单位水泥用量：

$$m_{co} = \frac{m_{wo}}{W/C} \tag{3-23}$$

b. 按耐久性要求校核单位水泥用量。根据耐久性要求，普通水泥混凝土的最小水泥用量，依结构物所处环境条件确定，见表 3-26。按强度要求由式(3-23)计算得的单位水泥用量，应不低于表 3-26 规定的最小水泥用量。

⑤选定砂率 $\beta_s$

a. 坍落度为 10～60mm 的混凝土砂率，可根据粗集料品种、最大粒径和混凝土拌和物的水灰比，按表 3-29 确定。

**混凝土的砂率(%)** 表 3-29

| 水灰比 ($W/C$) | 卵石最大粒径(mm) | | | | 碎石最大粒径(mm) | | | |
|---|---|---|---|---|---|---|---|---|
| | 10 | 20 | 31.5 | 40 | 16 | 20 | 31.5 | 40 |
| 0.40 | 26～32 | 25～31 | 24～30 | 24～30 | 30～35 | 29～34 | 28～33 | 27～32 |
| 0.50 | 30～35 | 29～34 | 28～33 | 28～33 | 33～38 | 32～37 | 31～36 | 30～35 |
| 0.60 | 33～38 | 32～37 | 31～36 | 31～36 | 36～41 | 35～40 | 34～39 | 33～38 |
| 0.70 | 36～41 | 35～40 | 35～39 | 34～39 | 39～44 | 38～43 | 37～42 | 36～41 |

注：①本表数值系中砂的选用砂率，对细砂或粗砂，可相应地减小或增大砂率。

②只用一个单粒级粗集料配制混凝土时，砂率应适当增大。

③对薄壁构件，砂率取偏大值。

④本表中的砂率系指砂与集料总量的质量比。

b. 坍落度大于 60mm 的混凝土砂率，可按经验确定，也可在表 3-29 的基础上，按坍落度每增大 20mm，砂率增大 1% 的幅度予以调整。

c. 坍落度小于 10mm 的混凝土，其砂率应经试验确定。

⑥计算粗、细集料单位用量 $m_{go}$、$m_{so}$

粗、细集料的单位用量，可用质量法或体积法求得。

a. 质量法

质量法又称假定表观密度法，该法是假定混凝土拌和物的表观密度为一固定值，混凝土拌和物各组成材料的单位用量之和即为其表观密度。在砂率值为已知的条件下，粗、细集料的单位用量可由式(3-24)求得：

$$\left.\begin{aligned}&m_{co}+m_{wo}+m_{so}+m_{go}=\rho_{cp}\\&\frac{m_{so}}{m_{so}+m_{go}}\times 100=\beta_s\end{aligned}\right\}\tag{3-24}$$

式中：$m_{co}$、$m_{wo}$、$m_{so}$、$m_{go}$——每立方米混凝土的水泥、水、细集料和粗集料的用量(kg)；

$\beta_s$——砂率(%)；

$\rho_{cp}$——每立方米混凝土拌和物的假定表观密度($kg/m^3$)。其值可根据施工单位积累的试验资料确定。如缺乏资料时，可根据集料的表观密度、粒径以及混凝土强度等级，在 2350～2450$kg/m^3$ 范围内选定。表 3-30 可供参考。

**混凝土假定湿表观密度参考值** 表 3-30

| 混凝土强度等级 | C7.5～C15 | C20～C30 | >C40 |
|---|---|---|---|
| 假定湿表观密度 $\rho_{cp}$($kg/m^3$) | 2300～2350 | 2350～2400 | 2450 |

b. 体积法

体积法又称绝对体积法，该法是假定混凝土拌和物的体积等于各组成材料绝对体积与拌和物中所含空气体积的总和。在砂率值为已知的条件下，粗、细集料的单位用量可由式(3-25)的关系求得：

$$\left.\begin{aligned}&\frac{m_{co}}{\rho_c}+\frac{m_{wo}}{\rho_w}+\frac{m_{so}}{\rho_s'}+\frac{m_{go}}{\rho_g'}+0.01\alpha=1\\&\frac{m_{so}}{m_{so}+m_{go}}\times 100=\beta_s\end{aligned}\right\}\tag{3-25}$$

式中：$m_{co}$、$m_{wo}$、$m_{so}$、$m_{go}$——意义同式(3-24)；

$\rho_c$——水泥密度($kg/m^3$)，可取 2 900～3 100$kg/m^3$；

$\rho_s'$——细集料的表观密度($kg/m^3$)；

$\rho_g'$——粗集料的表观密度($kg/m^3$)；

$\rho_w$——水的密度($kg/m^3$)，可取 1 000$kg/m^3$；

$\alpha$——混凝土的含气量百分率(%)，在不使用引气型外加剂时，可取为 1。

粗集料和细集料的表观密度应按行业标准《公路工程集料试验规程》(JTG E42—2005)测定。

以上两种确定粗、细集料单位用量的方法，一般认为，质量法比较简便，不需要各种组成材料的密度资料，如施工单位已积累有当地常用材料所组成的混凝土假定表观密度资料，也可得到准确的结果。体积法由于是根据各组成材料实测的密度来进行计算的，所以获得较为精确的结果。

(2)试配、调整，提出基准配合比

①试配

a. 试配材料要求。试配混凝土所用各种原材料，要与实际工程使用的材料相同，粗、细集料的称量均以干燥状态为准。

b. 搅拌方法和拌和物数量。混凝土搅拌方法，应尽量与生产时使用方法相同。试配时，每盘混凝土的数量一般应不少于表 3-31 的建议值。如需进行抗折强度试验，则应根据实际需要计算用量。采用机械搅拌时，其搅拌量应不小于搅拌机额定搅拌量的 1/4。

混凝土试配的最小搅拌量　　表 3-31

| 集料最大粒径(mm) | 拌和物数量(L) | 集料最大粒径(mm) | 拌和物数量(L) |
|---|---|---|---|
| 31.5 及以下 | 15 | 40 以上 | 25 |

②校核工作性,确定基准配合比

按计算出的初步配合比进行试配拌和,检验调整混凝土拌和物的工作性。如试拌得出的拌和物的坍落度(或维勃稠度)不能满足要求,或黏聚性和保水性能不好时,应在保证水灰比不变的条件下相应调整用水量或砂率,直到符合要求为止。然后提出供混凝土强度校核用的"基准配合比",即 $m_{ca}:m_{sa}:m_{ga}:m_{wa}$。

(3)检验强度,确定试验室配合比

①制作试件,检验强度

为检验混凝土的强度,至少拟订三个不同的配合比。当采用三个不同的配合比时,其中一个为基准配合比,另外两个配合比的水灰比值应较基准配合比分别增加及减少 0.05(或 0.10),其用水量应该与基准配合比相同,砂率可分别增加及减少 1%。

制作检验混凝土强度试验的试件时,应检验混凝土拌和物的坍落度(或维勃稠度)、黏聚性、保水性及拌和物的表观密度,并以此结果表征该配合比的混凝土拌和物的性能。

为检验混凝土强度,每种配合比至少制作一组(三块)试件,在标准养护 28d 条件下进行抗压强度测试。有条件的可同时制作几组试件,供快速检验或较早龄期(3d、7d 等)抗压强度测试,以便尽早提出混凝土配合比供施工使用。但必须以标准养护 28d 强度的检验结果为依据调整配合比。

②确定试验室配合比

根据"强度"检验结果和"湿表观密度"测定结果,进一步修正配合比,即可得到"试验室配合比设计值"。

a. 根据强度检验结果修正配合比

一是确定用水量 $m_{wb}$。取基准配合比的用水量 $m_{wa}$,并根据制作强度检验试件时所测坍落度(或维勃稠度)值加以适当调整确定。

二是确定水泥用量 $m_{cb}$。取用水量乘以由"强度 - 灰水比"关系定出的达到配制强度 $f_{cu,o}$ 所必需的灰水比值。

三是确定粗、细集料用量 $m_{sb}$ 和 $m_{gb}$。取基准配合比中的砂、石用量,并按定出的水灰比作适当调整。

b. 根据实测拌和物湿表观密度校正配合比

根据强度检验结果校正后定出的混凝土配合比,计算出混凝土的"计算湿表观密度" $\rho_{c,c}$,即

$$\rho_{c,c} = m_{cb} + m_{wb} + m_{sb} + m_{gb} \tag{3-26}$$

将混凝土的实测表观密度值 $\rho_{c,t}$ 除以计算湿表观密度值 $\rho_{c,c}$,得出"校正系数",即

$$\delta = \frac{\rho_{c,t}}{\rho_{c,c}} \tag{3-27}$$

当混凝土表观密度实测值与计算值之差的绝对值不超过计算值的 2% 时,则 $m_{cb}:m_{sb}:m_{gb}:m_{wb}$ 的比值即为确定的试验室配合比;当二者之差超过 2% 时,应将配合比中每项材料用量均乘以校正系数 δ,即得最终确定的试验室配合比设计值,即

$$\left.\begin{aligned}m'_{cb}&=m_{cb}\cdot\delta\\m'_{sb}&=m_{sb}\cdot\delta\\m'_{gb}&=m_{gb}\cdot\delta\\m'_{wb}&=m_{wb}\cdot\delta\end{aligned}\right\}\tag{3-28}$$

最终试验室配合比为 $m'_{cb}:m'_{sb}:m'_{gb}:m'_{wb}$ 。

(4)施工配合比换算

试验室最后确定的配合比,是按集料为烘干状态计算的。而施工现场的砂、石材料露天堆放,都有一定的含水率。因此,施工现场应根据现场砂、石的实际含水率的变化,将试验室配合比换算为施工配合比。

假设施工现场实测砂、石含水率分别为 $a\%$ 、$b\%$ ,则施工配合比的各种材料单位用量:

$$\left.\begin{aligned}m_c&=m'_{cb}\\m_s&=m'_{sb}(1+a\%)\\m_g&=m'_{gb}(1+b\%)\\m_w&=m'_{wb}-(m'_{sb}\cdot a\%+m'_{gb}\cdot b\%)\end{aligned}\right\}\tag{3-29}$$

施工配合比为 $m_c:m_s:m_g:m_w$。

**【例 3-1】** 水泥混凝土配合比设计例题——以抗压强度为指标的设计方法。

[题目] 试设计钢筋混凝土桥 T 形梁用混凝土配合比。

[原始资料]

(1)已知混凝土设计强度等级为 C30。无强度历史统计资料,要求混凝土拌和物坍落度为 30~50mm。桥梁所在地区属寒冷地区。

(2)组成材料:可供应硅酸盐水泥,强度等级为 42.5 级;密度 $\rho_c=3100\text{kg/m}^3$;富余系数 $\gamma_c=1.1$。中砂表观密度 $\rho'_c=2650\text{kg/m}^3$;碎石公称最大粒径 $d_{max}=31.5\text{mm}$;表观密度 $\rho'_g=2700\text{kg/m}^3$。

[设计要求]

(1)按所给资料计算出初步配合比。

(2)按初步配合比在试验室进行试配,调整得出试验室配合比。

[设计步骤]

1.计算初步配合比

1)确定混凝土配制强度 $f_{cu,o}$

按题意知:设计要求混凝土强度 $f_{cu,k}=30\text{MPa}$,无历史统计资料,查表 3-25 得标准差 $\sigma=5.0\text{MPa}$。

按式(3-19),混凝土配制强度

$$f_{cu,o}=f_{cu,k}+1.645\sigma=30+1.645\times5=38.2\text{MPa}$$

2)计算水灰比 $W/C$

(1)按强度要求计算水灰比。

①计算水泥实际强度。由题意知采用强度等级为 42.5 级的硅酸盐水泥 $f_{ce,k}=42.5\text{MPa}$,水泥富余系数 $\gamma_c=1.1$。水泥实际强度为:

$$f_{ce}=\gamma_c\cdot f_{ce,k}=1.1\times42.5=46.8\text{MPa}$$

②计算混凝土水灰比。已知混凝土配制强度 $f_{cu,o}=38.2\text{MPa}$,水泥实际强度 $f_{ce}=46.8\text{MPa}$。

本单位无混凝土强度回归系数统计资料，由表3-22知：碎石 $\alpha_a=0.46$，$\alpha_b=0.07$。

按式(3-16)计算水灰比：

$$\frac{W}{C}=\frac{\alpha_a\cdot f_{ce}}{f_{cu,o}+\alpha_a\cdot\alpha_b\cdot f_{ce}}=\frac{0.46\times46.8}{38.2+0.46\times0.07\times46.8}=0.54$$

(2)按耐久性校核水灰比。根据混凝土所处环境条件属于寒冷地区，查表3-26，允许最大水灰比为0.55。按强度计算水灰比0.54，符合耐久性要求。故采用计算水灰比为0.54。

3)确定单位用水量 $m_{wo}$

由题意已知，要求混凝土拌和物坍落度30～50mm，碎石公称最大粒径为31.5mm。查表3-27，选用混凝土用水量：$m_{wo}=185\text{kg/m}^3$。

4)计算单位水泥用量 $m_{co}$

(1)按强度计算单位水泥用量。已知混凝土单位用水量 $m_{wo}=185\text{kg/m}^3$，水灰比 $W/C=0.54$，按式(3-23)混凝土单位水泥用量为：

$$m_{co}=\frac{m_{wo}}{W/C}=185/0.54=343\text{kg/m}^3$$

(2)按耐久性校核单位水泥用量。根据混凝土所处环境条件属寒冷地区配筋混凝土，查表3-26，最小水泥用量不低于280kg/m³。按强度计算单位水泥用量343kg/m³，符合耐久性要求。采用单位水泥用量为343kg/m³。

5)选定砂率 $\beta_s$

按已知集料采用碎石，最大粒径31.5mm，水灰比 $W/C=0.54$。查表3-29，选定混凝土砂率 $\beta_s=33\%$。

6)计算砂石用量

(1)采用质量法。已知：单位水泥用量 $m_{co}=343\text{kg/m}^3$，单位用水量 $m_{wo}=185\text{kg/m}^3$，混凝土拌和物假定表观密度按表3-30取 $\rho_{cp}=2400\text{kg/m}^3$，砂率 $\beta_s=33\%$。由式(3-24)得：

$$\begin{cases}m_{co}+m_{wo}+m_{so}+m_{go}=\rho_{cp}\\ \dfrac{m_{so}}{m_{so}+m_{go}}\times100=\beta_s\end{cases}$$

得：

$$\begin{cases}343+185+m_{so}+m_{go}=2400\\ \dfrac{m_{so}}{m_{so}+m_{go}}\times100=33\end{cases}$$

解出砂用量 $m_{so}=616\text{kg/m}^3$，碎石用量 $m_{go}=1\,256\text{kg/m}^3$。

按质量法计算得初步配合比：

$$m_{co}:m_{so}:m_{go}:m_{wo}=343:616:1\,256:185=1:1.80:3.66:0.54$$

(2)采用体积法。已知：水泥密度 $\rho_c=3\,100\text{kg/m}^3$，砂表观密度 $\rho_c'=2\,650\text{kg/m}^3$，碎石表观密度 $\rho_c'=2\,700\text{kg/m}^3$，非引气混凝土，$\alpha=1$，由式(3-25)得：

$$\begin{cases}\dfrac{343}{3\,100}+\dfrac{185}{1\,000}+\dfrac{m_{so}}{2\,650}+\dfrac{m_{go}}{2\,700}+0.01\times1=1\\ \dfrac{m_{so}}{m_{so}+m_{go}}\times100=33\end{cases}$$

解得：砂用量 $m_{so}=613\text{kg/m}^3$，碎石用量 $m_{go}=1\,251\text{kg/m}^3$。

按体积法计算得初步配合比：

$$m_{co}:m_{so}:m_{go}:m_{wo}=343:613:1251:185=1:1.79:3.65:0.54$$

2. 调整工作性、提出基准配合比

1)计算试拌材料用量

按计算的初步配合比(以绝对体积法计算结果为例)试拌15L混凝土拌和物,各种材料用量:

水泥　　$343\times0.015=5.15\text{kg}$

水　　$185\times0.015=2.78\text{kg}$

砂　　$613\times0.015=9.20\text{kg}$

碎石　　$1251\times0.015=18.77\text{kg}$

2)调整工作性

按计算材料用量拌制混凝土拌和物,测定其坍落度为10mm,未满足题给的施工和易性要求。为此,保持水灰比不变,增加5%水泥浆。再经拌和测坍落度为40mm,黏聚性和保水性也良好,满足施工和易性要求。此时混凝土拌和物各组成材料实际用量为:

水泥　　$5.15\times(1+5\%)=5.41\text{kg}$

水　　$2.78\times(1+5\%)=2.92\text{kg}$

砂　　9.20kg

碎石　　18.77kg

3)提出基准配合比

调整工作性后,混凝土拌和物的基准配合比为:

$$m_{ca}:m_{sa}:m_{ga}:m_{wa}=5.41:9.20:18.77:2.92$$
$$=1:1.70:3.47:0.54$$

3. 检验强度、测定试验室配合比

1)检验强度

采用水灰比分别为 $W/C_A=0.49$、$(W/C)_B=0.54$ 和 $(W/C)_C=0.59$ 拌制三组混凝土拌和物,砂、碎石用量不变,用水量也保持不变,则三组水泥分别为A组5.96kg,B组5.41kg,C组4.95kg。除基准配合比一组外,其他两组也经测定坍落度并观察其黏聚性和保水性均属合格。

按三组配合比经拌制成型,在标准条件养护28d后,按规定方法测定其立方体抗压强度值,列于表3-32。

不同水灰比的混凝土强度值　　表3-32

| 组别 | 水灰比($W/C$) | 灰水比($C/W$) | 28d立方体抗压强度值$f_{cu,28}$(MPa) |
|---|---|---|---|
| A | 0.49 | 2.04 | 45.3 |
| B | 0.54 | 1.85 | 39.5 |
| C | 0.59 | 1.69 | 34.2 |

根据表3-32试验结果,绘制混凝土28d立方体抗压强度 $f_{cu,28}$ 与灰水比 $C/W$ 关系图,如图3-16所示。

由图3-16可知,对应混凝土配制强度 $f_{cu,o}=38.2\text{MPa}$ 时的灰水比 $C/W=1.82$,即水灰比为0.55。

2)确定试验室配合比

(1)按强度试验结果修正配合比,各材料用量为:

用水量　　$m_{wb}=185(1+5\%)=194\text{kg}$

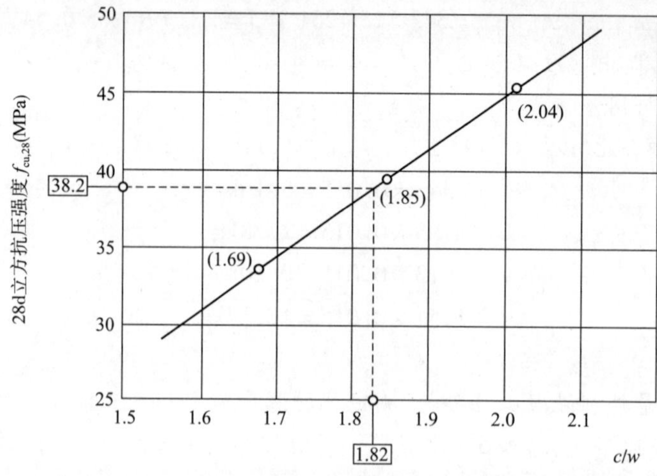


图3-16　混凝土28d抗压强度与灰水比关系曲线

水泥用量　　$m_{cb}=194/0.55=353\text{kg}$

砂、石用量按体积法：

$$\begin{cases}\dfrac{353}{3\ 100}+\dfrac{194}{1\ 000}+\dfrac{m_{sb}}{2\ 650}+\dfrac{m_{gb}}{2700}+0.01\times 1=1\\ \dfrac{m_{sb}}{m_{sb}+m_{gb}}\times 100=33\end{cases}$$

解得：砂用量 $m_{sb}=603\text{kg/m}^3$，碎石用量 $m_{cb}=1\ 230\text{kg/m}^3$。

调整后配合比 $m_{cb}:m_{sb}:m_{gb}:m_{wb}=353:603:1\ 230:194$

(2)计算湿表观密度 $\rho_{c,c}=353+603+1\ 230+194=2\ 380\text{kg/m}^3$

实测湿表观密度　　$\rho_{c,t}=2\ 450\text{kg/m}^3$

修正系数　　$\delta=2\ 450/2\ 380=1.02$

因为混凝土表观密度实测值与计算值之差的绝对值超过计算值的2%（为2.9%），则按实测湿表观密度校正后各种材料用量为：

水泥用量　　$m'_{cb}=353\times 1.02=360\text{kg/m}^3$

水用量　　$m'_{wb}=194\times 1.02=198\text{kg/m}^3$

砂用量　　$m'_{sb}=603\times 1.02=615\text{kg/m}^3$

碎石用量　　$m'_{gb}=1\ 230\times 1.02=1\ 255\text{kg/m}^3$

因此，试验室配合比为：$m'_{cb}:m'_{sb}:m'_{gb}:m'_{wb}=360:615:1\ 255:198$

$=1:1.70:3.48:0.55$

4.换算施工配合比

根据工地实测，砂的含水率 $\omega_s=5\%$；碎石的含水率 $\omega_g=1\%$。各种材料的用量为：

水泥用量　　$m_c=360\text{kg/m}^3$

砂用量　　$m_s=615\times(1+5\%)=646\text{kg/m}^3$

碎石用量　　$m_g=1255\times(1+1\%)=1268\text{kg/m}^3$

水用量　　$m_w=198-(615\times 5\%+1255\times 1\%)=154\text{kg/m}^3$

施工配合比为 $m_c:m_s:m_g:m_w=1:1.79:3.52:0.43$

5. 普通水泥混凝土的质量控制

公路工程中重要的结构物很多都是水泥混凝土建造的,其质量的好坏在一定程度上决定了整个工程质量,同时也决定了施工企业的施工水平。所以正确评定水泥混凝土质量等级,显得尤为重要。

混凝土是由水泥、水、细集料和粗集料组成的一种非匀质材料,其质量受到下列因素的影响而发生波动:

(1)原材料的质量和配合比

混凝土组成材料中水泥的质量对混凝土的影响极为显著,例如水泥实际强度的波动,将直接影响混凝土强度的波动。另外,施工现场集料含水率的变化,以及现场集料的混杂或泥土的混入均会引起混凝土质量的波动。

(2)施工工艺

混凝土施工的各个环节如拌和方式(人工或机械)、运输时间、浇灌或振捣情况以及养护时间、湿度等,均对混凝土的质量有明显影响。

(3)养护方法

混凝土浇筑完毕应在12h内用塑料薄膜等物覆盖,保持水分,防止出现早期干缩裂缝,养护时间一般不少于7~14d。在低温环境下,施工应采取保温加热措施,在炎热气候条件下,可将施工时间调整至夜晚,并注意原材料堆放的散热、降温,以保证水泥正常水化。

(4)试验条件

混凝土质量好坏必须通过试验来直观反映。在进行试验时往往存在取样方法、试件成型及养护条件的差异。要做到准确地反映混凝土的质量,就必须严格按照有关规范规定的试验方法进行各项试验。同时应按规范要求定期标定仪器,以减少仪器因精度不够造成的误差。

## 二、任务实施

### 实训项目一:水泥混凝土拌和物的拌和与现场取样方法

1. 目的和适用范围

本方法规定了在常湿环境中室内水泥混凝土拌和物的拌和与现场取样方法。

轻质水泥混凝土、防水水泥混凝土、碾压水泥混凝土等其他特种水泥混凝土的拌和与现场取样方法,可以参照本方法进行,但因其特殊性所引起的对试验设备及方法的特殊要求,均应遵照对这些水泥混凝土的有关技术规定进行。

2. 仪器设备

(1)搅拌机:自由式或强制式。

(2)振动台:标准振动台,符合《混凝土试验用振动台》(JG/T 245—2009)的要求。

(3)磅秤:感量满足称量总量1%的磅秤。

(4)天平:感量满足称量总量0.5%的天平。

(5)其他:铁板、铁铲等。

3. 试验准备

(1)所有材料均应符合有关要求,拌和前材料应放置于温度(20±5)℃环境中。

(2)为防止粗集料的离析,可将集料按不同粒径分开,使用时再按一定比例混合。试样从抽取至试验完毕过程中,不要风吹日晒,必要时应采取保护措施。

4. 试验步骤

1）水泥混凝土拌和物的拌和

（1）拌和时保持室温(20 ±5)℃。

（2）拌和物的总量至少应比所需量高20%以上。拌制混凝土的材料用量应以质量计，称量的精确度：集料为±1%，水、水泥、掺和料和外加剂为±0.5%。

（3）粗集料、细集料均以干燥状态为基准，计算用水量时应扣除粗集料、细集料的含水率。

注：干燥状态是指含水率小于0.5%的细集料和含水率小于0.2%的粗集料。

（4）外加剂的加入

①对于不溶于水或难溶于水且不含潮解型盐类，应先和一部分水泥拌和，以保证充分分散。

②对于不溶于水或难溶于水但含潮解型盐类，应先和细集料拌和。

③对于水溶性或液体，应先加水拌和。

④其他特殊外加剂，应遵照有关规定。

（5）拌制混凝土所用各种用具，如铁板、铁铲、镘刀应预先用水润湿，使用完后必须清洗干净。

（6）使用搅拌机前，应先用少量砂浆进行涮膛，再刮出涮膛砂浆，以避免正式拌和混凝土时水泥砂浆黏附筒壁的损失。涮膛砂浆的水灰比及砂灰比，应与正式的混凝土配合比相同。

（7）用搅拌机拌和时，拌和量宜为搅拌机公称容量1/4～3/4。

（8）搅拌机搅拌。按规定称好原材料，往搅拌机内顺序加入粗集料、细集料、水泥。开动搅拌机，将材料拌和均匀，在拌和过程中徐徐加水，全部加料时间不宜超过2min。水全部加入后，继续拌和约2min，而后将拌和物倾出在铁板上，再经人工翻拌1～2min，务必使拌和物均匀一致。

（9）人工拌和。采用人工拌和时，先用湿布将铁板、铁铲润湿，再将称好的砂和水泥在铁板上拌匀，加入粗集料，再混合搅拌均匀。而后将此拌和物堆成长堆，中心扒成长槽，将称好的水倒入约一半，将其与拌和物仔细拌匀，再将材料堆成长堆，扒成长槽，倒入剩余的水，继续进行拌和，来回翻拌至少6遍。

（10）从试样制备完毕到开始做各项性能试验不宜超过5min（不包括成型试件）。

2）现场取样

（1）新混凝土现场取样。凡由搅拌机、料斗、运输小车以及浇制的构件中采取新拌混凝土代表性样品时，均须从3处以上的不同部位抽取大致相同分量的代表性样品（不要抽取已经离析的混凝土），集中用铁铲翻拌均匀，然后立即进行拌和物的试验。拌和物取样量应多于试验所需数量的1.5倍，其体积不小于20L。

（2）为使取样具有代表性，宜采用多次采样的方法，最后集中用铁铲翻拌均匀。

（3）从第一次取样到最后一次取样不宜超过15min。取回的混凝土拌和物应经过人工再次翻拌均匀，而后进行试验。

**实训项目二：混凝土拌和物坍落度试验**

1. 目的与适用范围

坍落度是表示混凝土拌和物稠度的一种指标，本试验适用于坍落度大于10mm，集料粒径不大于40mm的混凝土。集料粒径大于40mm的混凝土，允许用加大坍落筒，但应予以说明。

2. 试验仪器

(1)坍落度筒:为铁板制成的截头圆锥筒,厚度不小于1.5mm,内侧平滑,在筒的上方约2/3高处有两个把手,近下端两侧焊有两个踏脚板,保证坍落度筒可以稳定操作,具体尺寸见表3-33。

坍落度筒尺寸　表3-33

| 集料公称最大粒径(mm) | 筒的名称 | 筒的内部尺寸(mm) | | |
|---|---|---|---|---|
| | | 底面直径 | 顶面直径 | 高　度 |
| <31.5 | 标准坍落筒 | 200 ±2 | 100 ±2 | 300 ±2 |

(2)天平:称量2kg,感量1g。

(3)量筒:1 000mL 和200mL 各一个。

(4)磅秤:称量100kg,感量50g。

(5)坍落度高度测量器、漏斗、铁板、铁锹、镘刀、小铲、弹头形捣棒。

3. 试验步骤(人工拌和)

(1)先用湿布擦净坍落度筒,检查校准磅秤及天平,备齐试验用砂石材料。用湿布将拌和板、铁锹擦湿,防止吸收混合料中的水分。

(2)称量各种材料,先将水泥与砂倒在拌和板上,用铁锹干拌均匀,加入石子,再一起拌和均匀。将拌和物堆成长堆,倒入剩余的水,继续拌和。来回翻拌至少6遍,从加水完毕时起,当拌和物少于30L时,一般拌和4~5min。

(3)将坍落度筒踏板用脚踏紧,筒口放上漏斗,试样分三层装入筒内,每层装入高度稍大于筒高的1/3。用捣棒在每一层的横截面上均匀插捣25次,沿螺旋线由边缘至中心在全面积上插捣,插捣底层时插至底部,插捣其他两层时,应插透本层并插入下层约20~30mm。垂直插捣时(除边缘部分外),不得冲击。坍落筒及捣棒如图3-17所示。

在插捣顶层时,装入的混凝土应高出坍落筒,随插捣过程随时添加拌和物,当顶层插捣完毕后,将捣棒用锯和滚的动作清除掉多余的混凝土,用镘刀抹平筒口,刮净筒底周围的拌和物,而后立即垂直地提起坍落筒,提筒在5~10s内完成,并使混凝土不受横向及扭力作用。

从开始装筒至提起坍落筒的全过程,应在150s内完成。

(4)将坍落筒放在锥体混凝土试样一旁,筒顶平放木尺,用小钢尺量出木尺底面至试样顶面最高点的垂直距离,即为该混凝土拌和物的坍落度,精确至1mm,如图3-18所示。

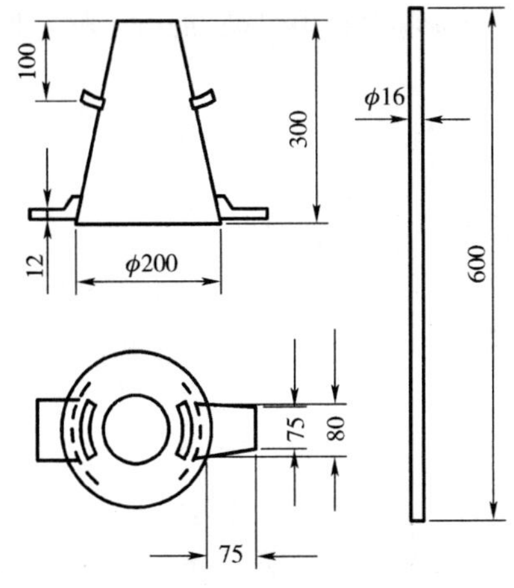

图3-17　坍落筒及捣棒(尺寸单位:mm)

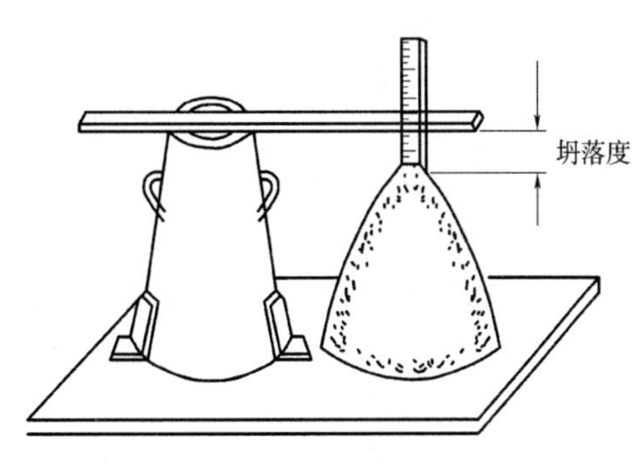

图3-18　坍落度测定

(5)当混凝土试件的一侧发生崩坍或一边剪切破坏,则应重新取样另测。如果第二次仍发生上述情况,则表示该混凝土和易性不好,应记录。

(6)当混凝土拌和物的坍落度大于220mm时,用钢尺测量混凝土扩展后最终的最大直径和最小直径,在这两个直径之差小于50mm的条件下,用其算术平均值作为坍落扩展度值;否则,此次试验无效。

(7)坍落度试验同时,可用目测方法评定混凝土拌和物的下列性质,并记录。

①棍度。按插捣混凝土拌和物时难易程度评定,分"上"、"中"、"下"三级:

"上":表示插捣容易;

"中":表示插捣时稍有石子阻滞的感觉;

"下":表示很难插捣。

②含砂情况。按拌和物外观含砂多少而评定,分"多"、"中"、"少"三级:

"多":表示用镘刀抹拌和物表面时,1~2次即可使拌和物表面平整无蜂窝;

"中":表示抹5~6次才可使表面平整无蜂窝;

"少":表示抹面困难,不易抹平,有空隙及石子外露等现象。

③黏聚性。观测拌和物各组成成分相互黏聚情况,评定方法用捣棒在已坍落的混凝土锥体一侧轻打,如锥体在轻打后渐渐下沉,表示黏聚性良好;如锥体突然倒坍,部分崩裂或发生石子离析现象,即表示黏聚性不好。

④保水性。指水分从拌和物中析出情况,分"多量"、"少量"、"无"三级评定:

"多量":表示提起坍落筒后,有较多水分从底部析出;

"少量":表示提起坍落筒后,有少量水分从底部析出;

"无":表示提起坍落筒后,没有水分从底部析出。

4. 结果整理

混凝土拌和物坍落度和坍落扩展度值以mm为单位,测量精确至1mm,结果修约至最接近的5mm。

以两次测定结果的平均值作为测定值。若两次结果相差20mm以上须作第三次试验,第三次与前两次结果均相差20mm以上时,整个试验重做。

**实训项目三:水泥混凝土毛体积密度试验**

1. 目的与适用范围

本试验适用于测定混凝土拌和物捣实后的毛体积密度,以为修正、核实混凝土配合比计算中的材料用量提供依据。

本试验适用于各类混凝土毛体积密度的测定。

2. 试验仪器

(1)量筒:其内径应不小于集料最大公称粒径的4倍,如最大粒径为40mm时,量筒容积$V=5L$,即$\phi 186mm \times 186mm$,精确至2mm(或其他合适量筒)。量筒为刚性金属圆筒。两侧装有把手,筒壁坚固且不漏水,也可用混凝土试模进行试验。

(2)弹头形捣棒:同坍落度试验用捣棒。

(3)磅秤:称量100kg、感量50g。

(4)其他:振动台、金属直尺、镘刀、玻璃板等。

3. 试验步骤

1)毛体积密度测定(人工振捣)

(1)该方法适用于测定坍落度不小于 70mm 的混凝土拌和物。先用湿布将量筒内外擦净,称出质量 $m_1$。

(2)试样分 3 层装入量筒,每层高度约为 1/3 筒高,用捣棒从边缘到中心,沿螺旋线每层插捣 25 次,捣底层时应至筒底,捣上两层时须插入其下一层约 20 ~ 30mm。每捣毕一层,应在量筒外壁拍打 10 ~ 15 次,直至拌和物表面不出现气泡为止。

(3)去掉多余混凝土,仔细用镘刀抹平表面。抹平后擦净量筒外部并称其质量 $m_2$,精确至 50g。

2)毛体积密度测定(机械振捣)

(1)本方法适用于测定坍落度小于 70mm 的混凝土拌和物。先用湿布将量筒内外擦净并称其质量 $m_1$。

(2)将量筒在振动台上夹紧,一次将拌和物装满量筒,立即开始振动,随时添加拌和物,直至拌和物表面出现水泥浆为止。

(3)从振动台上取下量筒,刮去多余混凝土,仔细用镘刀抹平表面。并用玻璃板检验抹平情况,擦净量筒外部并称其质量 $m_2$,精确至 50g。

4. 试验结果整理

毛体积密度计算公式:

$$\rho_h = \frac{(m_2 - m_1)}{V} \tag{3-30}$$

式中:$\rho_h$——拌和物毛体积密度(kg/L);

$m_1$——量筒质量(kg);

$m_2$——捣实或振实后混凝土和量筒总质量(kg);

$V$——量筒容积(L)。

以两次试验结果的算术平均值作为测定值,试样不得重复使用。

5. 试验中注意的问题

容量筒容积应经常予以校正。校正方法可采用一块能覆盖住容量筒顶面的玻璃板,先称量出玻璃板和空筒的质量,然后向容量筒中灌入清水,灌到接近上口时一边不断加水,一边把玻璃板沿筒口徐徐推入盖严,应注意使玻璃板下不带入任何气泡。然后擦净玻璃上面和筒壁外的水分,将容量筒连同玻璃板放在台秤上称量。两次称量之差(以 kg 计)即为容量筒的容积 $V$(L)。

**实训项目四:水泥混凝土抗压强度试验**

1. 目的和适用范围

本试验规定了测定混凝土抗压强度的方法,以确定水泥混凝土的强度等级,作为评定混凝土品质的主要指标。

本试验适用于各类混凝土的立方体试件。

2. 试验仪器

(1)拌和用铁板、铁锹、镘刀、小铁铲。

(2)磅秤:称量 100kg,精度 0.5kg。

(3)天平:称量 2 000g,感量 1g。

(4)量筒:1 000mL、200mL 各一个。

(5)试模:每组 3 个,尺寸为 150mm 的正方体。

(6)养护用水槽。

(7)压力试验机:上下压板平整并有足够刚度,可以均匀地连续加荷,满足试件破型吨位的要求。

3. 试验步骤

(1)将拌和铁板、铁锹用湿布擦净,称量各种材料的用量,先将水泥和砂拌和均匀摊成一薄片。倒入石子,干拌均匀。将拌和物堆成一堆,中心扒槽,将拌和水倒入约一半,仔细拌匀。再堆成堆,中心扒槽,倒入剩余水,继续拌和,防止水分流失。来回至少翻拌 6 遍,从加水完毕时起拌和时间为 4 ~ 5min。

(2)将试模擦净,边模与底模接触处涂抹黄油,防止漏浆。将试模紧密结合,试模内均匀涂抹一层机油。将试样分两层装入试模,每层插捣 25 次,插捣时按螺旋方向从边缘到中心均匀进行,捣底层时应捣至模底,捣上层时应插入该层底面下 20 ~ 30mm 处。插捣结束后,将捣棒用锯和滚的动作刮除多余混凝土,流动性小的混凝土,随时用镘刀沿试模内壁插抹数次,防止试件产生麻面。抹平试件表面,与试模高度差不超过 0.5mm。

(3)试件成型后,用湿布覆盖表面,在室温 15 ~ 25℃,相对湿度大于 50% 的情况下静放 1 ~ 2d,拆模并作第一次外观检验,编号。编号后放入水槽中养护,养护水温 17 ~ 23℃。试件如有蜂窝缺陷,应在试验前 3d 用浓水泥浆填补平整,并在报告中说明。养护至规定龄期,取出试件,擦干试件水分。先检查其形状和尺寸,量出边棱长度,精确至 1mm。试件截面面积按其与压力机上下接触面的平均值计算。在破型前,试件保持原有湿度,称出其质量。

(4)以成型时侧面为上下受压面,置试件于压力机中心,几何对中。开动压力机施加荷载。强度等级小于 C30 的混凝土取 0.3 ~ 0.5MPa/s 的加荷速度;强度等级不低于 C30 时则取 0.5 ~ 0.8MPa/s 的加荷速度。当试件接近破坏而开始迅速变形时,应停止调整试验机油门,直至试件破坏,记录破坏极限荷载。

4. 数据整理

混凝土立方体试件抗压强度计算公式:

$$f_{cu} = \frac{F}{A} \tag{3-31}$$

式中:$f_{cu}$——混凝土立方体试件抗压强度(MPa);

$F$——试件破坏荷载(N);

$A$——受压面积($mm^2$)。

以 3 个试件测值的算术平均值作为测定值。如任一个测值与中值的差值超过中值的 15% 时,取中值为测定值;如有两个测值与中值的差值均超过 15% 时,则该组试验结果无效。计算结果精确至 0.1MPa。

5. 试验中应注意的问题

(1)试件从养护地点取出后应尽快进行试验,以免试件内部的湿度发生显著变化。

(2)试验时以实测试件尺寸计算试件的承压面积,如实测尺寸与公称尺寸之差不超过 1mm,可按公称尺寸进行计算。

(3)试验应连续而均匀加荷,当试件接近破坏而开始迅速变形时,停止调整试验机油门,直至试件破坏。

(4)150mm 立方体试件的抗压强度为标准值,用其他尺寸试件测得的强度值均应乘以尺寸换算系数。

## 三、学习效果评价反馈

1. 学生自评

每位学生根据本工作任务的学习目标，自主完成下述自测，并根据表3-34的要求，完成自我检验。

**学生自评表** 表3-34

| 任务名称:水泥混凝土 | | | | | |
|---|---|---|---|---|---|
| 组号 | | 姓名 | | 学号 | | 自评成绩 | |
| 题号 | 自测1 | 自测2 | 自测3 | 自测4 | 合计 |
| 分数 | 20 | 20 | 20 | 40 | 100 |
| 得分 | | | | | |

[自测1]影响水泥混凝土干缩大小的因素有哪些？怎样减少或防止水泥混凝土的缩裂？

[自测2]影响水泥混凝土和易性的主要因素有哪些？

[自测3]水泥混凝土应具有哪些主要性能？

[自测4]假设混凝土密度为2400kg/m$^3$，经初步计算，某混凝土每立方米各种材料用量为水泥360kg，砂612kg，石子1241kg，水187kg，现试验室测得混凝土密度2350kg/m$^3$，试求修正后该混凝土配合比。如工地用砂含水率3%，石子含水率2%，均不计饱和面干含水率，求混凝土施工配合比（材料用量取整数，配合比取两位小数）。

2. 任课教师评价

主讲教师根据学生的学习态度，对学生知识的掌握情况做出综合评价，按表3-35的要求，完成教师对学生的评价。

**教师对学生的学习效果评价表** 表3-35

| 组号 | | 姓名 | | 学号 | | 成绩 | |
|---|---|---|---|---|---|---|---|
| 任务名称:水泥混凝土 | | | | | | | |
| 评价内容 | | 评价依据 | | | | 分数 | 得分 |
| 学习态度情况 | | 上课纪律、学习主动性等评价 | | | | 20 | |
| 任务自测情况 | | 自测成果的正确性与准确性 | | | | 30 | |
| 作业质量 | | 准确、清晰 | | | | 20 | |
| 学生独立解决问题能力 | | 主要对学生的创新思维能力、组织能力，学生在遇到问题时的判断能力等评价 | | | | 30 | |
| 教师签名 | | 日期 | | | | 合计 | |

# 任务3 建筑砂浆

## 一、相关知识

砂浆是由胶结料、细集料、掺和料和水配制而成的建筑工程材料，在工程中起黏结、衬垫和传递应力的作用。常用的胶结材料为水泥、石灰等，细集料则多采用天然砂。

在道路和桥隧工程中，砂浆主要用于砌筑挡土墙、桥涵或隧道等圬工砌体及砌体表面的抹面或勾缝。因此按其用途可分为砌筑砂浆和抹面砂浆。

根据目前工程使用情况，本节主要讲述水泥砂浆和水泥混合砂浆。

1. *砌筑砂浆*

砌筑砂浆是将砖、石或砌块等黏结成为整体的砂浆，它又分为水泥砂浆和水泥混合砂浆。水泥砂浆是由水泥、细集料和水配制而成的砂浆；水泥混合砂浆是由水泥、细集料、掺加料和水配制成的砂浆。现就其组成材料的要求、技术性质以及配合组成简述如下。

1）材料要求

（1）水泥

砌筑砂浆用水泥的强度等级应根据设计要求进行选择。水泥砂浆采用的水泥，其强度等级不宜大于32.5级；水泥混合砂浆采用的水泥，其强度等级不宜大于42.5级。

（2）砂

砌筑砂浆用砂宜选用中砂，其中毛石砌体宜选用粗砂。砂的含泥量不应超过5%。强度等级为M2.5的水泥混合砂浆，砂的含泥量不应超过10%。

（3）掺加料

①生石灰熟化成石灰膏时，应用孔径不大于3mm×3mm的网过滤，熟化时间不得少于7d；磨细生石灰粉的熟化时间不得小于2d。沉淀池中储存的石灰膏，应采取防止干燥、冻结和污染的措施。严禁使用脱水硬化的石灰膏。

②采用黏土或亚黏土制备黏土膏时，宜用搅拌机加水搅拌，通过孔径不大于3mm×3mm的网过筛。用比色法鉴定黏土中的有机物含量时应浅于标准色。

③制作电石膏的电石渣应用孔径不大于3mm×3mm的网过滤，检验时应加热至70℃并保持20min，没有乙炔气味后，方可使用。

④消石灰粉不得直接用于砌筑砂浆中。

⑤石灰膏、黏土膏和电石膏试配时的稠度，应为（120±5）mm。

（4）粉煤灰

粉煤灰的品质指标和磨细生石灰的品质指标应符合国家标准《用于水泥和混凝土中的粉煤灰》（GB 1596—2005）及行业标准《建筑生石灰》（JC/T 480—92）的要求。

（5）水

配制砂浆用水应符合现行行业标准《混凝土拌和用水标准》（JCJ 63—2006）的规定。

（6）外加剂

砌筑砂浆中掺入的砂浆外加剂，应具有法定检测机构出具的该产品砌体强度的型式检验报告，并经砂浆性能试验合格后，方可使用。

2）技术条件

（1）砂浆强度

砌筑砂浆的强度等级宜采用M20、M15、M10、M7.5、M5、M2.5。

（2）砂浆的密度

水泥砂浆拌和物的密度不宜小于1 900kg/m$^3$；水泥混合砂浆拌和物的密度不宜小于1 800kg/m$^3$。

（3）新拌砂浆的和易性

砂浆的组成中没有粗集料，因此和易性包括流动性及保水性两方面要求。

①流动性。是指新拌砂浆在自重或外力作用下，易于产生流动的性质。砂浆的流动性是用稠度表示的。

砂浆的流动性与用水量、胶结材料的品种和用量、细集料的级配和表面特征、掺和料及外加剂的特性和用量、拌和时间等因素有关。

砂浆的流动性是用"稠度"来表示。稠度是采用稠度仪(图3-19)测定。测定方法是将砂浆拌和物一次装入稠度仪的容器中，使砂浆表面低于容器口10mm左右，用捣棒插捣25次，然后轻轻将容器摇动或敲击5~6下，使砂浆表面平整，将容器置于稠度仪上，使试锥与砂浆表面接触，旋紧制动螺丝，使指针对准零。拧开制动螺丝，同时计时间，待10s立即固定螺丝，从刻度盘读出试锥下沉深度(精确至1mm)即为砂浆的稠度。其稠度应按表3-36的规定选用。

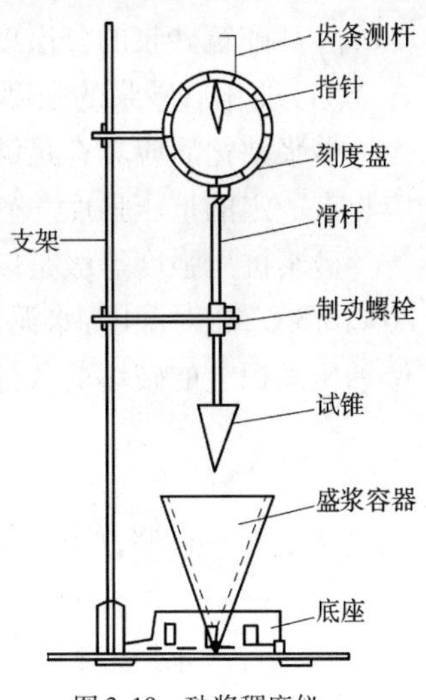

图3-19　砂浆稠度仪

砌筑砂浆的稠度　　表3-36

| 砌　体　种　类 | 砂　浆　稠　度　(mm) |
| --- | --- |
| 烧结普通砖砌体 | 70~90 |
| 轻集料混凝土小型空心砌块砌体 | 60~90 |
| 烧结多孔砖，空心砖砌体 | 60~80 |
| 烧结普通砖平拱式过梁<br>空斗墙，筒拱<br>普通混凝土小型空心砌块砌体<br>加气混凝土砌块砌体 | 50~70 |
| 石砌体 | 30~50 |

砂浆的流动性主要取决于用水量以及胶结材料的种类和用量、细集料的种类、颗粒形状及粗糙程度和级配等。

②保水性。砂浆保水性是指砂浆能保持水分的性能。砂浆在运输、静置或砌筑过程中，水分不应从砂浆中离析，并使砂浆保持必要的稠度，便于操作；同时使水泥正常水化，保证砌体强度。

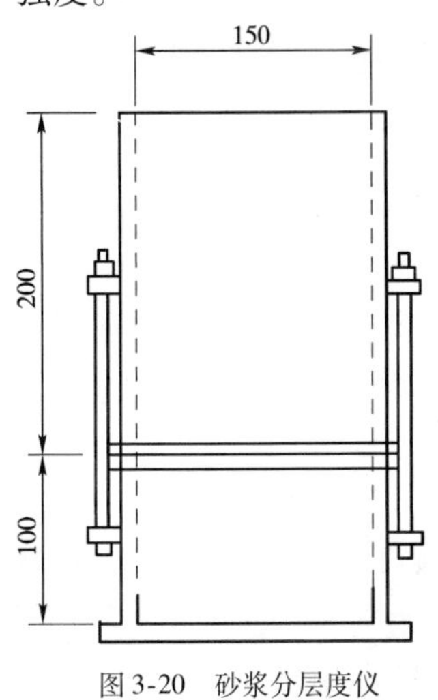

图3-20　砂浆分层度仪

保水性差的砂浆不仅易引起泌水、流浆现象，而且会影响砂浆和砌筑材料的黏结和砂浆的硬化，降低砌体的强度。

砂浆的保水性与胶结材料的类型和用量，细集料的级配、用水量以及有无掺和料和外加剂等有关。为提高保水性，可掺加石灰膏、粉煤灰和微沫剂等。

砂浆的保水性采用"分层度"表示。分层度是用分层度仪(图3-20)测定。其方法是将已测定稠度的砂浆装入内径15cm、高30cm的分层度仪内，待装满后，用木槌在分层度仪周围距离大致相等的4个不同地方轻轻敲击1~2下，如砂浆沉落到低于筒口，则应随时添加，然后刮去多余的砂浆并抹平。静置30min后，去掉上节200mm砂浆，剩余的砂浆，倒出放在拌和锅中拌2min，测定其稠度。分层前后测得的稠度之差即为该砂浆的分层度(以

cm 计)。砌筑砂浆的分层度不应大于 30mm。

(4)硬化后砂浆的强度

砂浆硬化后应具有足够的强度。砂浆在圬工砌体中,主要是传递压力,所以要求砌筑砂浆应具有一定的抗压强度。砂浆抗压强度是确定其强度等级的重要依据。

砂浆抗压强度等级是以 70.7mm×70.7mm×70.7mm 的正立方体试件,在标准条件(温度 20℃ ±3℃,相对湿度:水泥混合砂浆 60% ~80%,水泥砂浆 90% 以上)下,养护 28d 龄期的单位承压面积上的破坏荷载计算:

$$f_{m,cu} = \frac{F_u}{A} \tag{3-32}$$

式中:$f_{m,cu}$——砂浆立方体抗压强度(MPa);

$F_u$——破坏荷载(N);

$A$——承压面积($mm^2$)。

(5)黏结力

砂浆应具有较强的黏结力,以便将砌体材料牢固黏结成为一个整体。砂浆的黏结力与其强度密切相关,通常砂浆强度越高则黏结力越大。此外,砖石表面状态、清洁程度、湿润情况及施工养护条件也对黏结力有一定的影响。

(6)耐久性

圬工砂浆经常受环境水的作用,故除强度外,还应考虑抗渗、抗冻、抗侵蚀等性能。提高砂浆的耐久性,主要是提高其密实度。具有冻融循环次数要求的砌筑砂浆,经冻融试验后,质量损失率不得大于 5%,抗压强度损失率不得大于 25%。

砂浆试配时应采用机械搅拌。搅拌时间,应自投料结束算起,并应符合下列规定:

①对水泥砂浆和水泥混合砂浆,不得小于 120s。

②对掺用粉煤灰和外加剂的砂浆,不得小于 180s。

3)砌筑砂浆的配合比计算

(1)水泥混合砂浆配合比计算

砂浆配合比的确定,应按下列步骤进行:

①计算砂浆试配强度 $f_{m,o}$(MPa)

$$f_{m,o} = f_2 + 0.645\sigma \tag{3-33}$$

式中:$f_{m,o}$——砂浆的试配强度,精确至 0.1MPa;

$f_2$——砂浆强度等级,精确至 0.1MPa;

σ——砂浆现场强度标准差,精确至 0.01MPa。

砌筑砂浆现场强度标准差的确定应符合下列规定:

a. 当有统计资料时,应按下式计算:

$$\sigma = \sqrt{\frac{\sum_{i=1}^{n} f_{m,i}^2 - n\mu_{f_m}^2}{n-1}} \tag{3-34}$$

式中:$f_{m,i}$——统计周期内同一品种砂浆第 $i$ 组试件的强度(MPa);

$\mu_{f_m}$——统计周期内同一品种砂浆 $n$ 组试件强度的平均值(MPa);

$n$——统计周期内同一品种砂浆试件的总组数,$n \geq 25$。

b. 当不具有近期统计资料时,砂浆现场强度标准差 $\sigma$ 可按表 3-37 取用。

砂浆强度标准差 σ 选用值(MPa) 表 3-37

| 施工水平 \ 砂浆强度等级 | M2.5 | M5 | M7.5 | M10 | M15 | M20 |
|---|---|---|---|---|---|---|
| 优良 | 0.50 | 1.00 | 1.50 | 2.00 | 3.00 | 4.00 |
| 一般 | 0.62 | 1.25 | 1.88 | 2.50 | 3.75 | 5.00 |
| 较差 | 0.75 | 1.50 | 2.25 | 3.00 | 4.50 | 6.00 |

②计算每立方米砂浆中的水泥用量 $Q_c$(kg)

每立方米砂浆中的水泥用量,应按下式计算:

$$Q_c = \frac{1\,000(f_{m,o} - \beta)}{\alpha \cdot f_{ce}} \tag{3-35}$$

式中:$Q_c$——每立方米砂浆的水泥用量,精确至1kg;

$\alpha$、$\beta$——砂浆的特征系数,其中 $\alpha = 3.03$,$\beta = -15.09$;

$f_{ce}$——水泥的实测强度,精确至0.1MPa。在无法取得水泥的实测强度值时,可按下式计算 $f_{ce}$:

$$f_{ce} = \gamma_c \cdot f_{ce,k} \tag{3-36}$$

$f_{ce,k}$——水泥强度等级对应的强度值。

注:各地区也可用本地区试验资料确定 $\alpha$、$\beta$ 值,统计用的试验组数不得少于30组。

③计算每立方米砂浆掺加料用量 $Q_D$(kg)

水泥混合砂浆的掺加料用量应按下式计算:

$$Q_D = Q_A - Q_C \tag{3-37}$$

式中:$Q_D$——每立方米砂浆的掺加料用量,精确至1kg,石灰膏、黏土膏使用时的稠度(120±5)mm;

$Q_C$——每立方米砂浆的水泥用量,精确至1kg;

$Q_A$——每立方米砂浆中水泥和掺加料的总量,精确至1kg,为保证和易性,水泥混合砂浆中水泥和掺加料总量宜为300~350kg/m$^3$。

④确定每立方米砂浆砂用量 $Q_s$(kg)

每立方米砂浆中的砂子用量,应按干燥状态(含水率小于0.5%)的堆积密度值作为计算值 $Q_s$(kg)。

⑤按砂浆稠度选用每立方米砂浆用水量 $Q_w$(kg)

每立方米砂浆中的用水量,根据砂浆稠度等要求可选用240~310kg。

注:①混合砂浆中的用水量,不包括石灰膏或黏土膏中的水。

②当采用细砂或粗砂时,用水量分别取上限或下限。

③稠度小于70mm时,用水量可小于下限。

④施工现场气候炎热或干燥季节,可酌量增加用水量。

⑥进行砂浆试配,确定砂浆配合比

按计算所得配合比进行试拌时,应测定其拌和物的稠度和分层度,当不能满足要求时,应调整材料用量,直到符合要求为止。然后确定为试配时的砂浆基准配合比。

试配时至少应采用3个不同的配合比,其中一个为按以上计算得出的基准配合比,其他配合比的水泥用量应按基准配合比分别增加及减少10%。在保证稠度、分层度合格的条件下,可将用水量或掺加料用量作相应调整。

对3个不同的配合比进行调整后,应按现行行业标准《建筑砂浆基本性能试验方法标准》

(JTG/T 70—2009)的规定成型试件,测定砂浆强度,并选定符合试配强度要求的且水泥用量最低的配合比作为砂浆配合比。

(2)水泥砂浆配合比选用

①因为水泥强度太高,砂浆强度太低,造成通过计算得出的水泥用量偏少,所以直接查表确定,避免由于计算带来的不合理情况。水泥砂浆材料用量可按表3-38选用。

**每立方米水泥砂浆材料用量(kg)** 表3-38

| 强度等级 | 每立方米砂浆水泥用量 | 每立方米砂浆砂子用量 | 每立方米砂浆用水量 |
|---|---|---|---|
| M2.5 ~ M5 | 200 ~ 230 | $1m^3$砂子的堆积密度值 | 270 ~ 330 |
| M7.5 ~ M10 | 220 ~ 280 | | |
| M15 | 280 ~ 340 | | |
| M20 | 340 ~ 400 | | |

注:①本表水泥强度等级为32.5级,大于32.5级水泥用量宜取下限,为保证和易性,水泥砂浆中水泥用量不应小于$200kg/m^3$。

②根据施工水平合理选择水泥用量。

③当采用细砂或粗砂时,用水量分别取上限或下限。

④稠度小于70mm时,用水量可小于下限。

⑤施工现场气候炎热或干燥季节,可酌量增加用水量。

⑥试配强度应按式(3-33)计算。

②砂浆配合比试配、调整与确定。试配时应采用工程中实际使用的材料。砂浆配合比试配、调整与确定过程与水泥混合砂浆同。

2. 抹面砂浆

涂抹于建筑物或建筑构件表面的砂浆称为抹面砂浆。

由于抹面砂浆常用于桥涵圬工砌体和地下物的表面,一般对抹面砂浆的强度要求不高,但要求保水性好,与基底的黏附性好。

按使用要求不同,抹面砂浆又分为普通抹面砂浆和防水抹面砂浆等。

普通抹面砂浆可对砌体起保护作用,通常分两层或三层施工。要求砂浆具有较高的流动性和保水性。其组成可参考有关施工手册。

防水砂浆主要用于隧道和地下工程。可用普通水泥砂浆制作,也可在水泥砂浆中掺入防水剂。常用的防水剂有:氯化物金属盐类防水剂,水玻璃防水剂和金属皂类防水剂等。近年来还掺加高聚物涂料,使之尽快形成密实的刚性砂浆防水层。

## 二、任务实施

### 实训项目一:砂浆稠度试验

1. 目的与适用范围

砂浆是由细集料、胶凝材料及水所组成。要求砂浆能敷抹在砌筑材料上成为致密、平整的薄层,并能将砌筑材料很好地粘为一体。因此,除测定砂浆硬化后的强度外,尚需测定新拌砂浆的稠度。

2. 试验仪器

(1)砂浆稠度仪。由试锥、容器和支座三部分组成。试锥由钢材或铜材制成,试锥高度为145mm,锥底直径为75mm,试锥连同滑杆的质量应为300g。盛砂浆容器由钢板制成,筒高

180mm，锥底内径150mm。支座分底座、支架及稠度显示三个部分，由铸铁、钢及其他金属制成。

（2）钢制捣棒。直径10mm、长350mm，端部磨圆。

3. 砂浆的制备

试验室拌制砂浆进行试验时，拌和用的材料要求提前运入室内，试验室的温度应保持在(20±5)℃。试验用水泥和其他原材料应与现场使用材料一致。水泥应通过0.9mm方孔筛，细集料应采用干砂或饱和面干砂，通过4.75mm筛，如砌筑砖砌体的砂浆用砂，须筛去大于2.36mm的颗粒。

按选好的砂浆配合比，称出各种材料的用量，在拌锅内或拌盘上干拌均匀，在中间做一凹槽，将称好的石灰膏或黏土膏（混合砂浆）倒入凹槽中，再倒入一部分水，将石灰膏或黏土膏稀释，然后充分拌和，并逐步加水，直至混合料色泽一致，一般须拌和5min。拌和好之后立即进行稠度测定。

4. 试验步骤

（1）盛浆容器和试锥表面用湿布擦干净，并用少量润滑油轻擦滑杆，将滑杆上多余的油用吸油纸擦净，使滑杆能自由滑动。

（2）将拌好的砂浆一次装入砂浆筒内，使砂浆表面低于容器口约10mm，用捣棒自容器中心向边缘插捣25次，然后轻轻地将容器插动或敲击5~6下，使砂浆表面平整，随后将容器置于砂浆稠度测定仪的底座上。

（3）拧开试锥滑动杆的制动螺栓，向下移动滑杆，当试锥尖端与砂浆表面刚接触时，拧紧制动螺栓，使齿条测杆下端刚好接触滑杆上端，并将指针对准零点上。

（4）拧开制动螺丝，同时记时间，待10s立即固定螺栓，将齿条测杆下端接触滑杆上端，从刻盘上读出下沉深度（精确至1mm）即为砂浆的稠度值。

（5）圆锥形容器内的砂浆，只允许测定一次稠度，重复测定时，应重新取样测定。

（6）结果评定

①取两次试验结果的算术平均值，计算值精确至1mm。

②两次试验值之差如大于20mm，则应另取砂浆拌和后重新测定。

**实训项目二：砌筑砂浆抗压强度试验**

1. 试验目的

测定砂浆的抗压强度，作为评定砂浆质量的一项依据。

2. 试验仪器

（1）压力试验机。采用精度不大于±2%的试验机，其量程应能使试件的预期破坏荷载值不小于全量程的20%，也不大于全量程的80%。

（2）试件尺寸为70.7mm×70.7mm×70.7mm立方体，分有底试模和无底试模两种。由铸铁或钢制成，应具有足够的刚度并拆装方便。试模内的表面应机械加工，其不平度应为每100mm不超过0.05mm。组装后的不垂直不应超过±5℃。

（3）捣棒为直径10mm、长350mm的钢棒，端部磨圆。

（4）试验机及上、下压板及试件之间可以垫钢板，垫板的尺寸应大于试件的承压面，其不平度应为每100mm不超过0.2mm。

3. 试验步骤

（1）制作用于多孔基底的砂浆试件时，将无底试模放在预先铺有吸水性良好的纸的普通黏土砖上(砖的吸水率不小于10%,含水率不大于20%),试模内部事先涂刷薄层机油或脱模剂。

(2)放于砖上的湿纸,应为湿的新闻纸(或其他粘过胶凝材料的纸),纸的大小要以能盖过砖的四边为准,砖的使用面要求平整,凡砖的4个垂直面粘过水泥或其他胶凝材料后,不允许再使用。

(3)向试模内一次注满砂浆,用捣棒均匀由外向里按螺旋方向插捣25次,为了防止低稠度砂浆插捣后可能留下孔洞,允许用油灰刀沿壁模插数次,使砂浆高出试模顶面6~8mm。

(4)当砂浆表面开始呈麻斑状态时(约15~30min),将高出部分的砂浆沿试模顶面削去抹平。

(5)试件制作后应在(25±5)℃温度环境下停置一昼夜(24±2)h。当气温较低时,可适当延长时间,但不应超过两昼夜,然后对试件进行编号并拆模。试件拆模后,应在标准养护条件下继续养护至28d,然后进行试压。

(6)标准养护的条件是:水泥混合砂浆应为温度(25±3)℃,相对湿度60%~80%;水泥砂浆和微沫砂浆应为温度(25±3)℃,相对湿度90%以上;养护期间,试件彼此间隔不少于10mm。

(7)试件从养护地点取出后,应尽快进行试验,以免试件内部的温度发生显著变化。试验前先将试件擦拭干净,测量尺寸并检查其外观。试件尺寸测量精确至1mm,并据此计算试件的承压面积。如实测尺寸与公称尺寸之差不超过1mm,可按公称尺寸进行计算。

(8)将试件安放在试验机的下压板上(或上垫板上),试件的承压面应与成型时的顶面垂直,试件中心应与试验机的下压板(或下垫板)中心对准。开动试验机,当上压板与试件(或上垫板)接近时,调整球座,使接触面均衡受压。承压试验应连续而均匀地加荷,加荷速度应为0.5~1.5kN/s(砂浆强度5MPa及5MPa以下时,取下限为宜),当试件接近破坏而开始迅速变形时,停止调整试验机油门,直至试件破坏,然后记录破坏荷载$P_u$。

4.数据整理

砂浆立方体抗压强度应按下式计算:

$$f_{m,cu}=\frac{P_u}{A} \tag{3-38}$$

式中:$f_{m,cu}$——砂浆立方体抗压强度(MPa);

$P_u$——立方体破坏压力(N);

$A$——试件承压面积($mm^2$)。

5.结果评定

砂浆立方体抗压强度计算应精确至0.1MPa。

以6个试件测值的算术平均值作为该组试件的抗压强度值,平均值计算精确至0.1MPa。

当6个试件的最大值或最小值与平均值的差超过20%时,以中间4个试件的算术平均值作为该组试件的抗压强度值。

## 三、学习效果评价反馈

1.学生自评

每位学生根据本工作任务的学习目标,自主完成下述自测,并根据表3-39的要求,完成自我检验。

[自测1]施工中新拌砂浆有哪些主要技术性质?

学 生 自 评 表 表 3-39

| 任务名称:建筑砂浆 | | | | | | | |
|---|---|---|---|---|---|---|---|
| 组号 | | 姓名 | | 学号 | | 自评成绩 | |
| 题号 | 自测 1 | | 自测 2 | 自测 3 | 自测 4 | 合计 | |
| 分数 | 20 | | 20 | 20 | 40 | 100 | |
| 得分 | | | | | | | |

[自测 2]新拌砂浆的和易性包括哪些内容?

[自测 3]砌筑砂浆的配合比如何计算?

[自测 4]配制某强度等级混合砂浆,每立方米需用水泥 168kg,已知水泥堆积密度 $c=1\ 300\text{kg/m}^3$,石灰膏密度 $D=1\ 350\text{kg/m}^3$,试计算混合砂浆初步配合比。

2. 任课教师评价

主讲教师根据学生的学习态度,对学生知识的掌握情况做出综合评价,按表 3-40 的要求,完成教师对学生的评价。

教师对学生的学习效果评价表 表 3-40

| 组号 | | 姓名 | | 学号 | | 成绩 | |
|---|---|---|---|---|---|---|---|
| 任务名称:建筑砂浆 | | | | | | | |
| 评价内容 | | | 评价依据 | | | 分数 | 得分 |
| 学习态度情况 | | | 上课纪律、学习主动性等评价 | | | 20 | |
| 任务自测情况 | | | 自测成果的正确性与准确性 | | | 30 | |
| 作业质量 | | | 准确、清晰 | | | 20 | |
| 学生独立解决问题能力 | | | 主要对学生的创新思维能力、组织能力,学生在遇到问题时的判断能力等评价 | | | 30 | |
| 教师签名 | | | 日期 | | | 合计 | |

# 项目四　路基土石方工程质量检测

知识目标：

1. 能正确描述路基压实度的检测方法及要求。
2. 能正确描述挖坑灌砂法检测压实度的原理，并能进行现场检测及数据处理。
3. 能正确描述环刀法检测压实度的原理，并能进行现场检测及数据处理。
4. 能正确描述核子密度仪检测压实度的原理，并能进行现场检测及数据处理。
5. 能正确描述路基路面回弹弯沉基本概念。
6. 能正确描述贝克曼梁法检测路基回弹弯沉并能进行现场检测及数据处理。
7. 能正确描述路基路面平整度检测的意义、方法及指标。
8. 能用正确描述三米直尺法检测路基路面的平整度的原理，能在现场进行检测并进行数据处理。

能力目标：

1. 能用灌砂法、环刀法检测路基的施工压实度并进行数据处理。
2. 能对压实度的检测结果进行评定。
3. 能用贝克曼梁法检测现场路基回弹弯沉并进行数据处理。
4. 能用三米直尺法检测路基路面的平整度，并进行数据处理。

## 任务1　土方路基质量检测

### 一、相关知识

为了判断土方路基质量，必须对其进行检测，根据《公路工程质量检验评定标准》（JTG F80/1—2004）（以下简称“检评标准”），土方路基实测项目见表4-1。

土方路基实测项目　　表4-1

| 项次 | 检查项目 | | | 规定值或允许偏差 | | | 检查方法和频率 | 权值 |
|---|---|---|---|---|---|---|---|---|
| | | | | 高速公路一级公路 | 其他公路 | | | |
| | | | | | 二级公路 | 三、四级公路 | | |
| 1 | 压实度（%） | 零填及挖方（m） | 0～0.30 | — | — | 94 | 按附录B检查。密度法：每200m每压实层测4处 | 3 |
| | | | 0～0.80 | ≥96 | ≥95 | — | | |
| | | 填方（m） | 0～0.80 | ≥96 | ≥95 | ≥94 | | |
| | | | 0.80～1.50 | ≥94 | ≥94 | ≥93 | | |
| | | | >1.50 | ≥93 | ≥92 | ≥90 | | |

续上表

| 项次 | 检查项目 | 规定值或允许偏差 | | | 检查方法和频率 | 权值 |
|---|---|---|---|---|---|---|
| | | 高速公路 一级公路 | 其他公路 | | | |
| | | | 二级公路 | 三、四级公路 | | |
| 2 | 弯沉(0.01mm) | 不大于设计要求值 | | | 按附录 I 检查 | 3 |
| 3 | 纵断高程(mm) | +10，-15 | +10，-20 | | 水准仪：每 200m 测 4 断面 | 2 |
| 4 | 中线偏位(mm) | 50 | 100 | | 经纬仪：每 200m 测 4 点，弯道加 HY、YH 两点 | 2 |
| 5 | 宽度(mm) | 不小于设计 | | | 米尺：每 200m 测 4 处 | 2 |
| 6 | 平整度(mm) | 15 | 20 | | 3m 直尺：每 200m 测 2 处×10 尺 | 2 |
| 7 | 横坡(%) | ±0.3 | ±0.5 | | 水准仪：每 200m 测 4 个断面 | 1 |
| 8 | 边坡 | 不陡于设计值 | | | 尺量：每 200m 测 4 处 | 1 |

注：①表列压实度以重型击实试验法为准，评定路段内的压实度平均值下置信界限不得小于规定标准，单个测定值不得小于极值(表列规定值减 5 个百分点)。小于表列规定值 2 个百分点的测点，按其数量占总检查点的百分率计算减分值。

②采用核子仪检验压实度时应进行标定试验，确认其可靠性。

③特殊干旱、特殊潮湿地区或过湿土路基，可按交通运输部颁发的路基设计、施工规范所规定的压实度标准进行评定。

④三级公路修筑沥青混凝土或水泥混凝土路面时，其路基压实度应采用二级公路标准。

## 二、任务实施

### 实训项目一：挖坑灌砂法路基压实度检测

1. 压实的含义

把一定体积的路基土压缩到更小体积的过程称为压实。在此过程中，颗粒被相互挤压到一起，孔隙减少，材料密度得到提高。高标准压实是保证路基强度和稳定性的一项最经济有效的技术措施。

2. 压实度的概念

土基的压实度是指压实层材料压实后的干密度与该材料的标准最大干密度之比，用百分数表示。

3. 压实度检测方法及适用范围

在压实度检测过程中，现场密度主要检测方法及各方法的适用范围见表 4-2。路基的压实度以重型击实标准为准，对于特殊干旱、潮湿地区或过湿土以及铺筑中、低级路面的三、四级公路路基，则以路基设计施工规范规定的击实试验方法和压实度标准进行评定。

1)灌砂法的适用范围与规定

灌砂法适用于在现场测定基层(或底基层)、砂石路面及路基上的各种材料压实层的密度和压实度检测，但不适用于填石路堤等有大孔洞或大孔隙材料压实度检测。

现场密实度检测方法及适用范围比较 表4-2

| 试验方法 | 适用范围 | 备注 |
|---|---|---|
| 灌砂法 | 适用于在现场测定基层(或底基层)、砂石路面及路基土的各种材料压实层的密度和压实度。也适用于沥青表面处治、沥青灌入式面层的密度和压实度检测,但不适用于填石路堤等有大孔洞或大孔隙材料的压实度检测 | |
| 环刀法 | 适用于细粒土及无机结合料稳定细粒土的密度测试。但对无机结合料稳定细粒土,其龄期不宜超过2d,且适用于施工过程中的压实度检测 | |
| 核子密度仪法 | 适用于现场用核子密度仪以散射法或直接透射法测定路基或路面材料的密度和含水率,并计算施工压实度。适用于施工质量的现场快速评定,不宜用作仲裁试验或评定验收试验 | 《路面检测技术》中介绍 |
| 钻芯法 | 适用于检验从压实的沥青路面上钻取的芯样试件的密实度,以评定沥青面层的施工压实度,同时适用于龄期较长的无机结合料稳定类基层和底基层的密度检测 | |

用挖坑灌砂法测定密度和压实度时,应符合下列规定:

①当集料的最大粒径小于13.2mm,测定层的厚度不超过150mm时,宜采用$\phi$100mm的小型灌砂筒测试。

②当集料的最大粒径等于或大于13.2mm,但不大于31.5mm,测定层的厚度超过150mm,但不超过200mm时,应用$\phi$150mm的大型灌砂筒测试。

2)仪具与材料

(1)灌砂筒:有大小两种,根据需要采用,形式和主要尺寸见图4-1、图4-2及表4-3。储砂筒筒底中心有一圆孔,下部装一倒置的圆锥形漏斗,上端开口,直径与储砂筒的圆孔相同。漏斗焊接在一块铁板上,铁板中心有一圆孔与漏斗上开口相接,在储砂筒筒底与漏斗顶端铁板之间设有开关,开关为一薄铁板,一端与筒底及漏斗铁板铰接在一起,另一端伸出筒身外,开关铁板上也有一个相同直径的圆孔。

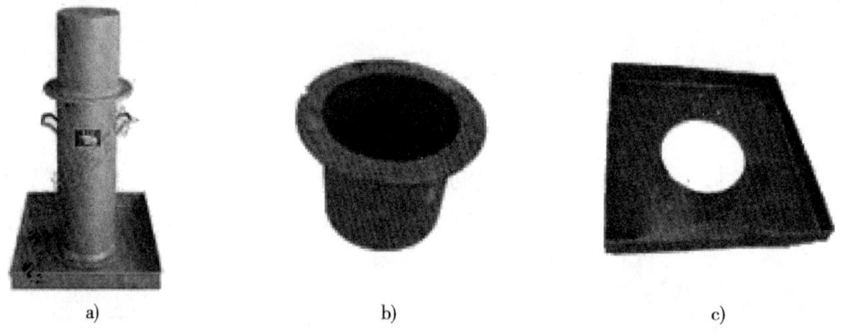

a) b) c)

图4-1 灌砂筒、标定罐和基板实物图

(2)金属标定罐:用薄铁板制作的金属罐,上端周围有一罐缘。

(3)基板:用薄铁板制作的金属方盘,盘的中心有一圆孔。

(4)玻璃板:边长约500~600mm的方形板。

(5)试样盘:小筒挖出的试样可用饭盒存放,大筒挖出的试样可用300mm×500mm×40mm的搪瓷盘存放。

(6)天平或台秤:称量10~15kg,感量不大于1g,用于含水率测定的天平精度,对细粒土、中粒土、粗粒土宜分别为0.01g、0.1g、1.0g。

(7)含水率测定器具:如铝盒、烘箱等。

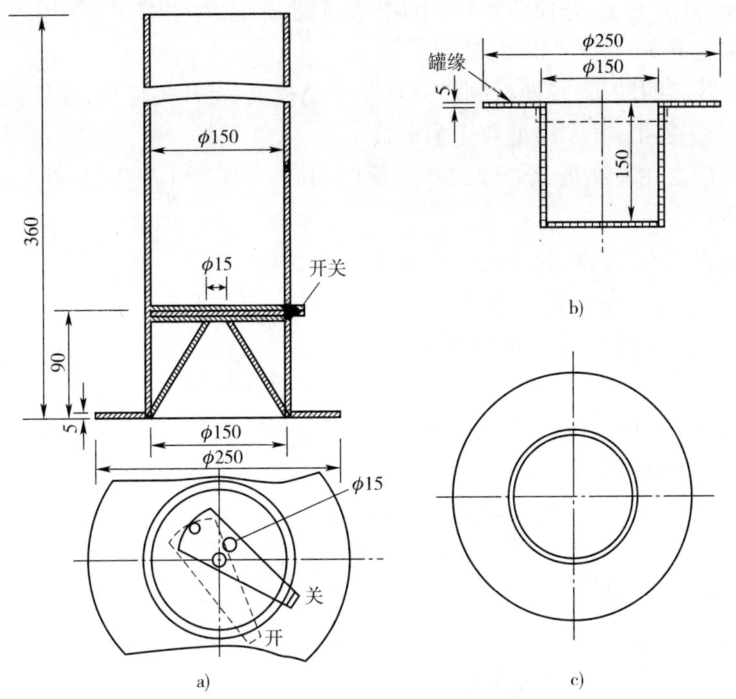


图4-2 灌砂筒和标定罐(尺寸单位:mm)

灌砂仪的主要尺寸 表4-3

| 结构 | | 小型灌砂筒 | 大型灌砂筒 |
|---|---|---|---|
| 储砂筒 | 直径(mm) | 100 | 150 |
| | 容积($cm^3$) | 2 120 | 4 600 |
| 流砂孔 | 直径(mm) | 10 | 15 |
| 金属标定罐 | 内径(mm) | 100 | 150 |
| | 外径(mm) | 150 | 200 |
| 金属方盘基板 | 边长(mm) | 350 | 400 |
| | 深(mm) | 40 | 50 |
| | 中孔直径(mm) | 100 | 150 |

(8)量砂:粒径0.3~0.60mm或0.25~0.50mm清洁干燥的均匀砂,约20~40kg,使用前须洗净、烘干,并放置足够的时间,使其与空气的湿度达到平衡。

(9)盛砂的容器:塑料桶等。

(10)其他:凿子、改锥、铁锤、长把勺、长把小簸箕、毛刷等。

3)检测方法与步骤

(1)对检测对象的试样用同种材料进行击实试验,得到最大干密度$\rho_c$及最佳含水率。

(2)选用适宜的灌砂筒。

(3)按下列步骤标定灌砂筒下部圆锥体砂的质量:

①在灌砂筒筒口高度上,向灌砂筒内装砂至距筒顶15mm左右为止。称取装入筒内砂的质量$m_1$,准确至1g。以后每次标定及试验都应该维持装砂高度与质量不变。

②将开关打开,使灌砂筒筒底的流砂孔、圆锥形漏斗上端开口的圆孔及开关铁板中心的圆

孔上下对准，让砂自由流出，并使流出砂的体积与工地所挖试坑内的体积相当（或等于标定罐的容积），然后关上开关，称灌砂筒内剩余质量 $m_5$。

③不晃动储砂筒的砂，轻轻地将罐砂筒移至玻璃板上，将开关打开，让砂流出，直到筒内砂不再下流时，将开关关上，并细心地取走灌砂筒。

④收集并称量留在玻璃板上的砂或称量筒内的砂，准确至1g。玻璃板上的砂就是填满筒下部圆锥体的砂 $m_2$。

⑤重复上述测量3次，取其平均值。

（4）按下列步骤标定量砂的松方密度 $\gamma_s$：

①用水确定标定罐的容积 $V$，准确至1mL。

②用储砂筒中装入质量为 $m_1$ 的砂，并将灌砂筒放在标定罐上，将开关打开，让砂流出。在整个流砂过程中，不要碰到灌砂筒，直到储砂筒内的砂不再下流时，将开关关闭，取下灌砂筒，称取筒内剩余砂的质量 $m_3$，准确至1g。

③按下式计算填满标定罐所需砂的质量 $m_a$：

$$m_a = m_1 - m_2 - m_3 \tag{4-1}$$

式中：$m_a$——标定罐中砂的质量（g）；

$m_1$——装入灌砂筒内的砂的总质量（g）；

$m_2$——灌砂筒下部圆锥体内砂的质量（g）；

$m_3$——灌砂入标定罐后，筒内剩余砂的质量（g）。

④重复上述测量3次，取其平均值。

⑤按下式计算量砂的密度 $\gamma_s$：

$$\gamma_s = \frac{m_a}{V} \tag{4-2}$$

式中：$\gamma_s$——量砂的密度（$g/cm^3$）；

$V$——标定罐的体积（$cm^3$）。

（5）试验步骤

①在测试地点，选一块约40cm×40cm的平坦表面，并将其清扫干净，其面积不得小于基板面积。

②将基板放在平坦表面上，当表面的粗糙度较大时，则将盛有量砂 $m_5$ 的灌砂筒放在基板中间的圆孔上，将灌砂筒的开关打开，让砂流入基板的中孔内，直到储砂筒内的砂不再下流时关闭开关。取下灌砂筒，并称量筒内砂的质量 $m_6$，准确至1g。

当需要检测厚度时，应先测量厚度后再进行这一步骤。

③取走基板，并将留在试验地点的量砂收回，重新将表面清扫干净。

④将基板放回清扫干净的表面上（尽量放在原处），沿基板中孔凿洞（洞的直径与灌砂筒一致）。在凿筒过程中，应注意不使凿出的材料丢失，并随时将凿松的材料取出装入塑料袋中，不使水分蒸发。也可放在大试样盒内，试洞的深度应等于测定层厚度，但不得有下层材料混入，最后将洞内的全部凿松材料取出。对土基或基层，为防止试样盘内材料的水分蒸发，可分几次称取材料的质量。全部取出材料的总质量为 $m_w$，准确至1g。

⑤从挖出的全部材料中取出有代表性的样品，放在铝盒或洁净的搪瓷盘中，测定其含水率（$w$，以%计）。样品的数量如下：用小灌砂筒测定时，对于细粒土，不少于100g；对于各种中粒土，不少于500g。用大灌砂筒测定时，对于细粒土，不少于200g；对于各种中粒土，不少于

1 000g；对于粗粒土或水泥、石灰、粉煤灰等无机结合料稳定材料，宜将取出的全部材料烘干，且不少于 2 000g，称其质量 $m_d$，准确至 1g。

当为沥青表面处治或沥青贯入式结构类材料时，则省去测定含水率步骤。

⑥将基板安放在试坑上，将灌砂筒安放在基板中间（储砂筒内放满砂到要求质量 $m_1$），使灌砂筒的下口对准基板的中孔及试洞，打开灌砂筒的开关，让砂流入试坑内。在此期间，应注意勿碰动灌砂筒。直到储砂筒内的砂不再下流时，关闭开关，仔细取走灌砂筒，并称量筒内剩余砂的质量 $m_4'$准确至 1g。

⑦如清扫干净的平坦表面粗糙度不大，可省去②和③的操作。在试洞挖好后，将灌砂筒直接对准放在试坑上，中间不需要放基板，打开筒的开关，让砂流入试坑内。在此期间，应注意勿碰动灌砂筒。直到储砂筒内的砂不再下流时，关闭开关，仔细取走灌砂筒，并称量剩余砂的质量 $m_4'$，准确至 1g。

⑧仔细取出试筒内的量砂，以备下次试验时再用。若量砂的湿度已发生变化或量砂中混有杂质，则应该重新烘干，过筛，并放置一段时间，使其与空气的湿度达到平衡后再用。

4）检测结果计算

（1）按下列各式分别计算填满试坑所用砂的质量：

灌砂时，试坑上放有基板时：

$$m_b = m_1 - m_4 - (m_5 - m_6) \tag{4-3}$$

灌砂时，试坑上不放基板时：

$$m_b = m_1 - m_4' - m_2 \tag{4-4}$$

式中：$m_b$——填满试坑的质量（g）；

$m_1$——灌砂前灌砂筒内砂的质量（g）；

$m_2$——灌砂筒下部圆锥体内砂的质量（g）；

$m_4$、$m_4'$——灌砂后，灌砂筒内剩余砂的质量（g）；

$m_5 - m_6$——灌砂筒下部锥体内及基板和粗糙表面砂的合计质量（g）。

（2）按下式计算试坑材料的湿密度 $\rho_w$（g/cm$^3$）：

$$\rho_w = \frac{m_w}{m_b} \times \rho_S \tag{4-5}$$

式中：$m_w$——试坑中取出的全部材料的质量（g）；

$\gamma_S$——量砂松方密度（g/cm$^3$）。

（3）按下式计算试坑材料的干密度 $\rho_d$（g/cm$^3$）：

$$\rho_d = \frac{\rho_w}{1 + 0.01w} \tag{4-6}$$

式中：$w$——试坑材料的含水率（%）。

（4）当为水泥、石灰、粉煤灰等无机结合料稳定土的场合，可按下式计算干密度 $\rho_d$（g/cm$^3$）。

$$\rho_d = \frac{m_d}{m_b} \times \gamma_S \tag{4-7}$$

式中：$m_d$——试坑中取出的稳定土的烘干质量（g）。

（5）按下式计算施工压实度 $K$：

$$K = \frac{\rho_d}{\rho_c} \tag{4-8}$$

式中：$K$——测试地点的施工压实度（%）；

$\rho_d$——试样的干密度（%）；

$\rho_c$——由击实试验得到的试样的最大干密度（$g/cm^3$）。

当试坑材料组成与击实试验的材料有较大差异时，可以试坑材料作标标准击实，求取实际的最大干密度。

注：(1)灌砂筒内的量砂在重复使用时，应烘干，处理一致，否则影响量砂的松方密度。若更换量砂，必须重测其松方密度。

(2)在进行标定罐容积标定时，罐外的水一定要擦干。

(3)地表面处理要平，只要表面凸出一点，就会使整个表面高出一薄层，其体积便算到试坑中去了。

(4)在挖坑时试坑周壁应笔直，避免出现上大下小或上小下大的情形，且不得使凿出的试样丢失。以免检测密度偏大或偏小。

5)检测报告

灌砂法检测压实度的记录格式可参考表4-4。各种材料的干密度均应准确到$0.01g/cm^3$。

**压实度检测记录表**(灌砂法)　　表4-4

| 工程名称 | ××工程 | 结构层 | 级配碎石底基层 | 最大干密度$\rho_d$($g/cm^3$) | | 备　注 |
|---|---|---|---|---|---|---|
| 取样地点(桩号) | | | | | | |
| 灌入试筒前筒内砂质量 | | | | g | $m_1$ | |
| 灌砂筒下部圆锥体内砂的平均质量 | | | | g | $m_2$ | |
| 灌砂入试筒后筒内剩余砂质量 | | | | g | $m_4$、$m_4'$ | |
| 灌砂筒下部圆锥体及基板和地面粗糙表面间砂的合计质量 | | | | g | $m_5 - m_6$ | |
| 填满试洞所需砂质量 | | | | g | $m_b = m_1 - m_2 - m_4$ | |
| 试洞中湿土质量 | | | | g | $m_w$ | |
| 湿密度 | | | | $g/cm^3$ | $\rho_w$ | |
| 含水率 | | | | % | $w$ | |
| 干密度 | | | | $g/cm^3$ | $\rho_d$ | |
| 压实度 | | | | % | $K$ | |

**实训项目二：压实度的评定**

路基、路面压实度以1～3km长的路段为检验评定单元，按要求的检测频率（表4-5）及方法进行现场压实度抽样检查，求算每一测点的压实度。细粒土现场压实度检查可以采用灌砂法或环刀法；粗粒土压实度检查可以采用灌砂法。应用核子密度仪时，须经对比试验检验，确认其可靠性。在交工验收阶段，一个评定路段的压实度以代表值和极值评定压实度是否合格。

**压实度检验评定要求** 表 4-5

<table>
<tr><th colspan="3" rowspan="3">工程项目类型</th><th colspan="3">规定值</th><th rowspan="3">检查方法和频率</th></tr>
<tr><th rowspan="2">高速、一级公路</th><th colspan="2">其他公路</th></tr>
<tr><th>二级公路</th><th>三、四级公路</th></tr>
<tr><td rowspan="5">土方路基</td><td rowspan="2">零填及路堑上路床(cm)</td><td>0~30</td><td>—</td><td>—</td><td>94</td><td rowspan="5">按有关方法检查密度，每 200m 每压实层测 4 处</td></tr>
<tr><td>0~80</td><td>≥96</td><td>≥95</td><td>—</td></tr>
<tr><td rowspan="2">填方(cm)</td><td>0~80</td><td>≥96</td><td>≥95</td><td>≥94</td></tr>
<tr><td>80~150</td><td>≥94</td><td>≥94</td><td>≥93</td></tr>
<tr><td></td><td>>150</td><td>≥93</td><td>≥92</td><td>≥90</td></tr>
</table>

注：①土方路基压实度以重型击实试验为准，极值为表列值减 5 个百分点。

②表内压实度可选用其中的 1 个或 2 个标准评定。若选用两个标准时，以合格率低的作为评定结果。

注：(1)表列压实度以重型击实试验法为准，评定路段内的压实度平均值下置信界限不得小于规定标准，单个测定值不得小于极值(表列规定值减 5 个百分点)。小于表列规定值 2 个百分点的测点，按其数量占总检查点的百分率计算减分值。

(2)采用核子仪检验压实度时应进行标定试验，确认其可靠性。

(3)特殊干旱、特殊潮湿地区或过湿土路基，可按交通部颁发的路基设计、施工规范所规定的压实度标准进行评定。

(4)三级公路修筑沥青混凝土或水泥混凝土路面时，其路基压实度应采用二级公路标准。

1. 计算一个评定路段的平均压实度、标准差、变异系数

$$\overline{K}=\frac{K_1+K_2+\cdots+K_n}{n} \tag{4-9}$$

$$S=\sqrt{\frac{(K_1-\overline{K})^2+(K_2-\overline{K})^2+\cdots+(K_n-\overline{K})^2}{n-1}} \tag{4-10}$$

$$C_V=\frac{S}{\overline{K}} \tag{4-11}$$

式中： $\overline{K}$——一个评定路段各测定点压实度的平均值(%)；

$S$——一个评定路段的压实度测定值的标准差(%)；

$C_V$——一个评定路段的压实度测定值的变异系数(%)；

$K_1$、$K_2 \cdots K_n$——该评定路段内各测定点的压实度(%)；

$n$——该评定路段内的检测点数。

2. 计算一个检验评定路段的压实度代表值

一个检验评定路段的压实度代表值 $K$(算术平均值的下置信界限)为：

$$K=\overline{K}-S\cdot\frac{t_\alpha}{\sqrt{n}}\geqslant K_0 \tag{4-12}$$

式中：$t_\alpha$——$t$ 分布表中随测点数和保证率(或置信度 $\alpha$)而变化的系数($t_\alpha/\sqrt{n}$的值可查表 4-6 确定)。采用的保证率：高速公路、一级公路：基层、底基层为 99%，路基、路面面层为 95%；其他公路：基层、底基层为 95%，路基、路面面层为 90%；

$K_0$——压实度的标准值(%)。

$t_\alpha/\sqrt{n}$ 值　　表 4-6

| 保证率 n | 99% | 95% | 90% | 保证率 n | 99% | 95% | 90% |
|---|---|---|---|---|---|---|---|
| 1 | 22.501 | 4.465 | 2.176 | 21 | 0.552 | 0.376 | 0.289 |
| 2 | 4.021 | 1.686 | 1.089 | 22 | 0.537 | 0.367 | 0.282 |
| 3 | 2.270 | 1.177 | 0.819 | 23 | 0.523 | 0.358 | 0.275 |
| 4 | 1.676 | 0.953 | 0.686 | 24 | 0.510 | 0.350 | 0.269 |
| 5 | 1.374 | 0.823 | 0.603 | 25 | 0.498 | 0.342 | 0.264 |
| 6 | 1.188 | 0.734 | 0.544 | 26 | 0.487 | 0.335 | 0.258 |
| 7 | 1.060 | 0.670 | 0.500 | 27 | 0.477 | 0.328 | 0.253 |
| 8 | 0.966 | 0.620 | 0.466 | 28 | 0.467 | 0.322 | 0.248 |
| 9 | 0.892 | 0.580 | 0.437 | 29 | 0.458 | 0.316 | 0.244 |
| 10 | 0.833 | 0.546 | 0.414 | 30 | 0.449 | 0.310 | 0.239 |
| 11 | 0.785 | 0.518 | 0.393 | 40 | 0.383 | 0.266 | 0.206 |
| 12 | 0.744 | 0.494 | 0.376 | 50 | 0.340 | 0.237 | 0.184 |
| 13 | 0.708 | 0.473 | 0.361 | 60 | 0.308 | 0.216 | 0.167 |
| 14 | 0.678 | 0.455 | 0.347 | 70 | 0.285 | 0.199 | 0.155 |
| 15 | 0.651 | 0.438 | 0.335 | 80 | 0.266 | 0.186 | 0.145 |
| 16 | 0.626 | 0.423 | 0.324 | 90 | 0.249 | 0.175 | 0.136 |
| 17 | 0.605 | 0.410 | 0.314 | 100 | 0.236 | 0.166 | 0.129 |
| 18 | 0.586 | 0.398 | 0.305 | >100 | 2.326 5 | 1.644 9 | 1.281 5 |
| 19 | 0.568 | 0.387 | 0.297 | | | | |

3. 评定方法

当 $K \geqslant K_0$,且单点压实度 $K_i$ 全部大于等于规定值减 2 个百分点时,评定路段的压实度合格率为 100%;当 $K \geqslant K_0$,且单点压实度全部大于或等于规定极值时,按测定值低于规定值减 2 个百分点的测点数计算合格率。$K < K_0$ 或某一单点压实度 $K_i$ 小于规定极值时,该评定路段压实度为不合格,相应分项工程为不合格。

路堤施工段落短时,分层压实度要点点符合要求,且实际样本数不小于 6 个。

**实训项目三:路基回弹弯沉检测**

1. 弯沉值的概念

弯沉值是指在规定的标准轴载作用下,路基或路面表面轮隙中心处产生的总垂直变形(总弯沉),或垂直回弹变形值(回弹弯沉),以 0.01mm 为单位。通常所说的回弹弯沉是指后轴载轮隙中心处的最大回弹弯沉值。

通常采用回弹弯沉值来表示路基的承载能力,回弹弯沉值越大,承载能力越小,反之则越大。回弹弯沉值在我国已广泛使用,它不仅用于路面结构的设计中(设计回弹弯沉),用于施工控制及施工验收中(竣工验收弯沉值),同时在旧路补强设计中,它还是公路工程的一个基本参数。

设计弯沉值是指根据设计年限内一个车道上预测通过的累计当量轴次、公路等级、面层和基层类型而确定的路面弯沉设计值。当路面厚度计算以设计弯沉值为控制指标时,则验收弯沉值应小于或等于设计弯沉值；当厚度计算以层底拉应力为控制指标时，应根据拉应力计算所得的结构厚度，重新计算路面弯沉值，该弯沉值即为竣工验收弯沉值。

2. 弯沉值的检测方法与频率

弯沉值的测试方法较多，目前用得最多的是贝克曼梁法，在我国已有成熟的经验，但由于受测试速度等因素的限制，我国逐渐引进了国外先进的一些测试方法，其中有法国洛克鲁瓦式自动弯沉仪、丹麦等国家发明并经改进形成的落锤式弯沉仪、美国的振动弯沉仪等。几种方法各自的特点比较见表4-7。

几种弯沉测试方式比较　　表4-7

| 方　法 | 特　点 |
|---|---|
| 贝克曼梁法 | 传统方法，速度慢，静态测试，比较成熟，目前属于标准方法 |
| 自动弯沉仪法 | 利用贝克曼梁原理快速连续，属于静态测试范畴，但测定的是总弯沉，因此使用时应用贝克曼梁进行标定换算 |
| 落锤式弯沉仪法 | 利用重锤自由落下的瞬间产生的冲击荷载测定弯沉，属于动态弯沉，并能反算路面的回弹模量，快速连续，使用时应用贝克曼梁法进行标定换算 |

3. 贝克曼梁法测定路基的回弹弯沉

本方法利用杠杆原理制成杠杆式弯沉仪测定轮隙弯沉。适用于测定各类路基路面的回弹弯沉，用以评定其整体承载能力，供路面结构设计使用。

1）仪具与材料

（1）标准车：双轴、后轴双侧4轮的载重车，其标准轴荷载、轮胎尺寸、轮胎间隙及轮胎气压等主要参数应符合表4-8的要求。测试车采用后轴10t的BZZ-100的汽车。

测定弯沉用的标准车参数　　表4-8

| 标准轴载等级 | BZZ-100 |
|---|---|
| 后轴标准轴载 $P$（kN） | 100 ±1 |
| 一侧双轮荷载（kN） | 50 ±0.5 |
| 轮胎充气压力（MPa） | 0.70 ±0.05 |
| 单轮传压面当量圆直径（cm） | 21.30 ±0.5 |
| 轮隙宽度 | 应能满足自由插入弯沉仪测头的测试要求 |

（2）路面弯沉仪：由贝克曼梁、百分表及表架组成。贝克曼梁由合金铝制成，上有水准泡，其前臂（接触路面）与后臂（装百分表）长度比2:1。弯沉仪长度有两种：一种长3.6m，前后臂分别为2.4m和1.2m；另一种加长的弯沉仪长5.4m，前后臂分别为3.6m和1.8m。其构造如图4-3所示。当在半刚性基层沥青路面或水泥混凝土路面上测定时，宜采用长度为5.4m的贝克曼梁弯沉仪；对柔性基层沥青路面或混合式结构沥青路面可采用长度为3.6m的贝克曼梁弯沉仪。弯沉采用百分表量得，也可用自动记录装置进行测量。

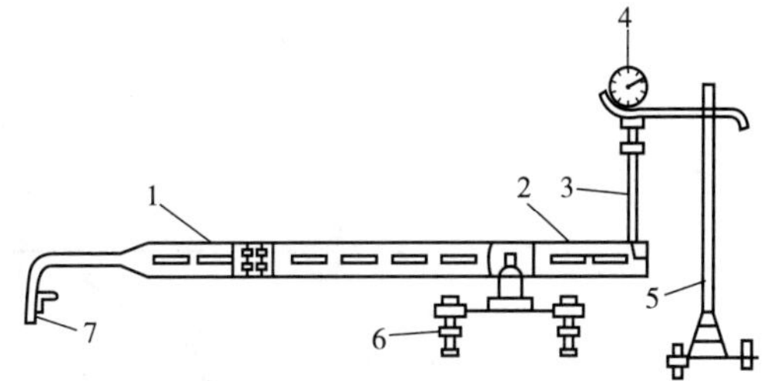

图4-3　路面弯沉仪的构造

1、2-前后杠杆；3-立杆；4-百分表；5-表架；6-支座；7-测头

（3）接触式路表温度计：端部为平头，分度不大于1℃。

（4）其他：皮尺、口哨、白油漆或粉笔、指挥旗等。

2)检测方法与步骤

(1)准备工作

①检查并保持测定用标准车的车况及制动性能良好、轮胎符合规定充气压力。

②向汽车车槽中装载铁块等集料,并在地磅上称量后轴质量,符合要求的轴重规定。汽车行驶及测定过程中,轴重不得变化。

③测定轮胎接地面积:在平整光滑的硬质路面上用千斤顶将汽车后轴顶起,在轮胎下方铺一张新的复写纸,轻轻落下千斤顶,即在方格纸印上轮胎印痕,用求积仪或数方格的方法测算轮胎接地面积,准确至$0.1cm^2$。

④检查弯沉仪百分表测量灵敏情况。

⑤当在沥青路面上测定时,用路表温度计测定试验时气温及路表温度(一天中气温不断变化,应随时测定),并通过气象台了解前5d的平均气温(日最高气温与最低气温的平均值)。

⑥记录沥青路面修建或改建时材料、结构、厚度、施工及养护等情况。

(2)测试步骤

①在测试路段布置测点,其距离随测试需要而定。测点应在路面行车车道的轮迹带上,并用白漆或粉笔画上标记。

②将试验车后轮轮隙对准测点后约3~5cm处的位置上。

③将弯沉仪插入汽车后轮之间的缝隙处,于汽车方向一致,梁臂不得碰到轮胎,弯沉仪测头置于测点上(轮隙中心前方3~5cm处),并安装百分表于弯沉仪的测定杆上。百分表调零,用手指轻轻叩打弯沉仪,检查百分表是否稳定回零。弯沉仪可以是单侧测定,也可以是双侧同时测定。

④测定者吹哨发令指挥汽车缓缓前进,百分表随路面变形的增加而持续向前转动。当表针转动到最大值时,迅速读取初读数$L_1$。汽车仍在继续前进,表针反向回转,待汽车驶出弯沉影响半径(约3m以上)后,吹口哨或挥动指挥红旗,汽车停止。待表针回转稳定后,再次读取终读数$L_2$。汽车前进的速度宜为5km/h左右。

(3)弯沉仪的支点变形修正

①当采用长度为3.6m的弯沉仪对半刚性基层沥青路面、水泥混凝土路面等进行弯沉测定时,有可能引起弯沉仪支座处变形,因此测定时应检验支点有无变形。此时应用另一台检验用的弯沉仪安装在测定用弯沉仪的后方,其测点架于测定用弯沉仪的支点旁。当汽车开出时,同时测定两台弯沉仪的弯沉读数,如检验用弯沉百分表有读数,即应该记录并进行支点变形修正。当在同一结构层上测定时,可在不同位置测定5次,求取平均值,以后每次测定时以此作为修正值。支点变形修正的原理如图4-4所示。

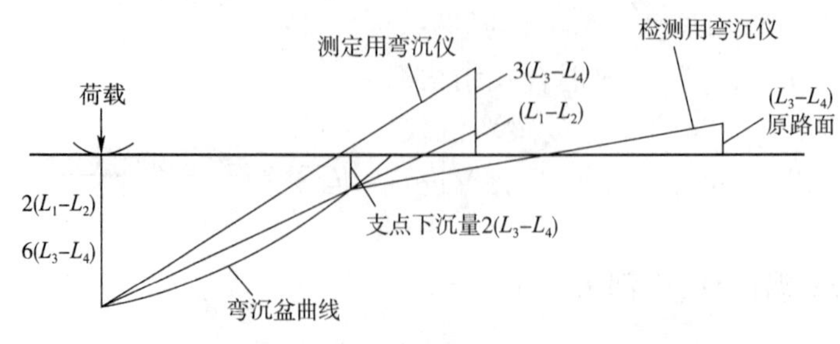


图4-4　弯沉仪支点变形修正原理

②当采用长度为5.4m的弯沉仪测定时,可不进行支点变形修正。

3)结果计算

当需要进行弯沉仪支点变形修正时,路面测点的回弹弯沉值按式(4-13)计算(适用于测定弯沉仪支座处有变形,但百分表架处路面已无变形的情况):

$$L_T=(L_1-L_2)\times 2+(L_3-L_4)\times 6 \tag{4-13}$$

式中:$L_1$——车轮中心临近弯沉仪测头时测定用弯沉仪的最大读数(0.01mm);

$L_2$——车轮驶出弯沉影响半径后测定用弯沉仪的最终读数(0.01mm);

$L_3$——车轮中心临近弯沉仪测头时检测用弯沉仪的最大读数(0.01mm);

$L_4$——汽车驶出弯沉影响半径后检验用弯沉仪的最终读数(0.01mm)。

回弹弯沉试验记录见表4-9。

**回弹弯沉试验记录** 表4-9

路线名称:××公路　　试验车型号:　　路表温度:

单轮当量圆直径:　　后轴重:100kN　　车轮单位压力:0.7MPa

检验者:　　计算者:　　校核者:　　检验日期:

| 编号 | 测点桩号 | 左轮迹百分表读数(0.01mm) | | 回弹弯沉(0.01mm) | 右轮迹百分表读数(0.01mm) | | 回弹弯沉(0.01mm) | 路况描述 | 备注 |
|---|---|---|---|---|---|---|---|---|---|
| | | | | | | | | | |
| | | | | | | | | | |
| | | | | | | | | | |
| | | | | | | | | | |
| | | | | | | | | | |
| | | | | | | | | | |
| | | | | | | | | | |
| | | | | | | | | | |
| 结果计算:$\bar{L}$ = | | | $S$ = | | | $L_r$ = | | | |

**实训项目四:回弹弯沉评定**

采用贝克曼梁或自动弯沉仪测量弯沉值,每一双车道评定路段(不超过1km)检查80~100个点,多车道公路必须按车道数与双车道之比,相应增加测点。

1.计算每一个评定路段的代表弯沉

$$L_r=\bar{L}+Z_a\cdot S \tag{4-14}$$

式中:$L_r$——一个评定路段的代表弯沉(0.01mm);

$\bar{L}$——一个评定路段内经各项修正后的各测点弯沉的平均值(0.01mm);

$S$——一个评定路段内经各项修正后全部测点弯沉的标准差(0.01mm);

$Z_a$——与保证率有关的系数。高速、一级公路,对于路基采用$Z_a=2.0$;对于沥青混凝土面层采用$Z_a=1.645$;二、三级公路,对于路基采用$Z_a=1.645$;对于沥青混凝土面层采用$Z_a=1.5$。

2. 弯沉值评定

当路基和柔性基层、底基层的弯沉代表值不符合要求时,可将超出 $\overline{L} \pm (2 \sim 3)S$ 的弯沉特异值舍弃,重新计算平均值和标准差。对舍弃的弯沉值大于 $\overline{L} + (2 \sim 3)S$ 的点,应找出其周围界限,进行局部处理。

若用两台弯沉仪同时进行左右轮弯沉值测定时,应按两个独立测点计,不能采用左右两点的平均值。

弯沉代表值大于设计要求的弯沉值时相应分项工程为不合格。

若在非不利季节测定时,应考虑季节影响系数。

**实训项目五:路基平整度检测及评定**

1. 路面平整度

路面平整度是评定路面施工质量、使用质量及现有路面破坏程度的重要指标之一。它直接关系到行车的安全性、舒适性以及运营的经济性,并影响着路面使用年限。

2. 路面平整度的检测方法

路面平整度的检测设备分为断面类及反应类两大类。断面类检测设备是测定路面表面凸凹情况的一种仪器,如最常用的3m 直尺及连续式平整度仪。国际平整度指数就是以此为基准建立的,它是平整度最基本的指标;反应类检测设备是测定由于路面凹凸不平引起车辆颠簸的情况,这是驾驶人和乘客直接感受到的平整度指标,因此,它实际上是舒适性能指标。最常用的是车载式颠簸累积仪。现已有更新的自动测试设备,如纵断面分析仪、路面平整度数据采集系统测定车等。这里仅介绍几种常见的平整度测定方法。

常见的路面平整度检测设备的比较见表 4-10。

**平整度测试方法比较** 表 4-10

| 方 法 | 特 点 | 技术指标 |
|---|---|---|
| 3m 直尺法 | 设备简单,结果直观,间断测试,工作效率低,反应凸凹程度 | 最大间隙 $h$(mm) |
| 连续式平整度仪法 | 设备较复杂,连续测试,工作效率高,反应凸凹程度 | 标准差 $\sigma$(mm) |
| 车载式颠簸累积仪 | 设备复杂,工作效率高,连续测试,反应舒适性 | 单向累计值 VBI(cm/km) |

3. 3m 直尺法

3m 直尺法以 3m 直尺基准面距离路表面的最大间隙来表示路面的平整度,以 mm 计。

该方法适用于测定路基表面成型后的施工平整度检测。也可用于压实成型的路面各层表面的平整度,以此评定路基、路面的施工质量。

3m 直尺测定法有单尺测定最大间隙和等距离(1.5m)连续测定两种,前者常用于施工时质量控制和检查验收,单尺测定时要计算出测定段的合格率。等距离连续测试也同样可用于施工质量检查验收,但要算出标准差,用标准差来表示平整度程度。

1)仪具与材料

(1)3m 直尺:测量基准面长度为 3m,基准面应平直,用硬木或铝合金钢等材料制成,如图 4-5 所示。

(2)最大间隙测量器具

最大间隙测量器具有两种:一是楔形塞尺,比较常见;二是深度尺,使用也比较方便。

①楔形塞尺:硬木或金属制的三角形塞尺,有手柄。塞尺的长度与高度之比不小于 10,宽度不大于 15mm,边部有高度标记,刻度读数分辨率小于或等于 0.2mm。如图 4-6 所示。

②深度尺:金属制的深度测量尺,有手柄。深度尺测量杆端头直径不小于10mm,刻度读数分辨率小于或等于0.2mm。

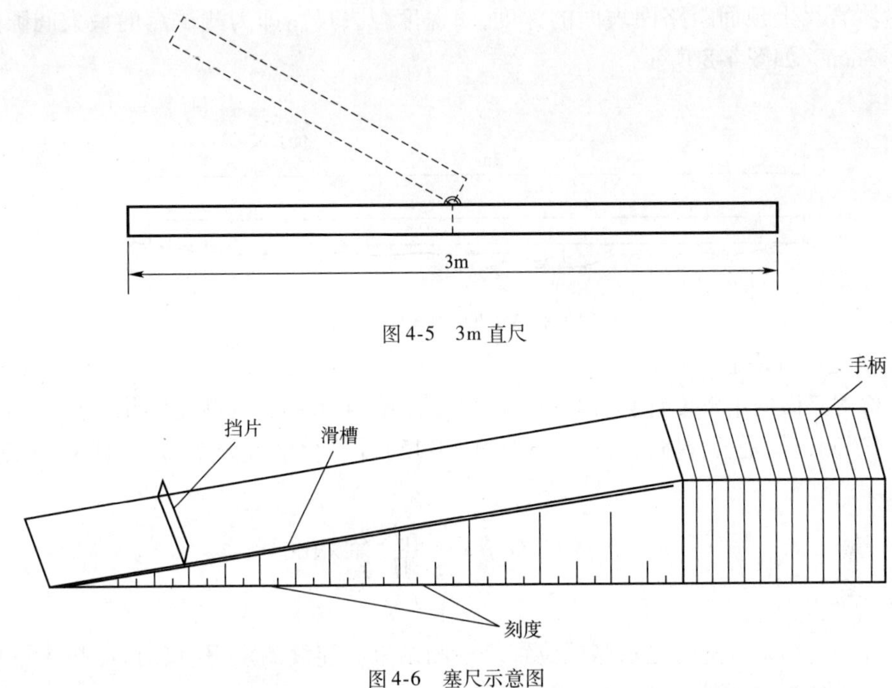


图4-5　3m直尺

图4-6　塞尺示意图

(3)其他:皮尺或钢尺、粉笔等。

2)检测方法与步骤

(1)准备工作

①按有关规范规定选择测试路段。

②测试路段的测试地点选择。当为沥青路面施工过程中质量检测时,测试地点应选择在接缝处,以单杆测定评定;除高速公路外,可用于其他等级公路路基路面工程质量检查验收或进行路况评定,每200m测2处,每处连续测量10尺。除特殊需要外,应以行车道一侧车轮轮迹(距车道标线0.8~1.0m)作为连续测定的标准位置,如图4-7所示。对旧路已形成车辙的路面,应取车辙中间位置为测定位置,用粉笔在路面上做好标记。

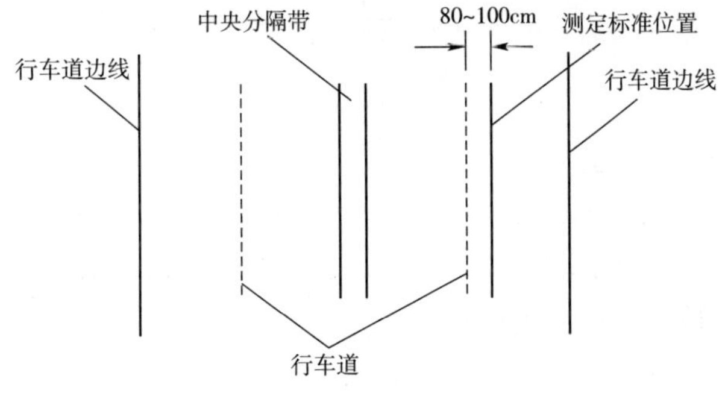


图4-7　测点位置示意图

③清扫路面测定位置处的污物。

(2)测试步骤

①在施工过程中检测时,根据需要确定的方向,将3m直尺摆在测试地点的路面上。

②目测 3m 直尺底面与路面之间的间隙情况，确定最大间隙的位置。

③用有高度标线的塞尺塞进间隙处，量测其最大间隙的高度（mm）；或用深度尺在最大间隙位置量测直尺上顶面距路面表面的深度，该深度减去尺高即为测试点的最大间隙的高度。准确到 0.2mm。如图 4-8 所示。

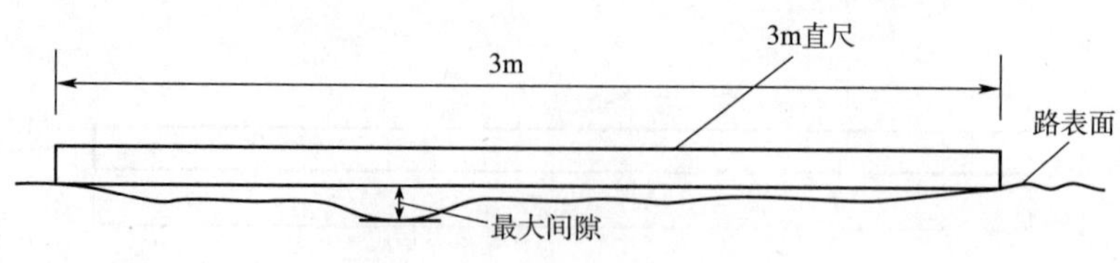


图 4-8　3m 直尺测平整度示意图

3）数据处理与评定

单杆检测路面的平整度计算，以 3m 直尺与路面的最大间隙为测定结果。连续测定 10 尺时，判断每个测定值是否合格，根据要求，按式（4-15）计算合格百分率，并计算 10 个最大间隙的平均值。

$$合格率(\%)=\frac{合格尺数}{总测尺数}\times 100 \tag{4-15}$$

4）平整度报告

单杆检测的结果应随时记录测试位置及检测结果。连续测定 10 尺时，应报告平均值、不合格尺数、合格率。检测记录格式见表 4-11。

**平整度检测表**（3m 直尺法）　　表 4-11

工程名称：××公路　　结构名称：土方路基　　规定值：　　路段桩号：

检验者：　　计算者：　　校核者：　　检验日期：

| 测定区间桩号 | 测尺序号或桩号 | 最大间隙（mm） | 合格尺数 | 合格率（%） | 平均值（mm） |
|---|---|---|---|---|---|
| | 1 | | | | |
| | 2 | | | | |
| | 3 | | | | |
| | 4 | | | | |
| | 5 | | | | |
| | 6 | | | | |
| | 7 | | | | |
| | 8 | | | | |
| | 9 | | | | |
| | 10 | | | | |

## 实训项目六：土方路基分项工程评定

1. 工程质量评定

1）一般规定

根据建设任务、施工管理和质量检验评定的需要，应在施工准备阶段按本标准附录 A 将建设项目，划分为单位工程、分部工程和分项工程。施工单位、工程监理单位和建设单位应按相同的工程项目划分进行工程质量的监控和管理。

2）单位工程

在建设项目中，根据签订的合同，具有独立施工条件的工程。

3）分部工程

在单位工程中，应按结构部位、路段长度及施工特点或施工任务划分为若干个分部工程。

4）分项工程

在分部工程中，应按不同的施工方法、材料、工序及路段长度等划分为若干个分项工程。

工程质量检验评分以分项工程为单元，采用100分制进行。在分项工程评分的基础上，逐级计算各相应分部工程、单位工程、合同段和建设项目评分值。

工程质量评定等级分为合格与不合格，应按分项、分部、单位工程、合同段和建设项目逐级评定。

施工单位应对各分项工程按本标准所列基本要求、实测项目和外观鉴定进行自检，按“分项工程质量检验评定表”及相关施工技术规范提交真实、完整的自检资料，对工程质量进行自我评定。

工程监理单位应按规定要求对工程质量进行独立抽检，对施工单位检评资料进行签认，对工程质量进行评定。

建设单位根据对工程质量的检查及平时掌握的情况，对工程监理单位所做的工程质量评分及等级进行审定。质量监督部门、质量检测机构可依据本标准对公路工程质量进行检测评定。

2. 工程质量评分

1）分项工程质量评分

分项工程质量检验内容包括基本要求、实测项目、外观鉴定和质量保证资料4个部分。只有在其使用的原材料、半成品、成品及施工工艺符合基本要求的规定，且无严重外观缺陷和质量保证资料真实并基本齐全时，才能对分项工程质量进行检验评定。

涉及结构安全和使用功能的重要实测项目为关键项目，其合格率不得低于90%（属于工厂加工制造的交通工程安全设施及桥梁金属构件不低于95%，机电工程为100%），且检测值不得超过规定极值，否则必须进行返工处理。

实测项目的规定极值是指任一单个检测值都不能突破的极限值，不符合要求时该实测项目为不合格。

分项工程的评分值满分为100分，按实测项目采用加权平均法计算。存在外观缺陷或资料不全时，须予减分。

$$\text{分项工程得分}=\frac{\sum[\text{检查项目得分}\times\text{权值}]}{\sum\text{检查项目权值}}$$

$$\text{分项工程评分值}=\text{分项工程得分}-\text{外观缺陷减分}-\text{资料不全减分}$$

（1）基本要求检查

分项工程所列基本要求，对施工质量优劣具有关键作用，应按基本要求对工程进行认真检查。经检查不符合基本要求规定时，不得进行工程质量的检验和评定。

（2）实测项目计分

对规定检查项目采用现场抽样方法，按照规定频率和下列计分方法对分项工程的施工质量直接进行检测计分。

检查项目除按数理统计方法评定的项目以外，均应按单点（组）测定值是否符合标准要求进行评定,并按合格率计分。

$$检查项目合格率(\%)=\frac{检查合格的点(组)数}{该检查项目的全问检查点(组)数}\times 100\%$$

$$检查项目得分=检查项目合格率\times 100$$

(3)外观缺陷减分

对工程外表状况应逐项进行全面检查,如发现外观缺陷,应进行减分。对于较严重的外观缺陷,施工单位须采取措施进行整修处理。

(4)资料不全减分

分项工程的施工资料和图表残缺,缺乏最基本的数据,或有伪造涂改者,不予检验和评定。资料不全者应予减分,减分幅度可按本标准所列各款逐款检查,视资料不全情况,每款减 1 ~ 3 分。

2)分部工程和单位工程质量评分

附录 A 所列分项工程和分部工程区分为一般工程和主要(主体)工程,分别给以 1 和 2 的权值。进行分部工程和单位工程评分时,采用加权平均值计算法确定相应的评分值。

$$分部(单位)工程评分值值=\frac{\sum[分项(分部)工程评分值\times 相应权值]}{\sum 分项(分部)工程权值}$$

3)合同段和建设项目工程质量评分

合同段和建设项目工程质量评分值按《公路工程竣(交)工验收办法》计算。

4)质量保证资料

施工单位应有完整的施工原始记录、试验数据、分项工程自查数据等质量保证资料,并进行整理分析,负责提交齐全、真实和系统的施工资料和图表。工程监理单位负责提交齐全、真实和系统的监理资料。质量保证资料应包括以下 6 个方面:

①所用原材料、半成品和成品质量检验结果。

②材料配比、拌和加工控制检验和试验数据。

③地基处理、隐蔽工程施工记录和大桥、隧道施工监控资料。

④各项质量控制指标的试验记录和质量检验汇总图表。

⑤施工过程中遇到的非正常情况记录及其对工程质量影响分析。

⑥施工过程中如发生质量事故,经处理补救后,达到设计要求的认可证明文件等。

3. 工程质量等级评定

1)分项工程质量等级评定

分项工程评分值不小于 75 分者为合格;小于 75 分者为不合格;机电工程、属于工厂加工制造的桥梁金属构件不小于 90 分者为合格,小于 90 分者为不合格。

评定为不合格的分项工程,经加固、补强或返工、调测,满足设计要求后,可以重新评定其质量等级,但计算分部工程评分值时按其复评分值的 90% 计算。

2)分部工程质量等级评定

所属各分项工程全部合格,则该分部工程评为合格;所属任一分项工程不合格,则该分部工程为不合格。

3)单位工程质量等级评定

所属各分部工程全部合格,则该单位工程评为合格;所属任一分部工程不合格,则该单位工程为不合格。

4）合同段和建设项目质量等级评定

合同段和建设项目所含单位工程全部合格，其工程质量等级为合格；所属任一单位工程不合格，则合同段和建设项目为不合格。

4. 土方路基分项工程评定

1）基本要求检查

（1）在路基用地和取土坑范围内，应清除地表植被、杂物、积水、淤泥和表土，处理坑塘，并按规范和设计要求对基底进行压实。

（2）路基填料应符合规范和设计的规定，经认真调查、试验后合理选用。

（3）填方路基须分层填筑压实，每层表面平整，路拱合适，排水良好。

（4）施工临时排水系统应与设计排水系统结合，避免冲刷边坡，勿使路基附近积水。

（5）在设定取土区内合理取土，不得滥开滥挖。完工后应按要求对取土坑和弃土场进行修整，保持合理的几何外形。

2）实测项目计分

根据土方路基实测项目，填写表4-12。

**分项工程质量检验评定表**　　　　表4-12

分项工程名称：　　　　所属分部工程名称：

所属建设项目：　　　　工程部位：（桩号、墩台号、孔号）

施工单位：　　　　监理单位：

<table>
<tr><td>基本要求</td><td colspan="17"></td></tr>
<tr><td rowspan="13">实测项目</td><td rowspan="2">项次</td><td rowspan="2">检查项目</td><td rowspan="2">规定值或允许偏差</td><td colspan="10">实测值或实测偏差值</td><td colspan="4">质量评定</td></tr>
<tr><td>1</td><td>2</td><td>3</td><td>4</td><td>5</td><td>6</td><td>7</td><td>8</td><td>9</td><td>10</td><td>平均、代表值</td><td>合格率（%）</td><td>权值</td><td>得分</td></tr>
<tr><td></td><td></td><td></td><td></td><td></td><td></td><td></td><td></td><td></td><td></td><td></td><td></td><td></td><td></td><td></td><td></td><td></td></tr>
<tr><td></td><td></td><td></td><td></td><td></td><td></td><td></td><td></td><td></td><td></td><td></td><td></td><td></td><td></td><td></td><td></td><td></td></tr>
<tr><td></td><td></td><td></td><td></td><td></td><td></td><td></td><td></td><td></td><td></td><td></td><td></td><td></td><td></td><td></td><td></td><td></td></tr>
<tr><td></td><td></td><td></td><td></td><td></td><td></td><td></td><td></td><td></td><td></td><td></td><td></td><td></td><td></td><td></td><td></td><td></td></tr>
<tr><td></td><td></td><td></td><td></td><td></td><td></td><td></td><td></td><td></td><td></td><td></td><td></td><td></td><td></td><td></td><td></td><td></td></tr>
<tr><td></td><td></td><td></td><td></td><td></td><td></td><td></td><td></td><td></td><td></td><td></td><td></td><td></td><td></td><td></td><td></td><td></td></tr>
<tr><td></td><td></td><td></td><td></td><td></td><td></td><td></td><td></td><td></td><td></td><td></td><td></td><td></td><td></td><td></td><td></td><td></td></tr>
<tr><td></td><td></td><td></td><td></td><td></td><td></td><td></td><td></td><td></td><td></td><td></td><td></td><td></td><td></td><td></td><td></td><td></td></tr>
<tr><td></td><td></td><td></td><td></td><td></td><td></td><td></td><td></td><td></td><td></td><td></td><td></td><td></td><td></td><td></td><td></td><td></td></tr>
<tr><td></td><td></td><td></td><td></td><td></td><td></td><td></td><td></td><td></td><td></td><td></td><td></td><td></td><td></td><td></td><td></td><td></td></tr>
<tr><td colspan="2">合计</td><td></td><td colspan="14"></td></tr>
<tr><td colspan="3">外观鉴定</td><td colspan="4"></td><td colspan="2">减分</td><td colspan="3"></td><td colspan="3" rowspan="2">监理意见</td><td colspan="3" rowspan="2"></td></tr>
<tr><td colspan="3">质量保证资料</td><td colspan="4"></td><td colspan="2">减分</td><td colspan="3"></td></tr>
<tr><td colspan="3">工程质量等级评定</td><td colspan="9">评分：</td><td colspan="6">质量等级：</td></tr>
<tr><td></td><td></td><td></td><td></td><td></td><td></td><td></td><td></td><td></td><td></td><td></td><td></td><td></td><td></td><td></td><td></td><td></td><td></td></tr>
</table>

检验负责人：　　　检测：　　　记录：　　　复核：　　　　　　年　月　日

注：机电工程的功能试验检查项目，规定值或允许偏差是指功能或试验要求；实测值或实测差是指检查结果，即“通过”或“不通过”。

3)外观鉴定

(1)路基表面平整,边线直顺,曲线圆滑。不符合要求时,单向累计长度每 50m 减 1 ~ 2 分。

(2)路基边坡坡面平顺,稳定,不得亏坡,曲线圆滑。不符合要求时,单向累计长度每 50m 减 1 ~ 2 分。

(3)取土坑、弃土堆、护坡道飞碎落台的位置适当,外形整齐、美观,防止水土流失。不符合要求时,每处减 1 ~ 2 分。

4)质量保证资料

施工单位应有完整的施工原始记录、试验数据、分项工程自查数据等质量保证资料,并进行整理分析,负责提交齐全、真实和系统的施工资料和图表。工程监理单位负责提交齐全、真实和系统的监理资料。质量保证资料应包括以下 6 个方面:

①所用原材料、半成品和成品质量检验结果。

②材料配比、拌和加工控制检验和试验数据。

③地基处理、隐蔽工程施工记录和大桥、隧道施工监控资料。

④各项质量控制指标的试验记录和质量检验汇总图表。

⑤施工过程中遇到的非正常情况记录及其对工程质量影响分析。

⑥施工过程中如发生质量事故,经处理补救后,达到设计要求的认可证明文件等。

分项工程的施工资料和图表残缺,缺乏最基本的数据,或有伪造涂改者,不予检验和评定。资料不全者应予减分,减分幅度可按以上所列各款逐款检查,视资料不全情况,每款减 1 ~ 3 分。

土方路基分项工程评分值不小于 75 分者为合格;小于 75 分者为不合格。

## 三、学习效果评价反馈

1. 学生自评

每位学生根据本工作任务的学习目标,自主完成下述自测,并根据表 4-13 的要求,完成自我检验。

**学生自评表** 表 4-13

| 任务名称:土方路基质量检测 | | | | | | |
|---|---|---|---|---|---|---|
| 组号 | | 姓名 | | 学号 | | 自评成绩 | |
| 题号 | 自测 1 | 自测 2 | 自测 3 | 自测 4 | 合计 | |
| 分数 | 20 | 20 | 20 | 40 | 100 | |
| 得分 | | | | | | |

[自测 1]压实度检测方法及适用范围是什么?

[自测 2]压实度检测应注意哪些事项?

[自测 3]贝克曼梁法测定路基的回弹弯沉方法与步骤是什么?

[自测 4]工程质量评定及评分方法是什么?

2. 任课教师评价

主讲教师根据学生的学习态度,对学生知识的掌握情况做出综合评价,按表 4-14 的要求,完成教师对学生的评价。

教师对学生的学习效果评价表　　表 4-14

| 组号 | | 姓名 | | 学号 | | 成绩 | |
|---|---|---|---|---|---|---|---|
| 任务名称:土方路基质量检测 | | | | | | | |
| 评价内容 | | 评价依据 | | | | 分数 | 得分 |
| 学习态度情况 | | 上课纪律、学习主动性等评价 | | | | 20 | |
| 任务自测情况 | | 自测成果的正确性与准确性 | | | | 30 | |
| 作业质量 | | 准确、清晰 | | | | 20 | |
| 学生独立解决问题能力 | | 主要对学生的创新思维能力、组织能力,学生在遇到问题时的判断能力等评价 | | | | 30 | |
| 教师签名 | | 日期 | | | | 合计 | |

# 任务 2　石方路基及软土地基处治质量检测

## 一、相关知识

1. 石方路基检测标准

根据公路工程质量“检评标准”,石方路基实测项目见表 4-15。

石方路基实测项目　　表 4-15

| 项次 | 检查项目 | | 规定值或允许偏差 | | 检查方法和频率 | 权值 |
|---|---|---|---|---|---|---|
| | | | 高速公路、一级公路 | 其他公路 | | |
| 1 | 压实 | | 层厚和碾压遍数符合要求 | | 查施工记录 | 3 |
| 2 | 纵断高程(mm) | | +10,-20 | +10,-30 | 水准仪:每 200m 测 4 断面 | 2 |
| 3 | 中线偏位(mm) | | 50 | 100 | 经纬仪:每 200m 测 4 点,弯道加 HY、YH 两点 | 2 |
| 4 | 宽度(mm) | | 不小于设计 | | 米尺:每 200m 测 4 处 | 2 |
| 5 | 平整度(mm) | | 20 | 30 | 3m 直尺:每 200m 测 2 处×10 尺 | 2 |
| 6 | 横坡(%) | | ±0.3 | ±0.5 | 水准仪:每 200m 测 4 断面 | 1 |
| 7 | 边坡 | 坡度 | 不陡于设计值 | | 每 200m 抽查 4 处 | 1 |
| | | 平顺度 | 符合设计要求 | | | |

注:土石混填路基压实度或固体体积率可根据实际可能进行检验,其他检测项目与石方路基相同。

2. 软土地基检测标准

根据“检评标准”,软土地基实测项目见表 4-16～表 4-19。

砂垫层实测项目　　表 4-16

| 项次 | 检查项目 | 规定值或允许偏差 | 检查方法和频率 | 权值 |
|---|---|---|---|---|
| 1 | 砂垫层厚度 | 不小于设计 | 每 200m 检查 4 处 | 3 |
| 2 | 砂垫层宽度 | 不小于设计 | 每 200m 检查 4 处 | 1 |
| 3 | 反滤层设置 | 符合设计要求 | 每 200m 检查 4 处 | 1 |
| 4 | 压实度(%) | 90 | 每 200m 检查 4 处 | 2 |

**袋装砂井、塑料排水板实测项目** 表 4-17

| 项次 | 检查项目 | 规定值或允许偏差 | 检查方法和频率 | 权值 |
|---|---|---|---|---|
| 1 | 井(板)间距(mm) | ±150 | 抽查 2% | 2 |
| 2 | 井(板)长度 | 不小于设计 | 查施工记录 | 3 |
| 3 | 竖直度(%) | 1.5 | 查施工记录 | 2 |
| 4 | 砂井直径(mm) | +10,0 | 挖验 2% | 1 |
| 5 | 灌砂量(%) | -5 | 查施工记录 | 2 |

**碎石桩(砂桩)实测项目** 表 4-18

| 项次 | 检查项目 | 规定值或允许偏差 | 检查方法和频率 | 权值 |
|---|---|---|---|---|
| 1 | 桩距(mm) | ±150 | 抽查 2% | 1 |
| 2 | 桩径(mm) | 不小于设计 | 抽查 2% | 2 |
| 3 | 桩长(m) | 不小于设计 | 查施工记录 | 3 |
| 4 | 竖直度(%) | 1.5 | 查施工记录 | 2 |
| 5 | 灌石(砂)量 | 不小于设计 | 查施工记录 | 2 |

**粉喷桩实测项目** 表 4-19

| 项次 | 检查项目 | 规定值或允许偏差 | 检查方法和频率 | 权值 |
|---|---|---|---|---|
| 1 | 桩距(mm) | ±100 | 抽查 2% | 1 |
| 2 | 桩径(mm) | 不小于设计 | 抽查 2% | 2 |
| 3 | 桩长(m) | 不小于设计 | 查施工记录 | 3 |
| 4 | 竖直度(%) | 1.5 | 查记工记录 | 1 |
| 5 | 单桩喷粉量 | 符合设计要求 | 查施工记录 | 3 |
| 6 | 强度(kPa) | 不小于设计 | 抽查 5% | 3 |

## 二、任务实施

### 实训项目一：石方路基压实检测及评定

1. *石方路基压实检测*

在《公路路基施工技术规范》中规定：填石路堤(含土石路堤)的紧密程度在规定深度范围内，以通过12t以上振动压路机进行压实试验，当压实层顶面稳定，不再下沉(无轮迹)时可判为密实状态。但在施工中发现，经推土机排压3遍之后，采用英格索兰175(自重18t、击振力>50t)振动压实2~3遍就可以满足以上要求，但实际压实度只达到70%左右。为了保证工程质量对4个压实层每层2 000m$^2$ 进行了反复试验，总结出机械的最佳组合及碾压遍数。施工中压实度主要由试验确定的碾压遍数来控制，要求现场严格按照规定的碾压遍数碾压。

2. *石方路基压实评定*

1)基本要求检查

(1)石方路堑的开挖宜采用光面爆破法。爆破后应及时清理险石、松石，确保边坡安全、稳定。

(2)修筑填石路堤时应进行地表清理，逐层水平填筑石块，摆放平稳，码砌边部。填筑层厚度及石块尺寸应符合设计和施工规范规定，填石空隙用石碴、石屑嵌压稳定。上、下路床填料和石料最大尺寸应符合规范规定。采用振动压路机分层碾压，压至填筑层顶面石块稳定，

18t 以上压路机振压两遍无明显高程差异。

(3)路基表面应整修平整。

2)实测项目计分

根据石方路基实测项目,填写分项工程质量检验评定表。

3)外观鉴定

(1)上边坡不得有松石。不符合要求时,每处减 1 ~2 分。

(2)路基边线直顺,曲线圆滑。不符合要求时,单向累计长度每 50m 减重 1 ~2 分。

4)质量保证资料(同土方路基)

石方路基分项工程评分值不小于 75 分者为合格;小于 75 分者为不合格。

**实训项目二:软土地基处治的检测及评定**

1. 软土地基处治的质量检测

以上检查项目主要是用钢卷尺进行几何尺寸的检测,检测方法和频率按(检评标准)进行,再计算出相应的合格率。

2. 软土地基处治分项工程评定

1)基本要求

(1)换填地基的填筑压实要求同土方路基。

(2)砂垫层:砂的规格和质量必须符合设计要求和规范规定;适当洒水,分层压实;砂垫层宽度应宽出路基边脚 0.5 ~1.0m,两侧端以片石护砌;砂垫层厚度及其上铺设的反滤层应符合设计要求。

(3)反压护道:填筑材料、护道高度、宽度应符合设计要求,压实度不低于 90%。

(4)袋装砂井、塑料排水板:砂的规格、质量、砂袋织物质量和塑料排水板质量必须满足要求;砂袋和塑料排水板下沉时不得出现扭结、断裂等现象;井(板)底高程必须符合设计要求,其顶端必须按规范要求伸入砂垫层。

(5)碎石桩:碎石材料应符合设计要求;应严格按试桩结果控制电流和振冲器的留振时间;分批加入碎石,注意振密挤实效果,防止发生"断桩"或"颈缩桩"。

(6)砂桩:砂料应符合规定要求;砂的含水率应根据成桩方法合理确定;应确保桩体连续、密实。

(7)粉喷桩:水泥应符合设计要求;根据成桩试验确定的技术参数进行施工;严格控制喷粉时间、停粉时间和水泥喷入量,不得中断喷粉,确保粉喷桩长度;桩身上部范围内必须进行二次搅拌,确保桩身质量;发现喷粉量不足时,应整桩复打;喷粉中断时,复打重叠孔段应大于 1m。

(8)软土地基上的路堤,应在施工过程中进行沉降观测和稳定性观测,并根据观测结果对路堤填筑速率和预压期等做出必要调整。

2)实测项目

根据表 4-16 至表 4-19 软土地基处治实测项目,填写分项工程质量检验评定表。

3)外观鉴定

砂垫层表面坑洼不平时,每处减 1 ~2 分。

4)质量保证资料(同土方路基)

软土地基处治分项工程评分值不小于 75 分者为合格;小于 75 分者为不合格。

## 三、学习效果评价反馈

1. 学生自评

每位学生根据本工作任务的学习目标，自主完成下述自测，并根据表4-20的要求，完成自我检验。

学生自评表 表4-20

| 任务名称：石方路基及软土地基处治质量检测 | | | | | | | |
|---|---|---|---|---|---|---|---|
| 组号 | | 姓名 | | 学号 | | 自评成绩 | |
| 题号 | 自测1 | | 自测2 | 自测3 | 自测4 | 合计 | |
| 分数 | 20 | | 20 | 20 | 40 | 100 | |
| 得分 | | | | | | | |

[自测1]石方路基压实度检测方法是什么？

[自测2]石方路基质量检测的基本要求有哪些？

[自测3]软土地基处治实测项目的主要检测方法是什么？

[自测4]软土地基处治质量检测的基本要求有哪些？

2. 任课教师评价

主讲教师根据学生的学习态度，对学生知识的掌握情况做出综合评价，按表4-21的要求，完成教师对学生的评价。

教师对学生的学习效果评价表 表4-21

| 组号 | | 姓名 | | 学号 | | 成绩 | |
|---|---|---|---|---|---|---|---|
| 任务名称：石方路基及软土地基处治质量检测 | | | | | | | |
| 评价内容 | | 评价依据 | | | | 分数 | 得分 |
| 学习态度情况 | | 上课纪律、学习主动性等评价 | | | | 20 | |
| 任务自测情况 | | 自测成果的正确性与准确性 | | | | 30 | |
| 作业质量 | | 准确、清晰 | | | | 20 | |
| 学生独立解决问题能力 | | 主要对学生的创新思维能力、组织能力，学生在遇到问题时的判断能力等评价 | | | | 30 | |
| 教师签名 | | 日期 | | | | 合计 | |

# 项目五　排水及防护工程检测

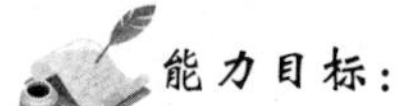知识目标：

1. 能正确描述回弹法检测混凝土强度的检测方法及要求。
2. 能正确描述回弹法检测砂浆强度的检测方法及要求。

能力目标：

1. 能对混凝土强度进行评定。
2. 能对砂浆进行强度评定。

## 任务1　混凝土及砂浆强度质量检测及评定

### 一、相关知识

1. 混凝土质量检测

混凝土质量检测可以分成三个部分。一是外观检查。对于混凝土外表产生的质量问题，可以用这种方法检查，如尺寸的偏差、蜂窝麻面，表面损伤、缺楞掉角、裂缝、冻害等。二是预留试快检测。这种方法有一定的误差，如预留试快的取样不当，试块与结构没有同条件养护，试块的振捣方法与结构的施工方法相差甚大，则试块就没有代表性。三是在结构本体上进行检测。这种检测内容有混凝土的强度和缺陷和结构的承载能力等。

回弹法（表面硬度法）、拔出法（半破损法）和超声波法（声波法）是常用比较成熟的非破损检测方法。

回弹法（表面硬度法）是一种测量混凝土表面硬度的方法，混凝土强度与硬度有密切关系。回弹仪是用冲击动能测量回弹锤撞击混凝土表面后的回弹量，确定混凝土表面硬度，用试验方法建立表面硬度与混凝土强度的关系曲线，从而推断混凝土的强度值，这种方法受混凝土的表面状况影响较大，如混凝土的碳化情况、干湿状况，甚至粗集料对表面的影响都很大，所以测出的强度需要进行校准。我国已制订了回弹仪测试混凝土强度的技术标准，使用比较普遍。

2. 砂浆质量检测

随着我国建筑业的不断发展，工程施工中越来越多地要求对砌筑砂浆的抗压强度进行现场检测。目前现场检测还没有统一标准，各地采用的检测方法主要有冲击法、推出法、回弹法、筒压法等。回弹法检测砂浆抗压强度具有测试迅速、操作简便等特点，适合进行大面积砂浆强度的现场检测。

砌筑砂浆强度是砌体施工质量的一项重要指标。但在实际工程运用中，砌筑砂浆强度的影响因素较多，如砂浆配合比失控、砂浆不能随拌随用、干石上墙等理由会造成砌筑砂浆强度低、离散性大等质量不足，从而会影响砌体结构的整体质量。回弹法就是根据砂浆表面硬度与强度之间的联系建立的一种无损的检测策略，根据回弹值，查有关图表即可确定砂浆的强度。回弹法的优势在于它属原位无损检测，测区选择不受限制；回弹仪有定型产品，性能较稳定，且易携带，操作方便。但在工程中运用回弹法检测砌筑砂浆强度时，仍有着一些不足，如操作人为因素、地区差别、材料品种等，将导致检测结果的误差较大。

## 二、任务实施

### 实训项目一：回弹法检测混凝土强度

1. 技术要求

(1)测定回弹值的仪器宜采用示值系统为指针直读式的混凝土回弹仪。

(2)回弹仪必须具有制造厂的产品合格证及检定单位的检定合格证，并应在回弹仪的明显位置上具有下列标志：名称、型号、制造厂名(或商标)、出厂编号、出厂日期和中国计量器具制造许可证标志 CMC 及许可证证号等。

(3)回弹仪应符合下列标准状态的要求：

①水平弹击时，弹击锤脱钩的瞬间，回弹仪的标准能量应为 2.207J。

②弹击锤与弹击杆碰撞的瞬间，弹击拉簧应处于自由状态，此时弹击锤起跳点应相应于指针指示刻度尺上“0”处。

③在洛氏硬度 HRC 为 60 ±2 的钢砧上，回弹仪的率定值应为 80 ±2。

④回弹仪使用时的环境温度应为 -4 ~40℃。

2. 检定

(1)回弹仪具有下列情况之一时应送检定单位检定：

①新回弹仪启用前。

②超过检定有效期限(有效期为半年)。

③累计弹击次数超过 6 000 次。

④经常规保养后钢砧率定值不合格。

⑤遭受严重撞击或其他损害。

(2)回弹仪应由法定部门并按照国家现行标准《混凝土回弹仪》(JJG 817)对回弹仪进行检定。

(3)回弹仪在工程检测前后，应在钢砧上作率定试验。

(4)回弹仪率定试验宜在干燥室温为 5 ~35℃的条件下进行，率定时钢砧应稳固地平放在刚度大的物体上，测定回弹值时，取连续向下弹击 3 次的稳定回弹平均值，弹击杆应分 4 次旋转，每次旋转宜为 90°，弹击杆每旋转一次的率定平均值应为 80 ±2。

3. 检测技术

(1)结构或构件混凝土强度检测可采用下列两种方式，其适用范围及结构或构件数量应符合下列规定：

①单个检测：适用于单个结构或构件的检测。

②批量检测：适用于在相同的生产工艺条件下，混凝土强度等级相同，原材料、配合比、成型工艺养护条件基本一致且龄期相近的同类结构或构件，按批进行检测的构件抽检数量不得少于同批构件总数的 30%，且构件数量不得少于 10 件抽检构件时，应随机抽取并使所选构件具有代表性。

(2)每一结构或构件的测区应符合下列规定：

①每一结构或构件测区数不应少于10个,对某一方向尺寸小于4.5m且另一方向尺寸小于0.3m的构件,其测区数量可适当减少,但不应少于5个。

②相邻两测区的间距应控制在2m以内,测区离构件端部或施工缝边缘的距离不宜大于0.5m,且不宜小于0.2m。

③测区应选在使回弹仪处于水平方向检测混凝土浇筑侧面。当不能满足这一要求时,可使回弹仪处于非水平方向检测混凝土浇筑侧面、表面或底面。

④测区宜选在构件的两个对称可测面上,也可选在一个可测面上,且应均匀分布。在构件的重要部位及薄弱部位必须布置测区,并应避开预埋件。

⑤测区的面积不宜大于0.04$m^2$。

⑥检测面应为混凝土表面并应清洁、平整,不应有疏松层、浮浆、油垢、涂层以及蜂窝麻面,必要时可用砂轮清除疏松层和杂物,且不应有残留的粉末或碎屑。

⑦对弹击时产生颤动的薄壁小型构件应进行固定。

(3)回弹值测量

①检测时回弹仪的轴线应始终垂直于结构或构件的混凝土检测面缓慢施压、准确读数、快速复位。

②测点宜在测区范围内均匀分布,相邻两测点的净距不宜小于20mm,测点距外露钢筋预埋件的距离不宜小于30mm,测点不应在气孔或外露石子上,同一测点只应弹击一次,每一测区应记取16个回弹值,每一测点的回弹值读数估读至1。

(4)碳化深度值测量

①回弹值测量完毕后,应在有代表性的位置上测量碳化深度值,测点表不应少于构件测区数的30%,取其平均值为该构件每测区的碳化深度值。当碳化深度值极差大于2.0mm时,应在每一测区测量碳化深度值。

②碳化深度值测量可采用适当的工具在测区表面形成直径约15mm的孔洞,其深度应大于混凝土的碳化深度,孔洞中的粉末和碎屑应除净,并不得用水擦洗,同时应采用浓度为1%的酚酞酒精溶液滴在孔洞内壁的边缘处。当已碳化与未碳化界线清楚时,再用深度测量工具测量已碳化与未碳化混凝土交界面到混凝土表面的垂直距离,测量不应少于3次,取其平均值,每次读数精确至0.5mm。

(5)回弹值计算

①计算测区平均回弹值,应从该测区的16个回弹值中剔除3个最大值和3个最小值,余下的10个回弹值求取平均值,精确至0.1。

②应对非水平方向检测混凝土浇筑侧面时修正。

③应对水平方向检测混凝土浇筑顶面或底面时修正。

④当检测时回弹仪为非水平方向且测试面为非混凝土的浇筑侧面时,应先对回弹值进行角度修正,再对修正后的值进行浇筑面修正。

**实训项目二:混凝土强度评定**

水泥混凝土抗压强度评定如下:

(1)评定水泥混凝土的抗压强度,应以标准养生28d龄期的试件为准。试件为边长150mm的立方体。试件3件为1组,制取组数应符合下列规定:

①不同强度等级及不同配合比的混凝土,应在浇筑地点或拌和地点分别随机制取试件。

②浇筑一般体积的结构物(如基础、墩台等)时,每一单元结构物应制取2组。

③连续浇筑大体积结构时，每 80 ~ 200m$^3$ 或每一工作班应制取 2 组。

④上部结构，主要构件长 16m 以下应制取 1 组，16 ~ 30m 制取 2 组，31 ~ 50m 制取 3 组，50m 以上者不少于 5 组。小型构件每批或每工作班至少应制取 2 组。

⑤每根钻孔桩至少应制取 2 组；桩长 20m 以上者不少于 3 组；桩径大、浇筑时间很长时，不少于 4 组。如换工作班时，每工作班应制取 2 组。

⑥构筑物（小桥涵、挡土墙）每座、每处或每工作班制取不少于 2 组。当原材料和配合比相同并由同一拌和站拌制时，可几座或几处合并制取 2 组。

⑦应根据施工需要，另制取几组与结构物同条件养生的试件，作为拆模、吊装、张拉预应力、承受荷载等施工阶段的强度依据。

（2）水泥混凝土抗压强度的合格标准

①试件≥10 组时，应以数理统计方法按下述条件评定：

$$R_n - K_1 S_n \geqslant 0.9R$$

$$R_{min} \geqslant K_2 R$$

式中：$n$——同批混凝土试件组数；

$R_n$——同批 $n$ 组试件强度的平均值（MPa）；

$S_n$——同批 $n$ 组试件强度的标准差（MPa）；

$R$——混凝土设计强度等级（MPa）；

$R_{min}$——$n$ 组试件中强度最低一组的值（MPa）；

$K_1$、$K_2$——合格判定系数，见表 5-1。

**$K_1$、$K_2$ 的值** 表 5-1

| $n$ | 10 ~ 14 | 15 ~ 24 | ≥25 |
|---|---|---|---|
| $K_1$ | 1.70 | 1.65 | 1.60 |
| $K_2$ | 0.9 | 0.85 | |

②试件 <10 组时，可用非统计方法按下述条件进行评定：

$$R_n \geqslant 1.15R$$

$$R_{min} \geqslant 0.95R$$

（3）实测项目中，水泥混凝土抗压强度评为不合格时相应分项工程为不合格。

## 实训项目三：回弹法检测砂浆强度

1. 砂浆回弹仪主要技术指标（表 5-2）

**砂浆回弹仪主要技术指标** 表 5-2

| 项　　目 | 指　　标 |
|---|---|
| 冲击动能(J) | 0.196 |
| 弹击锤冲程(mm) | 75 |
| 指针滑块的静摩擦力(N) | 0.5 ±0.1 |
| 弹击球面曲率半径(mm) | 25 |
| 在钢砧上率定平均回弹值(R) | 74 ±2 |
| 外形尺寸(mm) | ϕ60 ×280 |

2. 仪器检验

（1）砂浆回弹仪应每半年校验一次。

(2)在工程检测前后,均应对回弹仪在钢砧上做率定试验。

3. 测定方法

(1)每个测位内均匀布置12个弹击点。选定弹击点应避开砌体的边缘,气孔或松动的砂浆。相邻两弹击点的间距不应小于20mm。

(2)在每个弹击点上,使回弹仪连续弹击3次,第1、2次不读数,仅记录第3次回弹值,精确至1个刻度。测试过程中,回弹仪应始终处于水平状态,其轴线应垂直于砂浆表面,且不得移位。

(3)在每个测位内,选择1~3处灰缝,用碳化深度测定仪和1%的酚酞试剂测量砂浆碳化深度,读数应精确至0.5mm。

4. 数据处理

(1)平均回弹值值

从每个测位的12个回弹值中,分别剔除最大值、最小值,将余下的10个回弹值计算平均值,以$R$表示。

(2)平均碳化深度

每个测位的平均碳化深度,应取该测量值的算术平均值,以$d$表示,精确至0.5mm。

(3)砂浆强度换算值

第$i$个测区第$j$个测位的砂浆强度换算值,应根据该测位的平均回弹值和平均碳化深度值查取数值。

**实训项目四:砂浆强度评定**

水泥砂浆强度评定如下:

(1)评定水泥砂浆的强度,应以标准养生28d的试件为准。试件为边长70.7mm的立方体。试件6件为1组,制取组数应符合下列规定:

①不同强度等级及不同配合比的水泥砂浆,应分别制取试件,试件应随机制取,不得挑选。

②重要及主体砌筑物,每工作班制取2组。

③一般及次要砌筑物,每工作班可制取1组。

④拱圈砂浆应同时制取与砌体同条件养生试件,以检查各施工阶段强度。

(2)水泥砂浆强度的合格标准为:

①同强度等级试件的平均强度不低于设计强度等级。

②任意一组试件的强度最低值不低于设计强度等级的75%。

③实测项目中,水泥砂浆强度评为不合格时相应分项工程为不合格。

## 三、学习效果评价反馈

1. 学生自评

每位学生根据本工作任务的学习目标,自主完成下述自测,并根据表5-3的要求,完成自我检验。

学生自评表　　表5-3

<table>
<tr><td colspan="6">任务名称:石方路基及软土地基处治质量检测</td></tr>
<tr><td>组号</td><td></td><td>姓名</td><td></td><td>学号</td><td></td><td>自评成绩</td><td></td></tr>
<tr><td>题号</td><td>自测1</td><td>自测2</td><td>自测3</td><td>自测4</td><td>合计</td></tr>
<tr><td>分数</td><td>20</td><td>20</td><td>20</td><td>40</td><td>100</td></tr>
<tr><td>得分</td><td></td><td></td><td></td><td></td><td></td></tr>
</table>

[自测1]回弹法检测混凝土强度的检测方法及要求是什么？

[自测2]回弹法检测砂浆强度的检测方法及要求是什么？

[自测3]混凝土强度如何进行评定？

[自测4]砂浆强度如何进行评定？

2. 任课教师评价

主讲教师根据学生的学习态度，对学生知识的掌握情况做出综合评价，按表5-4的要求，完成教师对学生的评价。

**教师对学生的学习效果评价表** 表5-4

| 组号 | | 姓名 | | 学号 | | 成绩 | |
|---|---|---|---|---|---|---|---|
| 任务名称：石方路基及软土地基处治质量检测 | | | | | | | |
| 评价内容 | | | 评价依据 | | | 分数 | 得分 |
| 学习态度情况 | | | 上课纪律、学习主动性等评价 | | | 20 | |
| 任务自测情况 | | | 自测成果的正确性与准确性 | | | 30 | |
| 作业质量 | | | 准确、清晰 | | | 20 | |
| 学生独立解决问题能力 | | | 主要对学生的创新思维能力、组织能力，学生在遇到问题时的判断能力等评价 | | | 30 | |
| 教师签名 | | | 日期 | | | 合计 | |

# 任务2　排水及防护综合检测

## 一、相关知识

公路排水、防护工程施工中注重消除存在的缺陷，不但可以对主体工程起到很好的保护作用，而且可以起到美观的效果，使之成为公路一道亮丽的风景线。

1. 路基排水

水是影响路基强度和稳定性及路面的使用寿命的另一重要因素，许多路基病害是由水的侵蚀造成的。另外，从保护环境、不损害当地农田水利设施考虑，也必须做好路基排水，形成排水系统，并与地区排水规划相协调。在路基施工中，应重视施工排水，防止因各种原因造成的水患，给路基、路面施工造成不必要的损失。

1）地面排水

通常采用适当提高路基最小填土高度和地面排水设施（边沟、截水沟、跌水、急流槽以及地表的排水管）。对于高速公路和一级公路上的排水沟渠，一般都要求铺砌防护。普遍采用浆砌片石加固，而水泥混凝土预制板块也开始广泛应用。高速公路和一级公路通过水网地段的路基，过去逢沟设涵的做法在一些地方有了改进，对路线两侧的灌溉沟渠重新系统布置，免去了穿越路线的排灌涵洞，从而提高了路基的工程质量。

2）地下排水

路基地下排水仍多用暗沟、盲沟、渗沟、渗井等，其特点是以渗透力式排水。当水流量较大，多采用带渗水管的渗沟。传统的砂砾料反滤层多改用有反滤功能的土工织物，近年研制的带有钢圈、滤布和加强合成纤维组成的加劲软式透水管直径8～30cm，很适用于地下排水。

2. 路基防护

路基的修筑改变了地层的天然平衡状态，以及路基暴露在空间，不断受各种错综复杂的因素侵蚀，因此需要进行各种类型的防护。

1）坡面防护

坡面防护的目的是防止地表水流的冲刷、坡面岩土的风化剥落以及与环境的协调。近年来，随着对环境保护的重视，高等级公路的边坡，多采用种草防护边坡较高时，采用砌石框格（方型、菱形、拱形、M型）种草防护。由于西部干旱缺水，边坡种草防护类型的选择很重要，现大多采用草坪植生带，即将草籽、肥料和土均匀拌和裹于土工物内，当草籽发芽也长成草起到固土作用后，无纺布纤维自然腐烂，不会污染环境，效果很好。

石砌圬工防护仍较普遍使用，混凝土预制块护坡多用在路堤边坡，连片的及带窗孔的护面墙；用于路堑边坡。破裂的或易于风化破碎的岩石路堑边坡采用锚杆挂铁丝网或高强塑料网格喷浆或喷射混凝土以及喷射纤维混凝土防护也有较好的效果。

但由于石砌圬工及混凝土防护造价高、易破损等诸多问题，从保护环境的角度出发，建议大力推广既能改善生态环境、美化景观又一劳永逸的种草防护。

2）冲刷防护

防护沿河路基边坡免受冲刷仍多采用直接防护。传统的砌石、抛石、铁丝石笼、挡土墙等有所改进，用高强土工格栅代替铁丝做石笼，用聚酯或聚氨酯类土工织物混凝土护坡模袋做成的护面板防护受水冲浪击的边坡，能适应土体不均匀沉降。

3）支挡防护

挡土墙用于支挡防护目前仍占主要。石砌的重力式挡土墙多用于石料丰富、墙高较低、地基较好的场合；钢筋混凝土结构的悬臂式挡土墙、扶壁式挡土墙和板柱挡土墙其受力比较合理，墙身圬工体积小，也已广泛应用于公路路基的防护。垛式挡土墙易于调整墙的高度，并采用预制构件拼装，是一种特殊型式的挡土墙。水是影响路基强度和稳定性及路面的使用寿命的另一重要因素，许多路基病害是由水的侵蚀造成的。另外，从保护环境、不损害当地农田水利设施考虑，也必须做好路基排水，形成排水系统，并与地区排水规划相协调。在路基施工中，应重视施工排水，防止因各种原因造成的水患，给路基、路面施工造成不必要的损失。

3. 存在的质量问题

公路排水、防护工程实际施工中存在很多质量问题，主要有墙体表面平整度差；直线不顺直、曲线不圆滑；砌体勾缝粗糙并有起皮脱落现象等。造成的原因主要是：

（1）对排水、防护工程本身及质量的重要性认识不足。由于排水防护工程是公路工程的附属工程，致使各级单位及施工人员往往重视不够。对它的工程质量特别是外观质量思想上不重视，把关不严。思想上不重视是排水、防护工程缺陷的主要原因之一。

（2）所采用的石料质量差。防护工程大多都采用片石砌筑，而在实际施工中又常采用一些不合格的片石，如规范中要求片石最小厚度必须大于15cm，卵形和薄片不得使用，而部分浆砌片石护坡、水沟设计厚度为30cm，在施工中对于厚度小于15cm的石料，以及不规则的片石不经修整就采用。

（3）施工过程不规范。这也是造成防护工程缺陷的一个重要因素，如在砌筑工程中，用作镶面的片石要求表面平整、尺寸较大，并应稍加修整，但施工中往往按一般的要求去选石料。

## 二、任务实施

### 实训项目一:排水工程检测

1. 一般规定

(1)排水工程应按设计及施工规范的要求施工,依照实际地形,选择合适的位置,将地面水和地下水排出路基以外。

(2)跌水、急流槽、水簸箕等其他排水工程可按照相应的标准进行评定。

(3)沟槽回填土应符合设计要求及施工规范的规定。

2. 土沟

(1)基本要求

①土沟边坡必须平整、坚实、稳定,严禁贴坡。

②沟底应平顺整齐,不得有松散土和其他杂物,排水畅通。

(2)实测项目见表5-5。

**土沟实测项目** 表5-5

| 项次 | 检查项目 | 规定值或允许偏差 | 检查方法和频率 | 权值 |
|---|---|---|---|---|
| 1 | 沟底高程(mm) | 0,-30 | 水准仪:每200m测4处 | 2 |
| 2 | 断面尺寸(mm) | 不小于设计 | 尺量:每200m测2处 | 2 |
| 3 | 边坡坡度 | 不陡于设计 | 尺量:每200m测2处 | 1 |
| 4 | 边棱直顺度(mm) | | 尺量:20m拉线,每200m测2处 | 1 |

(3)外观鉴定

沟底无明显凹凸不平和阻水现象。不符合要求时,每处减1~2分。

3. 浆砌排水沟

(1)基本要求

①砌体砂浆配合比准确,砌缝内砂浆均匀饱满,勾缝密实。

②浆砌片(块)石、混凝土预制块的质量和规格应符合设计要求。

③基础中缩缝应与墙身缩缝对齐。

④砌体抹面应平整、压光、直顺,不得有裂缝、空鼓现象。

(2)实测项目见表5-6。

**浆砌排水沟实测项目** 表5-6

| 项次 | 检查项目 | 规定值或允许偏差 | 检查方法和频率 | 权值 |
|---|---|---|---|---|
| 1 | 砂浆强度(MPa) | 在合格标准内 | 按附录F检查 | 3 |
| 2 | 轴线偏位(mm) | 50 | 经纬仪或尺量:每200m测5处 | 1 |
| 3 | 沟底高程(mm) | +15 | 水准仪:每200m测5点 | 2 |
| 4 | 墙面直顺度(mm)或坡度 | 30或不陡于设计 | 20m拉线、坡度尺:每200m测2处 | 1 |
| 5 | 断面尺寸(mm) | ±30 | 尺量:每200m测2处 | 2 |
| 6 | 铺砌厚度(mm) | 不小于设计 | 尺量:每200m测2处 | 1 |
| 7 | 基础垫层宽、厚(mm) | 不小于设计 | 尺量:每200m测2处 | 1 |

(3)外观鉴定

①砌体内侧及沟底应平顺。不符合要求时,减1~2分。

②沟底不得有杂物。不符合要求时,减1~2分。

4. 盲沟

(1)基本要求

①盲沟的设置及材料规格、质量等应符合设计要求和施工规范规定。

②反滤层应用筛选过的中砂、粗砂、砾石等渗水性材料分层填筑。

③排水层应采用石质坚硬的较大粒料填筑,以保证排水孔隙度。

(2)实测项目见表5-7。

**盲沟实测项目** 表5-7

| 项次 | 检查项目 | 规定值或允许偏差 | 检查方法和频率 | 权值 |
|---|---|---|---|---|
| 1 | 沟底高程(mm) | ±15 | 水准仪:每10~20m测1处 | 1 |
| 2 | 断面尺寸(mm) | 不小于设计 | 尺量:每20m测1处 | 1 |

(3)外观鉴定

①反滤层应层次分明。不符合要求时,减1~2分。

②进出水口应排水通畅。不符合要求时,减1~2分。

**实训项目二:防护工程检测**

1. 一般规定

(1)对砌体挡土墙,当平均墙高小于6m或墙身面积小于1200m²时,每处可作为分项工程进行评定;当平均墙高达到或超过6m且墙身面积不小于1200m²时,为大型挡土墙,每处应作为分部工程进行评定。

(2)悬臂式和扶臂式挡土墙,桩板式、锚杆、锚碇板和加筋土挡土墙应作为分部工程进行评定。

(3)丁坝、护岸可参照挡土墙的标准进行评定。

2. 砌体挡土墙

(1)基本要求

①石料或混凝土预制块的强度、规格和质量应符合有关规范和设计要求。

②砂浆所用的水泥、砂、水的质量应符合有关规范的要求,按规定的配合比施工。

③地基承载力必须满足设计要求,基础埋置深度应满足施工规范要求。

④砌筑应分层错缝。浆砌时坐浆挤紧,嵌填饱满密实,不得有空洞;干砌时不得松动、叠砌和浮塞。

⑤沉降缝、泄水孔、反滤层的设置位置、质量和数量应符合设计要求。

(2)实测项目

实测项目见表5-8、表5-9。

**砌体挡土墙实测项目** 表5-8

| 项次 | 检查项目 | 规定值或允许偏差 | 检查方法和频率 | 权值 |
|---|---|---|---|---|
| 1 | 砂浆强度(MPa) | 在合格标准内 | 按附录F检查 | 3 |
| 2 | 平面位置(mm) | 50 | 经纬仪:每20m检查墙顶外边线3点 | 1 |
| 3 | 顶面高程(mm) | ±20 | 水准仪:每20m检查1点 | 1 |
| 4 | 竖直度或坡度(%) | 0.5 | 吊垂线:每20m检查2点 | 1 |
| 5 | 断面尺寸(mm) | 不小于设计 | 尺量:每20m量2个断面 | 3 |

续上表

| 项次 | 检查项目 | 规定值或允许偏差 | | 检查方法和频率 | 权值 |
|---|---|---|---|---|---|
| 6 | 底面高程(mm) | ±50 | | 水准仪:每20m检查1点 | 1 |
| 7 | 表面平整度(mm) | 块石 | 20 | 2m直尺:每20m检查3处,每处检查竖直和墙长两个方向 | 1 |
| | | 片石 | 30 | | |
| | | 混凝土块、料石 | 10 | | |

干砌挡土墙实测项目 表5-9

| 项次 | 检查项目 | 规定值或允许偏差 | 检查方法和频率 | 权值 |
|---|---|---|---|---|
| 1 | 平面位置(mm) | 50 | 经纬仪:每20m检查3点 | 2 |
| 2 | 顶面高程(mm) | ±30 | 水准仪;每20m测3点 | 2 |
| 3 | 竖直度或坡度(%) | 0.5 | 尺量:每20m吊垂线检查3点 | 1 |
| 4 | 断面尺寸(mm) | 不小于设计 | 尺量:每20m检查2处 | 2 |
| 5 | 底面高程(mm) | ±50 | 水准仪:每20m测1点 | 2 |
| 6 | 表面平整度(mm) | 50 | 2m直尺:每20m检查3处,每处检查竖直和墙长两个方向 | 1 |

(3)外观鉴定

①砌体表面平整,砌缝完好、无开裂现象,勾缝平顺,无脱落现象。不符合要求时减1~3分。

②泄水孔坡度向外,无堵塞现象。不符合要求时必须进行处理,并减1~3分。

③沉降缝整齐垂直,上下贯通。不符合要求时必须进行处理,并减1~3分。

3.悬臂式和扶臂式挡土墙

(1)基本要求

①混凝土所用的水泥、石、砂、水和外掺剂的规格和质量,应符合有关规范的要求,按规定的配合比施工。

②地基强度必须满足设计要求。

③不得有露筋和空洞现象。

④沉降缝、泄水孔的设置位置、质量和数量应符合设计要求。

(2)实测项目

实测项目见表5-10。

悬臂式和扶臂式挡土墙实测项目 表5-10

| 项次 | 检查项目 | 规定值或允许偏差 | 检查方法和频率 | 权值 |
|---|---|---|---|---|
| 1 | 混凝土强度(MPa) | 在合格标准内 | 按规范附录D检查 | 3 |
| 2 | 平面位置(mm) | 30 | 经纬仪:每20m检查3点 | 1 |
| 3 | 顶面高程(mm) | ±20 | 水准仪;每20m检查1点 | 1 |
| 4 | 竖直度或坡度(%) | 0.3 | 吊垂线:每20m检查2点 | 1 |
| 5 | 断面尺寸(mm) | 不小于设计 | 尺量:每20m检查2个断面,抽查扶臂2个 | 2 |
| 6 | 底面高程(mm) | ±30 | 水准仪:每20m检查1点 | 1 |
| 7 | 表面平整度(mm) | 5 | 2m直尺:每20m检查2处 | 1 |

(3)外观鉴定

①混凝土施工缝平顺。不符合要求时减1~2分。

②蜂窝、麻面面积不得超过该面面积的0.5%，不符合要求时，每超过0.5%减3分；深度超过1cm的必须处理。

③混凝土表面出现非受力裂缝，减1～3分。裂缝宽度超过设计规定或设计未规定时超过0.15mm必须处理。

④泄水孔坡度向外，无堵塞现象。不符合要求时必须进行处理，并减1～3分。

⑤沉降缝整齐垂直，上下贯通。不符合要求时应进行处理，并减1～3分。

4. 墙背填土

(1)基本要求

①墙背填土应采用透水性材料或设计规定的填料，严禁采用膨胀土、高液限黏土、腐殖土、盐渍土、淤泥、白垩土、硅藻土和冻土块。填料中不应含有机物、冰块、草皮、树根等杂物或生活垃圾。

②墙背填土必须和挖方路基、填方路基有效搭接，纵向接缝必须设台阶。

③必须分层填筑压实，每层表面平整，路拱合适。

④墙身强度达到设计强度75%以上时方可开始填土。

(2)实测项目

除距面板1m范围以内压实度实测项目见表5-11外，其他部分填土和其他类型挡土墙填土的压实度要求均与路基相同。

**锚杆、锚碇板和加筋土挡土墙墙背填土实测项目** 表5-11

| 项次 | 检查项目 | 规定值或允许偏差 | 检查方法和频率 | 权值 |
|---|---|---|---|---|
| 1 | 距面板1m范围以内压实度(%) | 90 | 按规范附录B检查，每100m每压实层测1处，并不得少于1处 | 1 |

(3)外观鉴定

①填土表面应平整，边线直顺。不符合要求时减1～3分。

②边坡坡面平顺稳定，不得亏坡，曲线圆滑。不符合要求时减1～3分。

## 三、学习效果评价反馈

1. 学生自评

每位学生根据本工作任务的学习目标，自主完成下述自测，并根据表5-12的要求，完成自我检验。

**学 生 自 评 表** 表5-12

<table>
<tr><td colspan="8">任务名称:排水及防护综合检测</td></tr>
<tr><td>组号</td><td></td><td>姓名</td><td></td><td>学号</td><td></td><td>自评成绩</td><td></td></tr>
<tr><td colspan="2">题号</td><td>自测1</td><td>自测2</td><td>自测3</td><td>自测4</td><td colspan="2">合计</td></tr>
<tr><td colspan="2">分数</td><td>20</td><td>20</td><td>20</td><td>40</td><td colspan="2">100</td></tr>
<tr><td colspan="2">得分</td><td></td><td></td><td></td><td></td><td colspan="2"></td></tr>
</table>

[自测1]土沟的质量检测有什么要求？

[自测2]浆砌排水沟的质量检测有什么要求？

[自测3]砌体挡土墙的质量检测有什么要求？

[自测4]悬臂式和扶臂式挡土墙检测有什么要求？

2. 任课教师评价

主讲教师根据学生的学习态度，对学生知识的掌握情况做出综合评价，按表5-13的要求，完成教师对学生的评价。

**教师对学生的学习效果评价表**

表 5-13

| 组号 | | 姓名 | | 学号 | | 成绩 | |
|---|---|---|---|---|---|---|---|
| 任务名称:排水及防护综合检测 | | | | | | | |
| 评价内容 | | | 评价依据 | | | 分数 | 得分 |
| 学习态度情况 | | | 上课纪律、学习主动性等评价 | | | 20 | |
| 任务自测情况 | | | 自测成果的正确性与准确性 | | | 30 | |
| 作业质量 | | | 准确、清晰 | | | 20 | |
| 学生独立解决问题能力 | | | 主要对学生的创新思维能力、组织能力,学生在遇到问题时的判断能力等评价 | | | 30 | |
| 教师签名 | | | 日期 | | | 合计 | |

# 参 考 文 献


[1] 中华人民共和国行业标准. JTG E40—2007 公路土工试验规程[S]. 北京:人民交通出版社,2007

[2] 中华人民共和国行业标准. JTG E41—2005 公路工程岩石试验规程[S]. 北京:人民交通出版社,2005

[3] 中华人民共和国行业标准. JTG E42—2005 公路工程集料试验规程[S]. 北京:人民交通出版社,2005

[4] 中华人民共和国行业标准. JTG E30—2005 公路工程水泥及水泥混凝土试验规程[S]. 北京:人民交通出版社,2005

[5] 中华人民共和国行业标准. JTG E60—2007 公路路基路面现场测试规程[S]. 北京:人民交通出版社,2008

[6] 中华人民共和国行业标准. JTG F80/1—2004 公路工程质量检验评定标准第一册(土建工程)[S]. 北京:人民交通出版社,2004

[7] 中华人民共和国行业标准. JTG F10—2006 公路路基施工技术规范[S]. 北京:人民交通出版社,2006

[8] 张超,郑南翔,王建设. 路基路面试验检测技术[M]. 北京:人民交通出版社,2004

[9] 袁捷. 道路建筑材料[M]. 成都:西南交通大学出版社,2007

[10] 严家伋. 道路建筑材料[M]. 北京:人民交通出版社,1996

[11] 姜志青. 道路建筑材料[M]. 北京:人民交通出版社,2005